넌, 얼마짜리니?

넌, 얼마짜리니?

초판 1쇄 발행 2014년 09월 05일

지은이 이용훈
발행인 이향준
발행처 (주)법률저널
등록일자 2008년 9월 26일
등록번호 제15-605호
주소 151-862 서울 관악구 복은4길 50 (서림동 120-32)
대표전화 02)874-1144
팩스 02)876-4312
홈페이지 www.lec.co.kr

ISBN 978-89-6336-202-1

정가 15,000원

넌, 얼마짜리니?

The Principle of Valuation

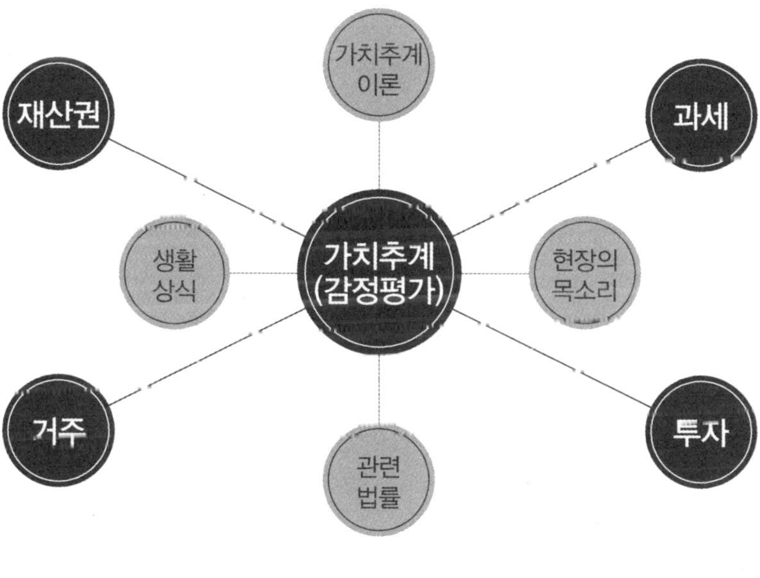

머리말

지하철 손잡이에 기댄 사람들 대부분의 손에 책 한 권씩 들린 시절이 있었다. 스마트폰과 태블릿PC가 종이책을 대체해 버린 요즘, 좋은 원고를 손에 쥐고 있어도 쉽사리 출간 엄두를 못 냄은 그 좋은 시절이 이미 역사의 뒤안길로 밀려났기 때문이다. 이 책이 '감정평가'의 영역을 다루고 있는 만큼 과연 내용의 전문성과 용어의 생경함을 극복할 수 있는 서술이 가능할까 걱정도 한 몫 했다. 고심 끝에 출간결심을 하게 된 건 이 생소해 보이는 영역이 실생활을 모판으로 하고 있다는 확신 때문이다. 생활에 스며들고 녹아들어가 선명하게 드러나지 않았을 뿐이지 잘 추려서 한 데 모으면 '감정평가'의 전모를 밝힐 수 있다는 기대감 역시 스멀스멀 피어올랐다.

'넌, 얼마짜리니?'

물론, 서명이 극히 자극적이라는 것에 동감한다. 실은 애써 그런 의도로 지었다. 그런데 실속 없이 자극적이기만 한다면 독자의 호기심 발동시키려는 상술로 치부당해도 불만 없다. 허나, 분명 알맹이가 들어 있는 책자다. 보상, 개발 혹은 과세를 위해 우리들 재산이 빈번히 평가되고, 이 결과물이 거주, 투자, 생계의 문제와 맞물려 돌아가고 있는 게 현실이기에.

담보대출 받을 때 대출 한도는 어떻게 정해지는지 아는가. 물론 은행 자체적으로 부동산 용도에 따라 내규로 정한 명확한 대출비율이 있다. 그러나 그 전에 전당 잡힌 부동산 가치부터 결정해야 하는 게 순리다. 이가 담보평가다. 한

동안 시끄러웠고 여전히 논란이 현재 진행형인 밀양 송전탑 사태의 본질은 무엇인가. 흉물일 수밖에 없는 고압선 설치 대가로 주어지는 턱없이 낮은 보상금 때문이 아닌가. 보상평가가 숨어 있다. 매년 주택과 토지 재산세의 과세표준금액은 공시가격 평가의 결과물이 만들어준다. 이혼소송의 종착점, 곧 재산분할이 이뤄질 때 필히 소송평가가 개입한다. 증여 및 상속의 문제, 부가세 납부의 상황에서도, 심지어 청산기업의 재산 매각을 위해 누군가 부동산 몸값을 정해야 한다. 쉼 없이 이들은 평가되고 있다.

대출연체, 세금 체납 등으로 개시되는 경매, 공매에 몰리는 수많은 투자자는 입찰 가격부터 살피지 않는가. 누군가 최초 입찰가격을 평가했음이 분명하다. 피터지게 싸우는 재개발구역 내 조합원 재산은 제 3자가 공정하게 정해 준 것이나. 리 모델링 분담금의 결정, 국유재산 매각 금액, 임대아파트의 분양전환 가격, 지하철 역사 임대료, 하다못해 고물상이 눈독 들이는 공기업 폐자재의 매각가격까지 감정평가사의 손길이 미친다.

이쯤 되면 감정평가가 생활의 전 영역 곧 재산권, 세금, 거주, 생계, 투자의 문제를 아우른다고 봐야 하지 않을까. '감정평가' 단어가 주는 이질감에 지레 겁먹지 말고, 필자가 전문적인 느낌을 희석시키고 이 영역을 일반교양과목으로 소개하려 고군분투하는 숨은 열정을 봐 주시길. 굳이 식물학자가 아니더라도 벌레 먹은 잎사귀 보며 식생에 대한 기초지식에 관심을 기울일 수 있다. 이처럼 본 책자를 읽을 때 약간의 호기심만 가미시키면 전문영역이 상식의 수순으로 문턱을 낮추는 행운을 거머쥘 수 있다. 더불어 가치평가의 논리는 자연스레 습득될 것이다. 그래봐야 내 재산에 대한 최소한의 예의를 보이는 게 아닐까.

부족한 글인 줄 뻔히 알면서도 고마움을 표할 곳은 다 챙기고 싶은 게 모든 필자의 마음일 것이다. 가장 먼저는 하나님께 대한 감사, 그 다음은 사랑하는 부모님, 형님 가정, 장모님과 아내, 두 딸 은교와 은빈. (주)대화감정평가법인 김

순구 대표이사님 이하 대화가족 여러분, 소중한 삶의 공동체 믿음과 행함 교회 교우, 마지막으로 고정 칼럼자의 기회를 주시고 2년간의 칼럼을 한 권의 책 '넌, 얼마짜리니?'로 멋지게 묶어주신 법률저널 이명신, 차지훈 팀장님 외 출판사 관계자 여러분. 모두 감사하고 또 사랑합니다.

2014년 8월 저자 이용훈

목차

CH. 5 실생활 속 감정평가 이모저모 151

CH. 1 감정평가 산책

- 비용접근에 의한 가치추계
- 시장접근에 의한 가치추계
- 수익접근에 의한 가치추계
- 비(非)시장재화의 몸값은 어떻게 -가상가치평가법

비용접근에 의한 가치추계

본전 한 푼 못 건지는 극단적인 상황. 투자의 영역이 부동산이었다면 그리 생경한 장면이 아니다. 막대한 투자액이 고스란히 이런저런 비용으로 쓰였으나 실체적으로 남아 있는 게 하나 없는 바로 그런 우울한 상황말이다. 그런데, 투자한 돈이 뭔가를 세우거나 만드는데 쓰였다면 우리 생각은 경직되기 쉽다. 이 건물을 짓느라고, 이 내부를 이렇게 멋있게 꾸민다고 얼마를 지출했는데, 왜 그것의 가치를 인정 안 해주느냐는 항변이 그것이다.

비용접근법은 부동산 가치를 평가하는 3가지 접근법 중 일반인들도 쉽게 공감하는 평가 방법이다. 5억 원을 들여 도시형생활주택을 건축한 업자는 백번 양보하더라도 5억 이하로는 팔려 하지 않는다. 반대로 노후를 대비해 임대수익용 부동산에 눈독 들이는 퇴직 목전의 직장인은 그 건물을 5억 원 이상 주고 사야 한다면 그 부근에 이를 대체할 수 있는 신축 건물을 손수 지으려 할 수 있다. 5억 원은, 매수자 매도자 모두에게 매매가격 협상의 기준선이다. 물론 매매협상의 시발점은 협상력과 정보력 차이로 매수자나 매도자 쪽으로 약간 치우쳐 질 수는 있을 것이다. 누가 보아도 적정한 투입 원가, 그것이 대상 부동산의 가치를 결정한다는 지극히 상식적인 사고를 감정평가 영역에서는 비용접근법이라고 부르는 셈이다. 매도희망가의 하한선, 매수희망가의 상한선으로 인식되는 투입원가로 부동산의 가치를 추계하는 비용접근법은 특히나 건물과 같은

상각자산에 있어서는 굉장히 유용하고 합리적인 평가방법으로 인정되고 있다.

그런데, 이런 비용접근법이 무용지물인 상황이 심심치 않게 발생한다. 유동인구 많지 않은 시 외곽에 5억 원에 토지를 매입하고, 건축비 50억 원을 투입해 상가 건물 신축을 마친 은교의 상황이 딱 그 꼴이다. 준공 후 한동안 분양에 열을 올렸지만 성과가 전혀 없었다. 하다못해 임차할 사람을 물색했지만 1개 호조차도 계약을 맺는데 실패했다. 좋게 표현해 미분양 상가, 심하게 표현하면 흉물 상가로 낙인찍힌 대상 부동산은 공중에 붕 떠 버리게 된다. 자 그렇다면, 토지는 차치하고 이 건물가치는 어느 정도쯤 될까? 은교가 투입한 50억 원이 매수자에게 유의미한 신호로 작용할 수 있을까? 건축 자재 비용을 포함해 순수 원가가 50억 원인 것은 분명한데 이 숫자는 그다지 큰 의미를 가지지 못한다. 어쩌면 폐자재 값이 철거비도 충당 못해 땡전 한 푼 못 건질 수 없는 최악의 경우를 대비해야 할지도 모른다.

결국 비용접근법은 해당 부동산에 대한 수요와 공급이 충분할 때 설득력을 얻을 수 있다. 그 정도 비용을 투입하면 투입비용만큼의 몸값을 할 수 있다는 시장 공감대가 반드시 형성되어야 한다는 말이다. 자격증 취득을 위해 과감하게 수험전선에 뛰어든 수험생도 이와 비슷한 논리로 수험기간의 기회비용을 셈할 수 있을 것이다. 보편적으로 예상되는 수험기간을 상정하고, 전형적인 수험생이 그 기간 지불하는 방세, 학원비, 용돈에 그 기간 대체직업을 가졌을 때의 최소수입을 더한다면 부동산을 평가할 때의 비용접근법의 논리와 하등 차이가 없다.

시장접근에 의한 가치추계

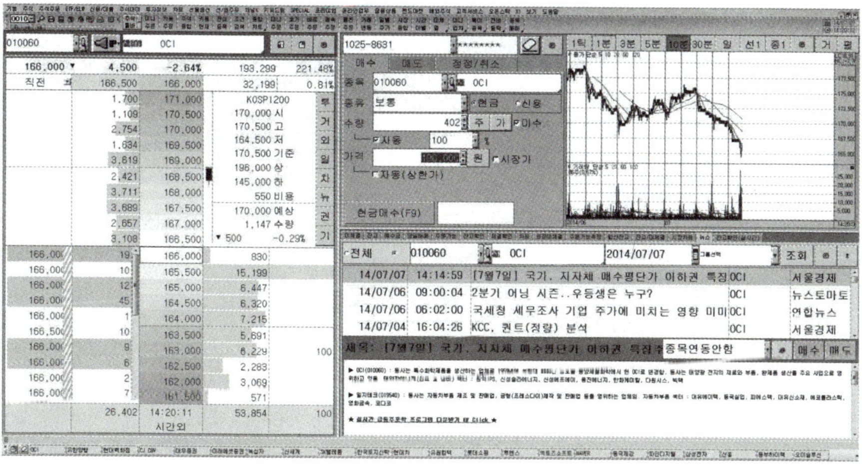

시시각각 위를 가리키는 붉은 색의 화살표, 아래를 향하는 푸른색의 화살표가 모니터 화면을 장식한다. 화살표 옆에는 매도, 매수 대기물량이 거래 희망가별로 이리저리 옮겨 다닌다. 거래참여자는 매 시각 공시되는 해당 기업의 소식에 눈을 떼지 못한다. 매도자는 조금 더 보유해도 좋은지 당장 내 놓아야 하는지 고심하고 매수자는 지금쯤 들어가도 되는지 한 템포 기다려야 할 지 셈법에 한창이다. 주식시장은 주식 '거래 시장' 그 자체다.

'시장은 이렇게 말하고 있다.' 상투적이고도 익숙한 문구다. 이때의 '시장'은 매매를 위한 물리적, 추상적 공간이 거래를 위한 합리적인 법·제도적 틀을 가지고 있고, 이 공간으로의 진·출입이 자유로우며, 정보의 실시간 제공이 제한되지 않고, 정상적으로 사고하며 판단할 수 있는 합리적인 경제인들의 자발적인 의사로 형성되는 매매공간을 가리킨다. 일부는 개인적인 급박한 사정으로, 혹자는 급등에 대한 근거 없는 환상을 가지고 비상식적으로 거래하는 경우도

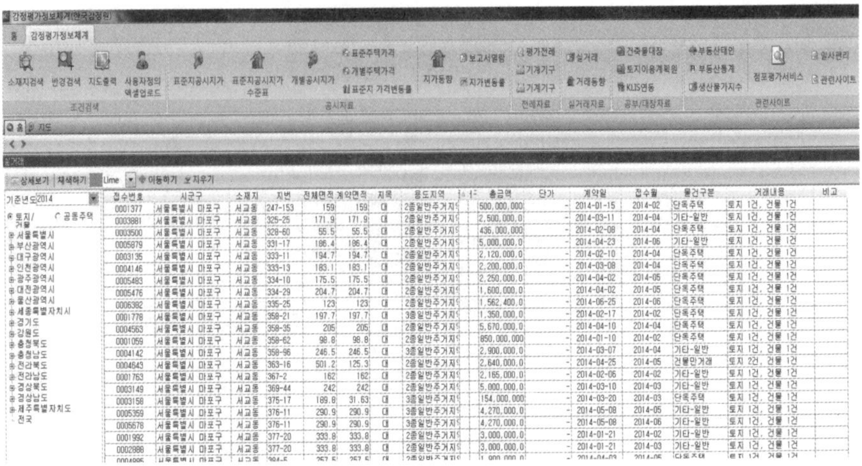

접수번호	시군구	소재지	지번	전체면적	계약면적	지목	용도지역	총금액	단가	계약일	접수월	물건구분	거래내용	비고
0001377	서울특별시 마포구	서교동	247-153	159	159	대	2종일반주거지	500,000,000	-	2014-01-15	2014-02	단독주택	토지 1건, 건물 1건	
0003881	서울특별시 마포구	서교동	325-25	171.9	171.9	대	2종일반주거지	2,500,000,0	-	2014-03-11	2014-04	기타-일반	토지 1건, 건물 1건	
0003500	서울특별시 마포구	서교동	328-60	55.5	55.5	대	2종일반주거지	436,000,000	-	2014-02-08	2014-04	단독주택	토지 1건, 건물 1건	
0005879	서울특별시 마포구	서교동	331-17	186.4	186.4	대	2종일반주거지	5,000,000,0	-	2014-04-23	2014-06	기타-일반	토지 1건, 건물 1건	
0003135	서울특별시 마포구	서교동	333-11	194.7	194.7	대	2종일반주거지	2,120,000,0	-	2014-02-10	2014-04	단독주택	토지 1건, 건물 1건	
0004146	서울특별시 마포구	서교동	333-13	183.1	183.1	대	2종일반주거지	2,200,000,0	-	2014-03-08	2014-04	단독주택	토지 1건, 건물 1건	
0005483	서울특별시 마포구	서교동	334-10	175.5	175.5	대	2종일반주거지	2,250,000,0	-	2014-04-02	2014-05	단독주택	토지 1건, 건물 1건	
0005476	서울특별시 마포구	서교동	334-29	204.7	204.7	대	2종일반주거지	1,600,000,0	-	2014-04-02	2014-05	단독주택	토지 1건, 건물 1건	
0006382	서울특별시 마포구	서교동	335-25	123	123	대	2종일반주거지	1,562,400,0	-	2014-06-25	2014-06	단독주택	토지 1건, 건물 1건	
0001778	서울특별시 마포구	서교동	358-21	197.7	197.7	대	3종일반주거지	1,350,000,0	-	2014-02-17	2014-02	단독주택	토지 1건, 건물 1건	
0004563	서울특별시 마포구	서교동	358-35	205	205	대	2종일반주거지	5,670,000,0	-	2014-04-10	2014-04	단독주택	토지 1건, 건물 1건	
0001059	서울특별시 마포구	서교동	358-62	98.8	98.8	대	2종일반주거지	850,000,000	-	2014-01-10	2014-02	단독주택	토지 1건, 건물 1건	
0004142	서울특별시 마포구	서교동	358-96	246.5	246.5	대	3종일반주거지	2,900,000,0	-	2014-03-07	2014-04	기타-일반	토지 1건, 건물 1건	
0004643	서울특별시 마포구	서교동	363-16	501.2	125.3	대	2종일반주거지	2,640,000,0	-	2014-04-25	2014-05	건물만거래	토지 2건, 건물 1건	
0001763	서울특별시 마포구	서교동	367-2	162	162	대	2종일반주거지	2,165,000,0	-	2014-02-06	2014-02	기타-일반	토지 1건, 건물 1건	
0003149	서울특별시 마포구	서교동	369-44	242	242	대	2종일반주거지	5,000,000,0	-	2014-03-10	2014-03	기타-일반	토지 1건, 건물 1건	
0003158	서울특별시 마포구	서교동	375-17	189.8	31.63	대	3종일반주거지	154,000,000	-	2014-03-20	2014-03	단독주택	토지 1건, 건물 1건	
0005359	서울특별시 마포구	서교동	376-11	290.9	290.9	대	3종일반주거지	4,270,000,0	-	2014-05-08	2014-05	기타-일반	토지 1건, 건물 1건	
0005678	서울특별시 마포구	서교동	376-11	290.9	290.9	대	3종일반주거지	4,270,000,0	-	2014-05-08	2014-06	기타-일반	토지 1건, 건물 1건	
0001992	서울특별시 마포구	서교동	377-20	333.8	333.8	대	2종일반주거지	3,000,000,0	-	2014-01-21	2014-02	기타-일반	토지 1건, 건물 1건	
0002888	서울특별시 마포구	서교동	377-20	333.8	333.8	대	2종일반주거지	3,000,000,0	-	2014-01-21	2014-03	기타-일반	토지 1건, 건물 1건	

있다. 그러나 합리적인 매매가 대다수를 차지하고 있다면 비정상적 거래를 배재한 다수의 정상 거래로부터 형성된 가격 수준은 모든 이에게 거래의 지표 역할을 하게 된다.

가격을 매길 수 있는 모든 유·무형 자산을 평가하는 가장 대표적인 가치평가 기법이 '시장접근법'이다. 간단히 말해 이 부동산 저 권리의 가치를 시장 증거로부터 추계하는 것이다. 노후를 위한 전원주택 부지를 사려는 외지인은 우선 중개사무소부터 방문한다. 대지평형이 이 정도는 돼야 하고, 경사는 그렇게 놓아서는 안 되며, 기왕이면 한강이 보여야 한다고 까다롭게 부지 조건을 요구하면 공인중개사는 최근 그런 부지가 얼마에 계약되었는지 이런저런 사례를 언급한다. 지금 나와 있는 물건 A는 지난달에 계약서 쓴 물건보다는 도로 조건이 조금 나쁘니까 그 매매단가보다는 조금 낮춰 계약할 수 있고, 3개월에 전에 팔린 물건보다는 조망이 좋으니까 그 때 취득단가보다는 조금 더 얹어줘야 할 것이라는 등.

대상과 동일한 매매사례가 있다면 가격에 대한 확신이 생기고, 거래시점이 최근이라면 심증은 더 굳어진다. 그런 건이 여러 개라면 매수자든 매도자든 심증을 넘어 이젠 가격에 대한 신념으로까지 승화된다. 꼭 동일한 물건의 거래 사례일 필요는 없다. 유사성을 보이는 물건, 소위 비교가능성이 있는 물건 간에는 격차에 대한 적정한 보정만으로 합리적인 추정치를 얻을 수 있다. 고층 아파트의 동일평형 중 2층의 거래금액을 알면 로열층인 10층 가격을 매길 땐 인근 아파트 단지에서 2층과 10층의 조망 격차가 매매금액에 어느 정도 반영되었는지를 분석하면 된다.

물론 시장접근법이 언제나 용이한 것은 아니다. 취득세, 양도세 등 거래에 따른 세 부담 때문에 축소 신고하는 관행이 자리 잡고 있으면 실제 거래가격의 진위부터 파악해야 한다. 매수자가 전세금을 인수하는 특약이 있는 경우, 지분 일부만의 매매인 경우, 거래사례가 도로확장 사업 때문에 시세보다 조금 더 높게 쳐 준 비행정청의 합의보상 선례라면 주의를 기울여야 한다. 즉, 무수한 시장의 거래 사례 중 합리적인 사례를 선별할 수 있는 안목이 필요하며 유사한 사례를 참작할 경우 격차를 보정할 수 있는 식견이 요구된다. 그렇지만 어느 정도의 노력이 수반된다면 시장접근법은 가장 확실한 가치 추계방법이다. 생각해 보라. 아직도 수익성이 좋은 충전소에서 30억 원이 넘는 웃돈이 LPG허가권에 대한 권리금으로 형성된다는 것을, 충전소 부지와 건물 그리고 기계기구 가치의 총합보다 높게 지불된 충전소 사업장의 매매사례가 아니고서는 어떻게 확신할 수 있겠는가!

수익접근에 의한 가치추계

하나의 값이 주어지면 그에 대응하는 값이 유일하게 결정되는 것. 이런 관계를 수학에선 '함수'라 부른다. 이 같은 대응관계는 비단 수학의 세계에 한정되지 않는다. 실이 바늘과 대응하듯 음식의 세계에서도 한 편의 이름을 들으면 그 나머지를 쉽게 떠올리는 그런 관계가 있다. 삼겹살에는 기름기의 느끼함과 입 안 텁텁함을 없애주는 상추나 깻잎이 그 대응위치에 있고, 갓 쪄 낸 두부를 보면 잘 익은 매콤한 볶음 김치가 자연스레 연상된다.

공간을 빌려주고 임대료를 수령할 수 있는 수익성 부동산에 실처럼 따라오는 항목이 '수익률'이라는 개념이다. 부동산의 가치 대비 연간 획득하는 임대수익의 비율을 뜻하는 개념인데, 오피스·매장용 빌딩이 즐비한 가로변 부동산 중개소 외부 창문에 어김없이 게시된 '방매물건 내역'에서 쉽게 접할 수 있다. '매가'가 얼마인지와 어느정도 '임대료 수입' 이 보장되는지 적혀 있는데 다름 아닌 임대수익률을 말해 주고 있다. 물론 이 때의 임대료 수입은 수익성 부동산을 운영하면서 수반되는 제반 경비를 공제한 순수익을 가리킨다.

부동산 가치를 평가하는 세 번째 방법 중 '수익접근법'은 다음과 같은 사고에서 출발한다. 사고의 주체를 특정인이 아닌 일반인이라고 전제하자. 현 상황은 10억 원에 취득한 수익성 부동산에서 연간 6천만 원의 임대수익이 발생하고 있다. 시장 참가자는 이 부동산을 연 6% 수익률을 보이는 투자대상으로 인식한다. 그리고는 예금이나 주식, 채권 등 다른 투자 대안에서 얻을 수 있는 수익률과 비교해 본다. 저금리 시대, 약보합세가 지속되는 주식시장, 낮은 채권수익률이 개선되지 않는 채권시장이라면 '그래, 이 정도 수익이면 충분하지'라고 만족 할 수 있다. 이 부동산을 사려는 사람은 10억 투자해서 연 6천만 원 수입이면 족한지, 즉 최소수익률 6%를 보장받으면 만족할 수 있는지가 투자의 기준이 된다.

자 그렇다면 역방향의 사고를 진행해보자. 얼마에 팔지 아직 정해지지 않은 상태의 부동산이 있다. 투자자는 연 임대수익은 얼마인지 먼저 확인해 본다. 연 1억 원 정도의 수입은 최근의 공실률을 감안해서도 충분히 보장된다는 공인중개사의 호언장담은 현 임대차계약서로 사실임이 확인됐다. 한 5% 이상 수익률만 나오면 충분히 매입할 수 있다고 결론지었다면 앞으로 부동산 매입가격으로 20억 원(1억 원/5%)까지는 기꺼이 지불할 수 있을 것이다. 임대수익과 요구수익률을 결합하면 부동산 가치가 대략 추계되는 것이다.

이처럼 시장에서는 이 가격의 부동산이면 이 정도 임대수입은 나와야 한다고 생각하기도 하고, 이 정도 임대수입을 확정적으로 올릴 수 있는 부동산이면 수익률을 역산한 가격 정도는 부동산 매입비용으로 지불할 수 있다고 생각한다. 수익성 부동산에서는 '임대료'와 '부동산 가치'가 함수관계를 이루고 있는 셈이다. 이 때 이런 역학 관계를 고려하여 임대수입으로부터 부동산 가치를 역산하는 방법을 감정평가에서는 '수익환원법'[1]으로 부르고 있다.

1) 물론 단일기간의 임대수입을 가치로 환산할 수 있는 방법 외에도 복수의 기간 임대수입을 가치로 환산할 수도 있다.(이를 할인현금흐름분석법 이라고 함)

비(非)시장재화의 몸값은 어떻게 -가상가치평가법

10년 넘게 교사로 일한 아내가 가끔 농담처럼 내곤 한다. '나 10억짜리 여자야.' 30년 근속하고 퇴직 후 연금 수혜자가 되면 명목상 수입이 10억은 거뜬하다는 얘기다. 요즘 신입 여교사의 몸값이 이렇게 형성되어 있다고 하는데, 사람의 가치를 정량적으로 측정할 수 없다고 생각하는 내게는 썩 탐탁지 않게 들린다. 그러나 어쩌겠는가. 여러 다양한 물건의 가치를 평가하는 분야에 종사하는 입장에선 직업의 '수익력(收益力)'에 기초해 방금처럼 가치를 추계했다고 하면 비합리적인 가치판단이라고 무시할 수 없는 걸. 차라리 '몸값'이 아니라 그 직업의 '수익가치'라고 표현했으면 어땠을까. 그리 말하면 아내는 '그게 그거'라고 타박한다.

'통상적인 시장', '충분한 거래 기간', '거래 대상에 정통한 거래 당사자', '신중하고 자발적인 거래'이 정도 조건이 충족된다면 결과물로 확인한 매매금액이 별 무리 없는 가격이라고 생각하는 게 상식이다. 유형 사산과 무형자산의 가치를 추계하는 감정평가사에게 상기 조건이 충족된 거래 사례는 그 무엇보다 확실한 시장 증거자료의 역할을 한다. 신중한 거래니 이모저모 따져봤을 것이고, 얼마에 사고 팔 지 충분한 기간 고민했을 게 분명하며, 뒷거래도 아닌 통상적인 시장에서의 매매 접점이라면 신빙성이 있을 테니 말이다. 반대로 이런 시장 증거를 전혀 발견할 수 없는 '비(非)시장재화'의 몸값을 매겨야 할 때는 난감해진다.

환경경제학이 태동하기 전부터 몇몇 경제학자가 공공재의 '사회적 가치'를 판단하려는 시도가 있었다는 기록이 있다. 이들은 설문조사라는 방법을 통해 공공재 가치를 추계하려 했다. 여타 시장 거래 물건처럼 이런 공공재의 객관적인 시장 증거를 확인할 길은 없으니 이런 시도가 있지 않았을까. 원래 감정평가에서 추계하는 기준가치인 시장가치도 '성립된 가격'이 아니라 '성립될 가능성이 가장 높다고 인정되는 가격'이니 큰 범주에서는 설문을 통해 추계한 공공재의 사회적 가치를 시장가치로 해석한다고 해서 완전히 잘못된 것이라고 단정 지을 수는 없을 것이다.

설문은 이런 식으로 구성한다. 먼저 현재 공공재를 보존하기 위해 어느 정도 금액의 지불의사가 있는지 묻는다. 예컨대 철새도래지가 보존 가치가 있는 희귀 조류를 위해 반드시 존속해야 한다고 생각한다면, 실제로 도래지를 방문할 가능성이 희박한 사람들이 이 도래지의 보존을 위해 어느 정도까지 지불할 용의가 있는지 조사하는 것이다. 이를 WTP(willing to pay)라고 부른다. 반대로 현재 공공재의 소멸 대가로 어느 정도 금액의 보상금에 동의할 수 있는지 의사를 물을 수 있다. 도심 내 근린공원의 쾌적한 산책로를 이용하던 인근 주민에게 부득이 이 근린공원을 다른 곳으로 이전해야 했을 때 기존에 누려왔던 공원 이용의 편익을 얼마의 보상금으로 대체할 수 있는지 질의·응답받는 것이다. 이를 WTA(willing to accept)로 부른다. 이렇게 조사되었다면 WTP의 최댓

값 또는 WTA의 최솟값을 공공재의 사회적 가치로 추정하는 것이다.

정리하면 가상가치평가법은 실제 매매의 형태로 지불하거나 수령하지 않았지만 가상 상황하에 비시장재화에 대한 지불의사 금액과 보상희망금액을 묻는 설문의 힘을 빌려 가치추계에 나서는 것이다.

CH 2. 재산권 행사에 스며든 감정평가

- 공익사업, 강제 매매를 요구한다
- 보상금을 규율하는 규범 체계
- 토지보상금, 공시지가기준법으로 결정된다(1)
- 토지보상금, 공시지가기준법으로 결정된다(2)
- 토지보상금, 공시지가기준법으로 결정된다(3)
- 밀양송전탑 사태 무엇이 문제일까
- 선하지 보상 그간 어떻게 이루어졌나
- 송·변전 설비 주변지역 이렇게 보상받는다

- 하천 편입 토지, 음지에서 양지로
- 보상금은 복수 평가자의 산술 평균값
- 지장물 보상금이 산정되는 원리
- 수목보상에 얽혀 있는 속 사정
- 휴업손실 보상금은 최소한이다
- 완전보상을 지원하는 생활보상
- 여수 기름유출사고로 보는 이주대책 역사
- 자금 경색을 풀어주는 담보대출 이야기
- 대출연체의 씁쓸한 결말, 경매 이야기
- 재산권 분쟁의 다툼, 소송평가로 이어진다

공익사업, 강제 매매를 요구한다

사인 간에 다툼이 쉬이 해결되지 않으면 법정 다툼으로까지 비화된다. 한쪽이 다른 쪽의 재산에 손해를 끼치거나 신변에 위협을 가했을 때 그에 상응하는 '대가'를 금전적으로 해결하기 위함이다. 상대방이 뭔가 잘못을 했다고 주장할 때는 그 행동이나 결과가 위법함을 전제한다. 의도했건 아니건 누구의 권리를 침해했고 그로 인해 손해가 발생했다는 것이다. 손해배상은 이럴 때 등장하는 용어다.

누구나 자기 재산을 임의로 처분하고 구입할 수 있는 자유가 있다. 그런데 간혹 억지로 팔라고 요청받는 경우가 있다. 산간농경지대에서 경작하는 농민들도 가끔 이런 달갑지 않은 요구를 경험하곤 하는데, 대개 골프장 사업을 하려는 개발업자의 발길이 닿을 때다. 시세에 웃돈을 얹어 줄 테니 팔고 나가는 게 어떻겠느냐는 제안은 그냥 지나치기에는 너무 달콤하다. 꽤 잘 쳐준 가격대로 넘기면 서울에 있는 자녀들 집 근처로 옮길 수 있는 목돈을 손에 쥘 수 있다. 선산이라고 계속 지켜왔지만 수 십 만 ㎡ 임야를 이 사람들 아니고는 장차 누구한테 팔 수 있을까 생각하면 구미 당겨지는 제안이다. 개발업자가 그간 생각지도 못했던 부동산 매매를 지울질하게는 하지만 여전히 칼자루는 내가 쥐고 있다. 안 팔면 그만이니까..

그런데 안 팔고는 베기지 못하는 경우가 있다. 공공이 공익을 위한 사업을

한다고 내게 강제로 팔라고 요구할 때다. 마을 간 연결도로를 놓는다든지, 원자력 발전소를 새로 지어야 한다든지, 보금자리주택사업을 해야 하니 팔라고 하면 이런 강제 매매 요구는 '위법'의 영역이 아닌 '적법'의 영역에 자리를 튼다. 내 의사에는 반하지만 공익을 위해'어쩔 수 없이' 팔아야 한다는 요구다. 나만 그런 게 아니고 여기 있는 대부분의 사람이 다 그래야 한다면 슬슬 눈치도 보인다. 이 사업 하고 나면 마을이 더 좋아질 거라고 여기저기서 쑥덕쑥덕 대면 반대 목소리 내는 사람은 괜히 움츠러들기까지 한다.

이런 공익사업을 진행할 때 그 사업에 포함되는 재산을 가진 사람에게 지급해야 하는 적정한 매매금액을 산정하는 것이 바로 '보상평가'다. 꼭 시골에 있는 사람만 해당되지 않는다. 도심 지하철 공사를 위해 강남 한 복판에 있는 땅도 보상을 받을 수 있고 나중에 집 지으려고 공지로 남겨 놓은 땅에 요즘같이 환경에 대한 관심이 높아진 탓에 예정에도 없던 공원이 들어서면서 보상 대상이 되기도 한다. 노후화 된 서울 도심을 재정비하는 '재개발'사업에도 막판 보상의 문제가 대두되니 벼락 맞듯 몇몇 사람만 해당돼서 알아야 하는 게 아니라 이제는 '누구나' '어느 정도는' 알아야 하는 영역이 돼 버렸다.

어쩔 수 없이 팔아야 한다면 소유자 입장에선 제 값을 받는 게 중요하다. 그렇다고 공공에서 터무니없이 퍼 줄 수는 없다. 공공이 동원하는 예산은 국민의 세금으로 꾸려지기 때문이다. 그래서 재산 가치를 공정하게 평가하도록 외부에 의뢰를 하게 되고 '감정평가사'가 그 중재자의 자리에 서게 된다.

제 3자가 받아야 할 적정한 보상금을 책정한다는 건 여간 부담스런 일이 아니다. 하나라도 누락하면 소유자의 재산권을 침해하게 되고, 제대로 보지 않고 평가하면 국가 예산을 필요 이상으로 지출하도록 방조하는 셈이다. 누구나 납득할 만한 기준을 가지고 평가에 임하게 되는데 「공익사업을 위한 토지 등의 취득 및 보상에 관한 법률」이 그 역할을 한다. 물론 애매한 것은 법세처와 같은 국가기관에 질의해 회신을 받아 처리한다. 공익사업이 하루 이틀 된 시행된 게 아니니 그간 축적한 판례 또한 갈림길에서 길라잡이의 역할을 톡톡히 하고 있다.

보상금을 규율하는 규범 체계

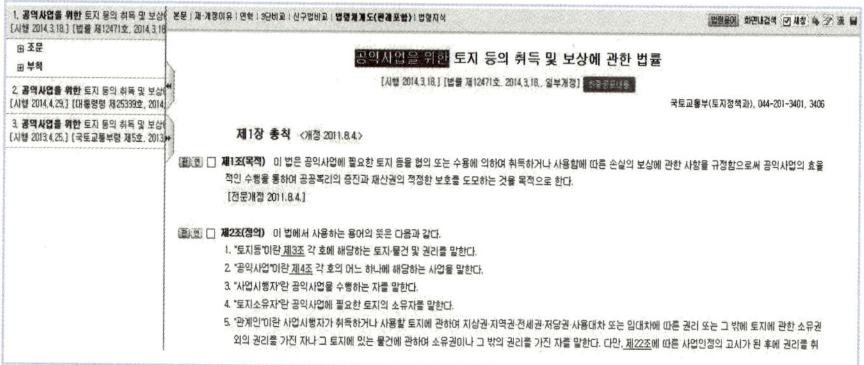

1. **공익사업을 위한** 토지 등의 취득 및 보상
[시행 2014.3.18.] [법률 제12471호, 2014.3.18
⊞ 조문
⊞ 부칙
2. **공익사업을 위한** 토지 등의 취득 및 보상
[시행 2014.4.29.] [대통령령 제25339호, 2014
3. **공익사업을 위한** 토지 등의 취득 및 보상
[시행 2013.4.25.] [국토교통부령 제5호, 2013

본문 | 제·개정이유 | 연혁 | 3단비교 | 신구법비교 | **법령체계도(판례포함)** | 법령지식

법령용어 화면내검색 새창

공익사업을 위한 토지 등의 취득 및 보상에 관한 법률

[시행 2014.3.18.] [법률 제12471호, 2014.3.18., 일부개정] 최종공포내용

국토교통부(토지정책과), 044-201-3401, 3406

제1장 총칙 <개정 2011.8.4.>

제1조(목적) 이 법은 공익사업에 필요한 토지 등을 협의 또는 수용에 의하여 취득하거나 사용함에 따른 손실의 보상에 관한 사항을 규정함으로써 공익사업의 효율적인 수행을 통하여 공공복리의 증진과 재산권의 적정한 보호를 도모하는 것을 목적으로 한다.
[전문개정 2011.8.4.]

제2조(정의) 이 법에서 사용하는 용어의 뜻은 다음과 같다.
1. "토지등"이란 제3조 각 호에 해당하는 토지·물건 및 권리를 말한다.
2. "공익사업"이란 제4조 각 호의 어느 하나에 해당하는 사업을 말한다.
3. "사업시행자"란 공익사업을 수행하는 자를 말한다.
4. "토지소유자"란 공익사업에 필요한 토지의 소유자를 말한다.
5. "관계인"이란 사업시행자가 취득하거나 사용할 토지에 관하여 지상권·지역권·전세권·저당권·사용대차 또는 임대차에 따른 권리 또는 그 밖에 토지에 관한 소유권 외의 권리를 가진 자나 그 토지에 있는 물건에 관하여 소유권이나 그 밖의 권리를 가진 자를 말한다. 다만, 제22조에 따른 사업인정의 고시가 된 후에 권리를 취

요즘은 보상에 대한 일반인의 상식 수준이 상당하다. '얼마나 쳐 줄까'하고 기대 반 걱정 반 보상금 통지서를 기다리던 종래 모습을 찾기 힘들 정도다. 쉽지 않은 보상 관련 규정을 나름 독학으로 공부한 사람도 꽤 된다. 보상지구마다 들어서는 대책위원회의 활동 때문에 자연스레 이것저것 주워듣는 게 많아진 것도 부인할 수 없는 사실이다. 보상금에 불만인 사람들의 이의신청과 소송을 대리하는 행정사나 변호사의 도움을 받는 사람이 많아진 것도 이에 한몫 한다. '권리 위에 잠자는 자 보호받지 못한다.'는 말을 생각하면 언제든 내 재산이 보상의 대상이 될 수 있는 요즘, 보상에 대한 최소한의 상식 정도는 갖출 필요가 있다. 공익사업의 타이틀을 달고 시행되는 사업은 지금도 도처에 널려 있고 앞으로도 계속될 것이기 때문이다.

현재 「공익사업을 위한 토지 등의 취득 및 보상에 관한 법률」이 보상에 대한 일반법적 지위를 갖고 있다. 동법 시행령과 시행규칙 그리고 훈령 형태이

긴 하나 '감정평가실무기준', '농작물실제소득인정기준'정도는 실질적인 법규성을 띄고 있다. 그러나 위 규정에 복잡다단한 보상 실무를 모두 담을 수는 없다. 신분은 '비법규'이지만 보상 실무에서 기준 역할을 하는 내부 판단 기준을 기관별로 갖고 있다는 사실을 알 필요가 있다. 사법기관의 축적된 '판례', 행정기관(국토교통부, 법제처)의 '질의회신', 중앙토지수용위원회의 '재결사례 및 토지수용업무편람', 사업시행자의 '내규·방침', 감정평가협회의 '각종 보상 관련 지침'등이 그것이다.

같은 행정기관이라도 규정의 해석에 있어서는 법제처가 국토교통부의 입장보다 우선이다. 농지 소유자 또는 경작자에 지급하는 생활보상 성격의 '농업손실보상금'을, 임야를 불법형실 변경해 농경지로 이용 중인 경우에는 적용할 수 없다고 국토교통부가 회신했다가 법제처 유권해석이 그 반대로 나와 국토교통부가 종전 입장을 번복한 사례가 있다.

보상 평가를 담당하는 감정평가사는 법률규정, 판례, 각종 질의회신 등을 모두 정리해 내부적으로 보상 지침을 만들어 적용하고 있다. 여기에는 '토지보상평가지침', '광업권 보상 평가 지침', '어업권 등 보상 평가 지침', '영업 손실 보상평가지침', '선하지의 공중부분 사용에 따른 손실 보상 평가 지침', '분묘에 대한 보상액의 산정 지침'등이 있다. 새로운 판례가 나오거나 재결기관의 입장이 달라지는 경우, 법제처의 유권 해석이 종전 입장을 번복하는 등 변동사항이 있을 경우 이를 반영하여 지침을 개정하고 있으니, 실은 보상 평가의 실무적인 내용은 위 보상지침에 다 들어 있다고 볼 수 있다. 물론 최근 반표된 '감정평가실무기준'과 상충되는 부분은 '감정평가실무기준'에 맞춰 지침이 개정될 것이고, 불필요한 지침은 삭제될 것으로 보인다.

그러므로 보상 당사자가 된 경우 일단 규정들을 찾아보고 보상관련 지침을 훑어보는 것을 추천할 만하다. 직접 알아보기 힘든 연세 지긋한 어르신이라면 젊은 대학생 아들을 시켜 이것저것 찾아보게 해야 할 수 있다. 지인 중 행정사나 법무사, 변호사, 감정평가사가 있다면 밥 한 끼 사 주고 무료 상담을 하면 더할 나위 없이 도움이 된다. 그리고 무엇보다 평가사가 현장 조사 차 나오는데 토지 매매 계약서라든지 이것저것 공사하면서 챙겨 놓은 세금계산서나 영수증을 보여 줄 정도의 부지런함은 기본이다.

토지보상금, 공시지가기준법으로 결정된다(1)

한국토지주택공사의 자금난으로 한동안 택지개발 사업이 중단돼 있었다. 그 중 한 곳이 '파주운정3지구'였는데, 다행히 얼마 전 사업을 재개해 협의 보상 평가가 이루어졌다. 그런데, 보상금 통지를 받아 든 주민들의 원성이 하늘을 찔렀다. 2004년 먼저 보상되었던 '파주운정1지구'의 평균 보상가보다도 낮아졌기 때문이었다. 8년 전의 보상가보다도 낮아졌으니, 최소한 물가상승률 정도라도 보상가가 높아지기를 은근슬쩍 기대했던 사람들은 억장이 무너질 일이었다. 토지뿐만 아니라 건물, 비닐하우스, 아스팔트 포장비까지 보상금은 빠짐없이 책정되는데, 토지 보상금에 비해 여타 물건에 대한 보상비의 규모가 작다 보니 보상금에 대한 불만은 거의 예외 없이 토지에 대한 불만에 집중된다.

토지를 평가할 때는 반드시 인근에 위치한 표준지 공시지가를 기준으로 해야 한다. '이 땅을 2년 전 얼마에 샀는데, 보상금을 책정할 때 왜 매매금액에 턱없이 모자라느냐'는 항의는 괜찮지만 '매매된 사례를 가지고 평가해야지, 왜 표준지를 가지고 평가합니까?'라는 주장은 그래서 억지주장일 수밖에 없다. 표준지를 심어 놓은 이유 중 하나가 이와 같은 보상금 책정에 활용하기 위함이다. 최종 보상 가격은 최근 거래 수준을 반영하겠지만 평가 방법은 '공시지가

기준법'이어야 한다.

공시지가기준법은 내 땅 옆에 심겨진 표준지와 비교해 가격을 결정하는 방법이다. 표준지는 그 주변에서 '표준적인' 토지여야 한다. 지가수준에서 대 표성을 지녀야 하며, 대다수를 차지하는 이용 상황인데다가 그러한 이용 상황이 상당기간 변화 없이 안정적이고, 누구나 식별할 수 있게 구분이 용이한 기준을 충족해야 한다. '대표성', '중용성', '안정성', '확정성'이란 용어가 이 기준을 함축적으로 나타낸다. 그러다 보니 어떤 토지를 평가할 때 그 주변에 심어 놓은 비교할 만한 표준지를 고를 수 있다. 이런 표준지를 선정하는 과정이 공시지가기준법의 첫 번째 단계다. 표준지를 이걸 쓸 지 저걸 쓸 지 약간의 재량이 있을 순 있다. 그렇지만 용도지역이 같고, 이용 상황이 동일하거나 유사하며, 부근에 위치해야 한다는 기준을 사심 없이 적용하면 결론이 달라질 가능성은 아마 2~3%도 안 될 것이다.

표준지는 매 년 1월 1일 기준 시점에서 책정된 가격이다. 보상금을 책정해야 하는 시점이 1월 1일인 경우는 거의 없다. 부득이 1월 1일부터 현재까지 짧게는 며칠, 길게는 수개월 내지 수년 가까이 시간적 보정을 해 줘야 한다. '내 땅은 연초에 비해 최소한 10% 올랐다.'는 주장을 고스란히 들어줘서는 안 되고 뭔가 공신력 있는 지표를 사용해야 하는데, 보상 평가 시에는 해당 지역의 용도지역별 지가변동률을 적용한다. 시, 군, 구별로 매월 용도지역별 지가변동률이 발표되는데, 모든 토지의 지가변동을 다 설명해 주지는 못해도 이 지표를 사용하면 평균적인 지가변동 정도는 반영할 수 있다.

여기까지는 어떤 평가사가 보상 평가에 임하더라도 외길 수순이다. 이후에 진행될 지역요인비교, 개별요인 비교, 그 밖의 요인 보정의 과정 중에 숫자는 크게 출렁이게 된다. 실질적인 전문가의 판단 사항이 개입되는 부분이기 때문이다.

토지보상금, 공시지가기준법으로 결정된다(2)

2014 토지가격 비준표

■ 서울특별시 - 마포구 - 서교동 >> 주거지역 >> 도로접면

	광대한면	광대소각	광대세각	중로한면	중로각지	소로한면	소로각지	세로가	세각가	세로불	세각불	맹지
광대한면	1,00	1,09	1,05	0,95	0,99	0,85	0,88	0,80	0,84	0,73	0,75	0,70
광대소각	0,92	1,00	0,96	0,87	0,91	0,78	0,81	0,73	0,77	0,67	0,69	0,64
광대세각	0,95	1,04	1,00	0,90	0,94	0,81	0,84	0,76	0,80	0,70	0,71	0,67
중로한면	1,05	1,15	1,11	1,00	1,04	0,89	0,93	0,84	0,88	0,77	0,79	0,74
중로각지	1,01	1,10	1,06	0,96	1,00	0,86	0,90	0,01	0,85	0,74	0,76	0,71
소로한면	1,18	1,28	1,24	1,12	1,16	1,00	1,04	0,94	0,99	0,86	0,88	0,82
소로각지	1,14	1,24	1,19	1,08	1,13	0,97	1,00	0,91	0,95	0,83	0,85	0,80
세로가	1,25	1,36	1,31	1,19	1,24	1,06	1,10	1,00	1,05	0,91	0,94	0,88
세각가	1,19	1,30	1,25	1,13	1,18	1,01	1,05	0,95	1,00	0,87	0,89	0,83
세로불	1,37	1,49	1,44	1,30	1,36	1,16	1,21	1,10	1,15	1,00	1,03	0,96
세각불	1,33	1,45	1,40	1,27	1,32	1,13	1,17	1,07	1,12	0,97	1,00	0,93
맹지	1,43	1,56	1,50	1,36	1,41	1,21	1,26	1,14	1,20	1,04	1,07	1,00

토지 보상금을 산정할 때 공시지가기준법에 의해 비교표준지를 선정해서 현재 시점까지 시간적인 보정을 가해 주고 나면 이제 본격적으로 토지를 평가하는 정성적 분석 단계에 들어간다. 지역요인 비교는 지역적인 가격 수준의 격차를 보정해 주겠다는 것이다. 그런데, 표준지와 대상 토지가 지역을 달리하는 경우는 극히 예외적이다. 표준지를 적재적소에 심어 놓았다면 굳이 멀리 있는 표준지를 골라야 할 필요성은 없을 테니 말이다. 실제 평가 시에도 지역요인이 대등하지 않은 경우는 손에 꼽을 정도다.

이어 표준지와 대상 토지의 개별적인 품등 비교를 해 본다. 상, 중, 하로 매기는 건 아니고 일반인이 토지의 몸값을 결정할 때 고려하는 요인들을 항목별로 비교한다. 어떤 토지라도 좁은 농로보다는 포장된 2차로에 접하고 있는 게 낫다. 이런 도로조건을 '가로조건'이라 부른다. 부근에 버스정류장이나 지하철역, 관공서 등이 있다면 그렇지 않은 경우보다 당연 가산점을 주어야 한다.

이런 점의 비교를 '접근조건'이라고 부른다. 도로 건너편에 폐기물처리장이나 화장장이 있다면 불리하다. 이런 요인들은 '환경조건'에서 다룬다. 건물을 짓기에 형상이 비뚤비뚤하다면 네모반듯한 토지보다 몸값이 낮아지는 건 당연하다. '획지조건'에 포함될 사항이다. 내 땅만 군사시설보호구역 안에 들어가 있어 맘대로 신축하는데 제약을 받는다면 군사시설보호구역 밖 표준지보다 열세임에 틀림없다.'행정적 조건'을 구성하는 한 항목이 될 수 있다. 위 항목들 외에 비교할 사항은 모두'기타조건'에 담았다.

이런 개별적인 비교, '개별요인'은 정성적인 판단사항이다. 표준지는 4m 도로에 접하는데 내 땅은 6m 도로에 접한다면 도로 폭 2m차이를 과연 얼마의 격차율로 보정해 주는 게 타당할까? 혹자는 한 2% 우세하다고 볼 수 있다. 누구는 5%는 차이를 둬야 한다고 판단할 수 있다. 지역에 따라서는 별반 차이가 없을 수 있다는 의견도 나온다. 격차율 적용의 고민을 해결하기 위해 한국부동산연구원에서는 통계분석을 통해 행정구역별, 용도지역별 평균적인 격차율을 담은 토지가격비준표를 해마다 발표하고 있다. 그러나 어디까지나 평균적인 격차율이다. 기존주택지대라면 도로 폭 2m의 차이가 미미하겠지만, 상가가 밀집한 로데오거리라면 2m의 격차는 쇼핑자의 차량 통행에 끼치는 영향이 적지 않을 수 있다. 당연히 격차율이 커진다.

보상평가를 할 때 대부분 접근조건이나 환경조건, 행정적 조건의 격차는 별로 없는 편이다. 가로조건이나 획지조건의 차이 정도가 발생하는데, 우세와 열세가 뒤집힐 수는 없고 열세, 우세의 정도가 약간 다를 수는 있다. 그러나 최대 1~2%정도의 편차만 보이므로 이 부분을 문제 삼아 잘못된 평가라고 공격할 수는 없다. 우리 법원에서도 광범위한 재량의 남용은 위법하다고 인정하면서도 적정한 재량 행사는 용인해 주고 있기 때문이다.

표준지의 선정과 지가변동률 적용, 지역요인과 개별요인을 비교하면 이제 마지막 단계에 들어선다. 실제 토지보상금의 가격 수준이 결정되는 것은 바로 다음 단계인 그 밖의 요인 보정이다. 여기까지만 해서는 누구라도 '토지 가격이 너무 낮다.'라고 인식하기 때문이다.

토지보상금, 공시지가기준법으로 결정된다(3)

'공시지가는 얼마인데, 실제 시세는 얼마다.'라는 표현을 많이들 한다. 시세와 공시지가 간에 괴리가 있다는 사실을 완곡하게 표현하고 있다고 볼 수 있다. 표준지 공시지가의 가격을 시세 이하로 결정하는 이유는 정책적 목적이 다분하다. 그리고 '지가 수준의 안정화'가 그 핵심에 자리 잡고 있다. 우리 규정상 모든 공적인 평가 그리고 대부분의 사적 평가에서 표준지 공시지가를 기준으로 평가하도록 되어 있으니 공시지가의 파급 효과를 생각하면 지가의 안정화를 위해서 표준지의 가격을 적정하게 통제하는 방법이 가장 효과적이라고 본 것이다. 표준지 공시지가와 이를 기초로 산출하는 개별공시지가가 재산세를 포함해 각종 세금을 산정할 때 과세 표준액이 되므로 조세 저항을 완화하려는 목적도 다분하다. 요즘은 공시지가가 국민연금, 의료보험료 책정에도 일정 부분 역할을 하니 매년 어김없이 공시지가 상승률을 하향 조정해 달라는 지자체의 요구는 세금 및 준조세 폭탄에 흥분한 민원인의 항의에 시달린 담당 공무원의 학습효과라고 봐도 무방하다.

이렇듯 표준지의 가격 수준이 시가 이하이므로 표준지를 기준으로 아무리 정확히 평가를 진행해도 최종 평가 금액 역시 시가 이하일 수밖에 없다. 그래서 '정당한 보상'을 해 줘야 하는 보상 평가에서는 이를 '그 밖의 요인'이라는 항목으로 반영한다. 대상 토지와 비교 가능성이 높은 인근 유사 토지의 거래 내역을 확인해 반영하든지, 완전히 자유로운 협상이라고 보긴 힘들지만 협의에 의해 보상이 완료된 인근 보상 사업지의 보상 평가 선례 자료를 활용하는 편이다. 표준지만을 기준으로 평가할 때의 가격과 거래사례나 보상 선례에 준한 가격을 서로 비교해 그 격차를 적절히 판단한 후 '그 밖의 요인' 값을 결정해서 이를 다시 공시지가기준법에 대입하는 것이다. 마치 '자, 서로 비교해 보니 공시지가가 시세 50% 정도 맞죠? 그 밖의 요인으로 2를 대입해서 평가합니다.'라고 말하는 셈이다.

요즘도 보상지구마다 토지보상금이 얼마일지 왈가왈부할 때면 어김없이 '공시지가 대비 몇 배로 평가하는지'가 주된 관심사다. 공시지가의 1.3배니 1.5배니 하는 말은 실은 공시지가기준법으로 평가할 때 '그 밖의 요인' 값으로 얼마를 정하는지와 같은 얘기다. 그 밖의 요인 값은 곧 토지 보상금의 수준이 얼마나 될 지를 가늠하게 해 준다.

사정이 이러니, 지역마다 그 밖의 요인 값이 차이가 없도록 표준지 공시지가 수준이 결정 되어야 한다. 그런데 현실은 그렇지 못하다. 표준지 공시지가를 결정하는 감정평가사의 책임이 없다고 말할 수는 없지만, 정책적으로 일관되지 못한 당국의 책임 역시 적지 않다. 소관부처와 유관부서가 서로 다른 목소리를 내고, 중앙부처와 지자체 간 입장이 상반되니 지역 간 조세 불평등이 없도록 '현실화율'[2]을 동일시키려 해도 상승률과 하락률을 결정하는 데에 평가자의 완전한 재량이 허용되지 않는 것이다. 어쨌든 표준지를 기준으로 정당한 보상액을 평가하려면 '그 밖의 요인'으로 보정하는 과정이 필요하다. 정책적인 가격이 아니라 정당한 가격으로 평가되어 보상받아야 하기 때문이다.

---

2) 적정시가 대비 공시지가의 비율

밀양송전탑 사태 무엇이 문제일까

여전히 큰 논란거리인 밀양송전탑 사태에 대한 시각은 두 가지다. 내 정원으로 유해시설이 들어오는 것은 절대 용인할 수 없다는 '지역이기주의'와 고압선 아래 평생 살며 암 같은 치명적 질병에 노출되는 위험을 감수할 용의가 없다는 '생존권 투쟁'이다. 전자파의 유해성, 지중화 설계 또는 우회선로 구축에 따른 막대한 공사비까지 핵심 쟁점들에 대해 한전과 주민의 입장은 예나 지금이나 평행선을 달린다. 한때 공사강행과 육탄저지로 맞선 위급한 순간에서 정치권과 정부가 개입하여 '전문가 협의체'를 구성해 상생의 결과물을 내놓게 되나 기대도 했지만 결과는 실망스러웠다. 협상 테이블에 앉아 머리를 맞댔지만 양측은 '동상이몽(同床異夢)'에서 벗어나지 못했다. 추모제, 1인 시위가 이어진다는 뉴스 기사는 밀양송전탑 사태가 현재진행형임을 알려주고 있다.

이렇게 공중으로 고압선이 지나는 토지를 '선하지'라고 부른다. 한전에서는 철탑을 세우기 위해 농경지나 임야 일부를 협의 또는 수용에 의해 취득해 '철탑부지'로 이용한다. 그리고 철탑 사이로 길게 늘어선 고압선이 통과하는 땅을 일컫는 '선하지'에 대해서는 영구적 공중부분 사용료를 지불하고 '구분지상권'을 설정한다. 이런 토지의 등기사항전부증명서를 발급받아 보면 구분지상권의 범위와 설정자의 명칭, 설정을 위해 지급한 보상금 총액이 기재돼 있다. 이 보상금액을 책정하는 업무 역시 감정평가사의 영역이다 보니, 선하지 보상평가를 수 회 담당했던 필자도 현재 선하지 보상이 안고 있는 문제점을 여실히 피부로 느끼고 있다.

선하지에 대한 보상 평가는 이런 식으로 이뤄진다. 먼저 한전 측에서 새로 개설되는 선로에 맞춰 측량을 실시하고 감정평가 기관에 고압선의 설치 범위와 직하(直下)면적을 제시한다. 평가사는 제시된 설계도면을 구비하여 현장을 조사한 후 선하지 및 인근 토지의 현황, 거래가격수준 및 기 보상 선례, 지역적 특성 등을 면밀히 검토해 선하지의 적정단가(원/㎡)를 추계한다. 이어 해당 고압선이 이 토지에 미치는 불리한 영향의 정도를 '보정률'로 결정한다. 여기에 제시된 선하지 면적을 곱하면 최종 보상금액(적정단가 * 보정률 * 선하지 면적)이 도출된다. 선하지에 대한 보상 평가는 적정 토지단가와 보정률의 책정으로 요약할 수 있다.

비단 선하지가 아니더라도 적정 토지단가를 결정하는 일은 일반 보상지구에서 빈번하게 수행하는 일이나. 선하지라 해서 일반적인 토지 보상평가 과정과 하등 차이 날 사항은 없다는 말이다. 임야나 농경지의 가격을 후려쳐서 평가할 수도 없거니와 굳이 인근토지의 가격수준과 괴리되게 고가 평가 해 줘야 할 필요도 없다. 결국 최종보상금은 고압선이 이 토지에 미치는 불리한 영향인 '보정률'을 얼마로 추계하는지에 따라 결정되게 된다.

보정률은 '입체이용저해율'과 '추가보정률'의 합으로 구성된다. 전자는 해당 토지의 수직 공간을 건물이 들어설 수 있는 부분, 지하부분, 기타부분의 이용 공간으로 구획할 때 고압선이 각각 구획된 공간의 사용을 제한하는 정도를 나타낸 비율을 의미한다. 농경지나 임야지대인 경우 건물이나 지하사용부분의 저해는 없을 것이므로 통상 기타부분의 이용 공간 중 '공중' 부분에서 약간의 저해가 발생하는 것으로 본다. 후자는 고압선으로 인한 해당 토지의 쾌적성과 시장성 등이 취약해지면서 가치하락이 발생하는 정도를 수치화한 것이다. 최대 25%의 범위에서 결정하며 영구적인 사용이라면 추가적으로 5% 정도를 더 가산할 수 있다. 이래저래 다 합쳐도 결국 보정률은 50%를 넘지 못한다.

필자가 보기에도 선하지의 몸값이 고압선이 통과하지 않는 다른 토지에 비해 3~40% 정도 가치가 하락되는 수준에 그치지는 않는다. 고압선 아래서 장기간 경작한 농민은 불치병에 걸려 일찍 죽는다는 속설이 아니더라도 상식적으로 이런 흠결이 있는 토지를 50% 할인 매각한다고 선뜻 사고 싶지 않을 것이다. 실제 선하지의 매매가격 수준과 일반 토지와의 격차를 충분히 분석해 보정률을 현실화시킬 필요가 있다. 갈수록 재산권 침해에 대한 정당 보상 요구가 여기저기서 빗발치는데 이번 밀양송전탑 사태를 통해서 선하지에 대한 적정 보상금이 지급될 수 있도록 평가 규정을 세밀하게 손보는 계기로 삼는 건 어떨까.

입체이용의 구분 도식도

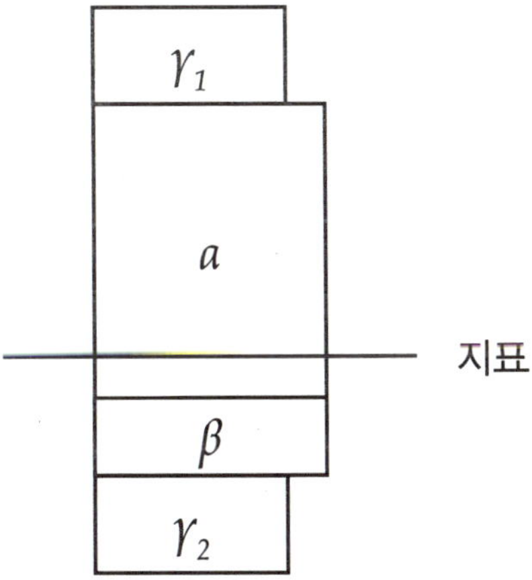

γ_1 : 기타이용률(지상)

a : 건물 등 이용률

β : 지하이용률

γ_2 : 기타이용률(지하)

구분		상세
건물 등 이용률		건물 등의 신축에 따라 임대가 가능한 공간에 대한 이용률
지하이용률		주차장 등의 활용이 가능한 공간에 대한 이용률
기타이용률	지상	광고탑, 통신탑, 굴뚝 등의 활용공간에 대한 이용률
	지하	지하터널, 공동구 등의 활용공간에 대한 이용률

선하지 보상 그간 어떻게 이루어졌나

3년 전 필자가 갑상선 질환에 대한 상식을 갖추게 된 건, 느닷없는 아내의 갑상선암(癌) 판정 때문이었다. 확진 소식을 듣자마자 발 빠르게 국어사전에서 암(癌)의 정의부터 확인했다. '생체 조직 내에서 무제한으로 증식하는 미분화 세포로 구성되어 악성 종양을 형성하는 병'. 그 다음은 갑상선암이 한국인 암 발병자 중 어느 정도 점유율을 보이고 있는지 살펴봤다. 이 질병이 한국인 암환자 중 가장 빈도수가 높다는 사실을 접하는데 별 어려움이 없었다. 이런저런 검색의 말미, 필자를 가장 안심시켰던 건 이 갑상선암을 '착한 암', '전이의 속도가 더딘 암', '완치율 98%인 암'으로 소개하는 부분이었다. 검색어 '갑상선암'에 이런 문구가 꼬리표마냥 따라다닌다고 해야 할까. 성공적인 수술, 일주일의 회복기간을 거쳐 건강한 상태로 일상에 복귀한 마당에 굳이 과거 아내의 병력을 언급하는 건 암 보험금 수령하는 대목부터 '보상'의 문제를 풀어보고 싶기 때문이다.

아내가 10여 년 전 가입한 암보험이 어떤 암에 대해 보장하고 있는지, 암진단 후 보상금은 얼마나 되는지, 전술한 사건이 없었다면 평생 확인할 일이 없었을지도 모른다. 나쁜 기억만은 아닌 건, 수술비와 입원비 등으로 지출한 수 백 만 원의 실비를 제외하고도 기 천만 원을 보상금으로 수령했기 때문이다. 솔직히 꽉 곗돈 탄 기분이었다. 혹시나 하고 기존에 가입했던 다른 보험증서를 꺼내 틈틈이 보장항목을 살펴보게 된 것은 이런 학습효과 때문이 아닐까. '보장항목', '보험금 지급 기준'은 가입자가 반드시 가입 전 필수적으로 확인해야 할 대목이다. 그러나 보험 설계서에 있는 세부 내역을 사전에 충분히 숙지하고 가입하는 사람은 흔치 않다. 혹시라도 필자의 글을 읽고 곗돈(?)탈 심산으로 암보험에 새로이 가입하려는 사람이 있을까 해서, 이전과는 갑상선암 보험금 지급 기준이 달라진 점을 확인하라고 조언하고 싶다. 보험사도 남는 장사를 해야 하니, 이렇게 발병률이 높으면서 완치까지의 치료실비는 생각보다 작은 이 '착한 암'에 대한 처우가 달라졌기 때문이다. 신규 가입자에 대해서는 수술 실비와 소정의 위로금을 보장해 주는 쪽으로 이미 보험금 지급 기준이 하향 조정됐단다.

2013년 말 국무회의를 통과하고 2014년 1월 공포 된 한 법률도 새로운 '보장항목'과 '보험금 지급 기준'의 내용을 담고 있다. 2014년 7월 29일부터 시행하는 「송·변전설비 주변지역의 보상 및 지원에 관한 법률」이 그것. 2009년 용산참사의 후속 대책으로「도시 및 주거환경 정비법」의 규정 일부가 개정된 것과 달리, 이 법은 밀양송전탑 사태를 계기로 기존 법률에서의 미온적인 보상규정과 보상범위를 보완하고자 새로이 제정된 것이다. 갑상선암에 대한 보험금 지급 기준이 최근 발병률 및 치료 실비 규모를 반영해 타 암과 형평성 있게 하향 조정된 것은 암보험에 가입할 의사가 없는 이들이라면 무시해도 되는 얘기지만, 원치 않게 고압선이 내 땅과 우리 지역을 통과하게 되는 건 강요받는 현실이니, 송·변전설비 주변지역주민의 현실적인 재산권 보장 내용을 담고 있는 이 법의 내용은 우리 모두 한 번 훑어 볼 필요성이 있다.

신설된 법률을 살펴볼 때 기존 법률의 변천사 내지 이력을 뒤적여보는 게 여러모로 도움이 된다. 그 과정이 귀찮고 품이 들어 모든 이에게 추천할 건 못 되지만. 먼저 고압선이 통과하는 토지에 대한 보상의 규정을 담고 있는 건 「전기사업법」이다. 그러나 이 법에서 규정한 보상기준이 어느 정도 명확해진 것은 근래 들어서다. 보상 기준이 확정되기 전에는 한동안 한전의 내부 지침에 따라 보상해 왔다고 한다. 1990년 대 부당이득금 반환청구소송에서 '공중의 사용에 따른 구분지상권에 상응하는 임대료'가 언급되면서 공중의 가치가 조명된 점, 2003년 감정평가협회가 고압선 통과지에 대해 '선하지공중부분사용에따른 손실보상평가지침'을 신설해 내부 보상평가 기준으로 삼은 정도가 그간 굵직한 사안들이다. 2011년 3월 경 「전기사업법」 90조 2의 신설로 비로소 법률의 형태로 보상금액 산정 기준이 등장했지만 「도시철도법」 시행령 5조에서 보인 명확성은 결여되어 있었다. '보장범위'가 구체화된 정도지 '보험금 지급 기준'은 여전히 미흡한 수준에 머물렀다.

신설된 「송·변전설비 주변지역의 보상 및 지원에 관한 법률」의 규정에서도 일부 준용하고 있는 현재 「전기사업법」 90조 2는 어떤 내용일까. 보상범위 토지면적은 언급돼 있을 뿐, '손실보상의 구체적인 산정기준 및 방법에 관한 사항은 대통령령으로 정한다.'고 하여 시행령에 구체적인 사항을 위임하고 있다. 그래서 시행령을 따라가 보니 비로소 별표에 지상의 공간을 송전선로가 존속하는 기간까지 사용하는 경우 〈보상금액=토지의 단위면적당 적정가격 × 지상 공간의 사용면적 × (입체이용저해율 + 추가보정률)〉로 소개된 부분을 발견할 수 있다. 그러나 비고란을 살펴볼 필요가 있다. '토지의 가격(단위면적당 적정가격 및 단위면적당 사용료 평가가액을 말한다), 입체이용저해율 및 추가보정률 등 손실보상의 산정 방법에 관하여는 「공익사업을 위한 토지 등의 취득 및 보상에 관한 법률」 제67조 및 제68조에 따라 평가한다.'고 부연해서 또 다시 수임 규정을 검색하는 수고를 피하기 힘들다. 이쯤 되면 문의할 게 있어 구청 대표번호로 전화했다가 '저 쪽 부서로 전화해 보세요.'라고 수차례 반복적으로 떠넘기는 진 빼는 응대의 당사자가 된 기분이다.

「공익사업을 위한 토지 등의 취득 및 보상에 관한 법률」 68조는 '보상액의 산정기준 등에 관하여 필요한 사항은 국토교통부령으로 정한다.'고 해서 시행규칙에 위임하고 있다. 수임 규정인 시행규칙 31조를 들춰보니 '토지의 지하 또는 지상공간을 사실상 영구적으로 사용하는 경우~당해 토지의 가격에 당해 공간을 사용함으로 인하여 토지의 이용이 저해되는 정도에 따른 적정한 비율(이하 이 조에서 "입체이용저해율"이라 한다)을 곱하여 산정한 금액으로 평가한다.'로 귀착된다. 다시 원점이다. 토지가격이야 그렇다 치고 '토지의 이용이 저해되는 정도에 따른 적정한 비율'을 정한 규정은 어디서 찾을 수 있을까. 검색의 수고는 여기서 멈춰야 한다. 눈 씻고 봐도 법률 규정에서는 발견할 수 없으니. 보상의 내력을 더듬을 때 소개했던, 2003년 감정평가협회가 제정한 '선하지공중부분사용에따른손실보상평가지침'이 그 답이다. 정리하면 보상금의 핵심인 고압선이 토지 이용을 저해하는 비율은 감정평가기관의 내규로 정해져 있다.

이 지침의 내용은 「전기사업법」 시행령 별표 혹은 「공익사업을 위한 토지 등의 취득 및 보상에 관한 법률」 시행규칙 별표, 즉 법규명령으로 격상시킬 필요가 있다. 감정평가기관의 내부 평가 기준으로 규율하기에는 꽤 중대한 규정이 아닌가. 또한 「송·변전설비 주변지역의 보상 및 지원에 관한 법률」 도 「전기사업법」 에 따른 보상수준을 고려할 수 있도록 하고 있다. 신설된 법률에 따른 보상금의 범위가 어느 정도가 되는지 누군가는 확인하고 싶어 할 텐데, 숨어 있는 보상평가지침을 찾는 수고를 강요하는 모양새는 보기 좋지 않다. 지침의 내용이 적정하다면 상세력을 갖는 법률의 영역으로 올려 버리면 그만이다.

이처럼 종전 법률의 이력을 검토하다 보면 분명한 한 가지 사실을 발견할 수 있다. 입법자 혹은 실무자가 성실함을 보이지 않으면 보상, 구제, 배상문제는 항상 '선제적'이 아닌 '사후약방문'식을 면치 못한다는 것. 밀양송전탑 사태가 계기가 돼 신설된 「송·변전설비 주변지역의 보상 및 지원에 관한 법률」 도 후속적으로 제정된 시행령, 시행규칙에 모법(母法)이라 할 수 있는 「전기사업법」 의

미흡함을 다소 개선할 수 있는 내용을 담은 것으로 보인다. 용어변경을 제외하고 개정의 주기가 길어질수록 해당 규정은 잘 만들어진 것이라 볼 수 있다. 보상관련 규정은 그래야만 한다.

송·변전 설비 주변지역 이렇게 보상 받는다

적지 않은 반향을 불러 일으켰던 '응답하라' 시리즈가 묘사한 1997년과 1994년은, 현재 중년층 문턱 앞에 대기번호 받고 줄서있는 이들이 캠퍼스에 발을 들여놓았던 시기다. 요즘세대가 PC방과 스마트폰으로 무료함을 달래고 있다면 저네들의 코흘리개 적 놀이는 뭐였을까. 드라마에선 학창시절에 포커스를 맞춰 딱히 유년기놀이문화가 소개되지 않아 처음 들으면 생소할 것이다. 놀이 이름 한 번 촌스럽지만 적나라하다. '딱지치기', '구슬치기', '비석치기'소위 '치기' 놀이가 성행했다. '술래잡기', '깡통치기'등 여타 놀이 명(名)도 거의 네 글자였다.

여기서 이들과 어깨를 나란히 했던 '땅따먹기'란 놀이를 잠시 소개하고 싶다. 최고의 부동산투자 무상 교육 프로그램이자 스릴 있는 실전 투자 대회 성격을 띄고 있다. 일단 가로세로 3m인 정사각형을 땅에 그린다. 참가하는 선수는 모퉁이에 일정한 크기의 땅을 공평하게 분배받는다. 이어 바둑판에서 집을 십늣 서로 간 영역을 차지하기 위한 혈투를 개시한다. 규칙은 단 한 가지. 미 서부 개척 시대 황무지를 차지할 때처럼 땅을 선점하면 된다. 각자 처음 분배받은 아지트에서 출발한 놀이 세 번 만에 출발지로 원대 복귀하면 점유요건은 충족. 돌아가면서 잘 다듬은 돌을 엄지 혹은 검지로 세 번 튀기는 시도마다 탄식이 절로 흘러나오기 마련이다. 조금씩 영역을 넓히는 와중에 아무래도 야금야금 반경을 넓히는 상대방에게 밀리겠다 싶으면 특단의 모험을 걸 수밖에 없다. 소위 갈라치기 전략이다. 세 번 튀겨 본거지에서 가까이 혹은 먼 곳에 위치한 정사각형 외곽선까지 정확히 도달, 관통하게 되면 갈라 친 내 쪽 영역 모두가 내게 넘어온다. 소규모 매집에 나서든, 대규모 택지를 한 방에 확보하는 계획이든 참가하는 선수의 성향과 상황에 따라 전투의 양상은 유동적이다. 그래서 더 흥미진진하다.

공익사업 중 택지개발사업은 일단의 넓은 지역을 한꺼번에 수용해서 공동주택 등을 공급하는 개발 사업이다. 특정 지역 전체의 토지를 취득하다보면 어떤 토지는 사업 구역 경계에 걸려 일부만 잘라 편입한다. 잘리고 남은 토지인 '잔여지'는 도저히 종전대로 사용하지 못할 정도면 매수 혹은 수용을 청구할 수 있고, 도로 등의 개설이 필요하면 그 비용을 내 달라고 요청할 수 있다. 아쉬운 대로 '잔여지'를 쓰겠다면 모양이 안 좋아지고 접근성이 악화된 것에 따른 가치하락 보상을 받는 방안도 있다. 그러나 면(面)사업과 달리 선(線)형 사업은 거의 모든 토지를 관통하며 띠 모양으로 잘라 가 버린다. 이 사업이 지방도 개설 사업이라면 나름 괜찮다. 포장도로가 바로 옆을 지나게 돼 '잔여지'가 혜택을 볼 여지가 다분하니. 그런데 관통하는 게 고압선이라면 얘기가 달라진다. 송전선 주변 일부만 손실보상을 해 주고 나 몰라라 하기 때문이다. 눈앞에 떡하니 있는 송전탑과 고압선의 존재는 '잔여지'와 그 지상에 있는 주택 입장에서는 심각한 가치하락 요인이 된다. 일말의 사용 또는 거주의 욕구를 느끼지 못하는 토지와 주택이지 않은가.

밀양 송전탑 사태에 맞닥뜨려 서둘러 입법된 「송·변전설비 주변지역의 보상 및 지원에 관한 법률」은 크게 보상의 '공간'과 '대상'의 범위 확대 그리고 잔여지의 손실에 상응할 만한 '지원 사업'추진의 내용을 담고 있다. 먼저 보상의 '공간'을 〈재산적 보상지역〉으로 구체화시키고 있다. 종전 규정과 비교해 달라진 점을 살펴보자. 송전선이 통과하는 부분, 즉 선하지 면적은 보상의 직접적인 대상 구역으로 공중 부분 영구 사용에 따른 구분지상권이 설정되는 영역이다. 종전 규정은 전선 두 개가 나란히 통과하고 있으면 전선 최 외측으로부터 3m씩 보폭을 넓혀 둘러싸인 면적을 1차적 기준으로 삼고 여기에 전압별 이격거리만큼 보폭을 넓혔다. 35,000v를 넘는 10,000v마다 15cm를 가산할 수 있도록 했는데, 765kv 송전선이라면 약 11m 폭이 넓어진다. 그렇다면 최종 선하지 면적은 전선 양 측에서 수평으로 각각 14m만큼 벌린 직하면적이 될 것이다. 뒤집어 말하면 송전선에서 수평으로 14미터밖에 위치한 토지는 이 송전선으로 인한 손실보상을 거론할 원고적격도 인정받지 못하는 셈. 새로이 제정된 법률은 지상 송전선로의 건설로 인하여 재산상의 영향을 받는 지역을 〈재산적 보상지역〉으로 규정하고 전압별로 보폭을 이전보다 꽤 넓혔다. 765kv 송전선인 경우 송전선 양측 가장 바깥 선으로부터 각각 33m, 345kv인 경우 각각 13m만큼 외곽선을 확장할 수 있다. 최소한 종전보다 손실 보상의 공간적 범위가 확대된 것이다. 다만, 〈재산적 보상지역〉 전체 공중부분에 영구적 사용에 따른 구분지상권을 설정할지는 의문이다. 구역만 넓혀 보상하고 구분지상권 설정 면적은 기존대로 갈 지, 손실보상을 해 줬으니 보상 지역 전체 등기사항전부증명서에 구분지상권 등기를 경료할지는 이 법이 최초 적용되는 사업의 진행 사항을 봐야 분명할 듯하다. 전자라면 기존 선하지 면적과 재산적 보상지역으로 추가되는 면적 간 재산상에 미치는 영향의 정도를 달리 볼 여지도 있다. 그렇다면 보상금도 차등 지급될 것이다.

신설된 법률에서 보상의 '대상'을 확대한 것은 〈주택매수 청구지역〉으로 확인할 수 있다. 지상 송전선로 건설로 인하여 주거 및 경관상의 영향을 받는 지역을 정해서 그 안에 있는 주택 소유자의 청구가 있으면 의무적으로 사업사가 주택을 매수하도록 한 것이다. 이 지역은 재산적 보상지역보다 훨씬 광범위하다. 765kv 송전선인 경우 송전선 양측 가장 바깥 선으로부터 각각 180미터,

345kv인 경우 각각 60m로 경계를 삼는다. 축사 혹은 공장과 달리 이 정도 거리 이내에 위치한 주택 소유자라면 거주의 불쾌함을 충분히 항변할 수 있다고 판단한 것이다. 매수 금액(토지+건물)은 보상평가기준을 준용해 결정되며 현황평가 원칙이 예외 없이 적용되므로 노후화 정도가 반영되는 건물 매수 금액은 대부분 신축 비용에 크게 못 미칠 것이다. 그래도 고압선 아래 살기 싫어 떠나고 싶은 자에게 뾰족한 수가 없었던 종전 상황보다는 나아졌다.

이렇게 재산적 보상지역을 확대하고 주택매수 청구 자격을 부여해도 여전히 지원이 필요한 사각지대는 존재한다. 이들 구역 밖에 살고 있는 같은 동네 이웃 사람들이다. 피해의 직접성을 입증하긴 그렇지만, 혐오시설이 부근에 있는 건 사실이라 기분 좀 꺼림직 하고, 땅값도 왠지 좀 떨어질 것 같고, 밭 갈러 가려면 고압선 밑을 매일같이 왕래해야 한다면 뭔가 좀 쥐여 줘야 하지 않을까. 그래서 765kv 송전선(옥외변전소)인 경우 송전선(옥외변전소)양측 가장 바깥 선(외곽경계)으로부터 1,000m(850m), 345kv 송전선(옥외변전소)인 경우 700m(600m)이내 지역을 〈송·변전설비 주변지역〉으로 지정했다. 간혹 이렇게 정한 주변지역의 경계가 마을을 관통할 수 있다. 그러면 내 집과 앞집이 경계선 하나로 희비가 엇갈린다. 이럴 땐 '주변지역 지원 심의위원회'의 심의를 거쳐 주변지역의 범위를 탄력적으로 조정할 수 있도록 했다. 이들 주변지역 내 주민에게 제공하는 당근은 어떤 게 있을까. 주택 전기세를 일부 보조해 주는 등의 직접 지원 방법은 '주민지원 사업'에 속한다. 편의증진 혹은 주거 환경을 개선하는 사업인 '주민복지 사업'으로 공원이나 체육시설 등을 설치해 줄 수 있다. 마을공동 농산물 가공 공장을 설립해 운영할 수 있도록 이모저모 지원하는 '소득증대사업'도 고려할 만하다. 저소득 가정을 위한 장학기금 적립 또는 기숙사 지원 같은 '육영사업'도 선택 사항 중 하나다.

여태 배상 혹은 보상의 문제에 맞닥뜨린 적이 없다면 곱게 살아온 것이다.

사익은 대못박혀 찢겨나가고 공익은 흩뿌려지는 것이 세상지사 아닐까. 찢겨나가는 입장에 우리 중 누군가가 설 수 있다. 그런 의미에서 입법자는 선하지 보상의 문제에 빈틈이 보이지 않도록 본연의 임무에 충실해야 할 것이다. 갈등의 현장에서 입법의 흠결을 메워 보려고 발 벗고 나서는 적극성 이전에, 뒷북치는 땜질 처방을 미연에 방지하는 사전 입법의 농익은 결과물이 더욱 절실하다. '제발 반값이라도 팔고 나가고 싶어요.' 송전선 주변 보상의 사각지대에 놓인 이들의 외침은 오늘도 여전하다.

하천 편입 토지, 음지에서 양지로

'권리 위에 잠자는 자 보호받지 못한다.' 세간에 널리 통용되고 있는 이 말은 권리를 주장하는 자의 적극성을 촉구한다. 하천에 편입돼 은근슬쩍 국가가 소유해 버린 하천 주변 땅의 소유자도 작년 말까지 이런 상황에 놓여 있었다. 하천편입 토지의 보상청구권이 연말이 지나면 소멸해 버렸기 때문이다. 종전 하천법에서 모든 하천의 소유를 국유로 한다고 규정한 것이 사태의 발단이었다. 일단 사유 토지를 국가의 소유물이라고 주장하고 토지 소유자에게는 '나 몰라라' 했었기에 뒤늦게 보상의 문제가 대두된 것. 그 오랜 기간 국가가 소유한 채 보상해 줄 의지도 재원도 없었을 터. 뒤늦게나마 「하천편입 토지 보상 등에 관한 특별조치법」을 신설해 보상에 나서면서 보상청구권의 소멸시한을 정했다. 연이어 이 시한을 연장하다 마지막으로 보상신청기간 마감일을 2013년 12월 31일로 못 박아 이 시한을 넘기면 사정은 딱해도 보상해 줄 수 없다고 한 것이다.

보상 대상자를 찾는 게 급선무였다. 토지 소유자 중 태반은 거주지를 떠나면서 연락이 두절됐다. 국토교통부가 지자체와 업무공조하며 대상자를 찾아내신청을 독려하긴 했으나, 전체 대상자 대비 신청 비율이 만족스럽지 못했다. 소유자는 너무 오랜 시간이 지났으니 종전 지번조차 가물가물할 것이다. 동사무소 직원이 자기 일처럼 바삐 뛰녀 불색한 덕택에 이 사실을 통보받은 소유자는 로또 맞은 기쁨과 뭐가 달랐겠는가. 잠자고 있는 걸 누군가 깨워 돈 타 가라고 일으켜 세워준 것이다. 보상청구는 연말까지였고 이들에 대한 보상 평가가 이뤄지고 나야 보상금 수령이 가능했다. 연초 이런 토지에 대한 평가 건이 몰려 들어왔고, 필자 역시 그 중 몇 필지에 대해 적정 보상금을 책정하면서 일련의 진행과정을 숙지하는 계기가 됐다.

이들 토지와 다른 공익사업에서의 보상 대상 토지의 가장 큰 차이점은 뭘까. 하천으로 편입될 때의 위치가 현재 어디냐의 문제부터 풀어야 한다는 것. 일반적인 토지 보상 평가에서 위치를 확인하는 일은 일도 아니다. 도면과 지도에 해당 토지의 위치는 분명하다. 보상금을 지급하는 자와 보상금을 수령하는 자 그리고 보상금을 결정하는 자 모두 이 지점에서 만나지 않는가. 그런데 과거 하천에 편입된 토지는 현재 도면에서 사라졌다. 부득이 과거 폐쇄지적도를 꺼내 확인할 수밖에 없다. 그것만으로는 불충분하다. 폐쇄지적도와 편입당시 및 현재 시점의 항공 측량 사진 세 개를 겹쳐 놓고 문서 감정을 받아야 한다. 이를 통해 현재 위치는 어디라고 결정하든지, 애매한 경우 어디 부근이라고 확정한다. 보상 대상 토지는 국가하천과 구 지방 1급 하천이므로 적지 않은 토지가 도심 내에 위치한다. 토지구획정리사업 또는 택지개발사업을 통해 현재 주거 혹은 상업지대로 변모의 과정을 거쳐 현재는 과거 하천의 모습을 짐작조차 할 수 없는 토지도 있나. 이런 사업지구에 들어 있던 토지는 환지확정조서 등의 문서 정보공개 요구를 통해 바뀐 지번을 명확히 알 수 있어 상대적으로 수월한 편이다.

위치확정이 끝나면 하천 편입 당시 토지의 현재 몸값을 결정해야 한다. 이용 상황은 현재가 아닌 편입당시가 기준이다. 과거 농경지로 이용하고 있었다면, 현재 그 위치에 농경지로 남아 있었을 때의 가격을 내 줘야 한다. 즉, 위치와 이용 상황은 불변함을 전제하며 단지 옛날 가격이 아닌 현재 가격을 내 줄 뿐이다. 그러나 그 때 당시의 이용 상황과 동일 또는 유사한 이용 상황의 토지를 주변에서 찾기는 해변에서 바늘 찾는 격이다. 도심 금싸라기 땅에 농경지로 쓰고 있는 땅이 어디 있겠는가. 동일 이용 상황의 표준지도 심어 있을 리 만무하다. 대표성, 중용성이 표준지 선정의 원칙이기 때문이다. 그나마, 보금자리주택사업 등 개발 사업을 앞두고 대기 중인 비닐하우스 촌락이 그리 멀지 않은 곳에 있다면 거기 있는 표준지와 거래사례를 포착해 끌어 당겨 평가해야 한다. 도저히 부근에서 이용 상황을 맞출 수 없어 인근의 표준적인 이용 상황의 토지와 비교해야 한다면, 농경지 등이 대지로 전환될 때의 감보면적의 비율을 고려할 여지가 있다. 농경지대를 주거지대로 바꾸려면 농지 한 가운데로 도로 내고 공원 만들면서 실제 대지로 전환되는 면적은 크게 줄지 않는가. 원 면적 대비 줄어드는 비율을 감보율이라고 한다. 감보율이 40%라면 종전 100㎡의 농경지와 60㎡의 대지가 등가라는 것. 따라서 현재 주변 대지가격의 60%정도로 평가하면 근사치가 될 것이다. 이 모든 보상 평가의 기준이 「하천편입 토지 보상 등에 관한 특별조치법」 제 6조 1항에 다음과 같이 규정되어 있다. '~보상에 대한 평가는~편입당시의 지목 및 토지이용상황, 해당 토지에 대한 공법상의 제한, 현재의 토지이용상황 및 유사한 인근 토지의 정상가격 등을 고려하여야 한다.'

아쉽게 보상청구를 며칠 차이로 놓쳐 버린 이들이 왜 없겠는가. 간발의 차로 막차를 얻어 탄 이 역시 적지 않을 터. 이를 보면 「공익사업을 위한 토지 등의 취득 및 보상에 관한 법률」 에서 정한 '사전보상[3]의 원칙'이 얼마나 중요한 기준인지 새삼 그 위력을 알게 된다. '공용수용'은 팔고 싶어 안달이었던 자에게 보장된 매매를 제공하는 예외적인 경우가 있지만 대부분 원치 않는 강제매매를 요구한다. 소유권에 상당하는 현금과의 교환이 제때에 이뤄져야 한다. 사후 수습은 언제나 여러모로 사전 보상에 못 미친다.

---

3) 사업시행자는 해당 공익사업을 위한 공사에 착수하기 이전에 토지소유자와 관계인에게 보상액 전액(全額)을 지급하여야 한다.

보상금은 복수 평가자의 산술 평균값

출석하는 교회에서 추수감사절이 되면 연례행사로 가족 찬양대회를 연다. 가족별로 또는 그룹별로 한 주 또는 몇 시간이라도 소리를 맞춰 앞에 나가 노래를 선보이는 것이다. 노래 실력은 팀별로 천차만별인데 팀 내에서도 그 편차가 작지 않은 경우가 있다. 이런 팀에서 화음을 시도하면 한 파트를 맡은 쪽에서 음 이탈을 두 어 마디 넘게 하는 바람에 제창만 못하게 되기 일쑤다. 한 사람이 아닌 여러 사람이 속한 팀의 실력은 어쩔 수 없이 평준화된다. '평균'의 위력을 우리 모두 익히 알고 있다.

보상평가를 할 때 복수의 평가자를 의무화시킨 이유는 '편의(bias)'를 줄이고 '공정성'을 확보하자는 데 있다. 전문가라 해도 한 사람보다는 두 사람이 할 때 신뢰감을 주고, 세 사람이 하면 적어도 무리 없는 결론에 이른다고 볼 수 있다. 종전에는 평가자를 사업을 시행하는 쪽에서 2명을 의무적으로 선정하고, 과반수 주민(과반수 토지면적 포함)의 추천을 받은 평가자가 있는 경우에만 동참하게 했다. 2명 혹은 3명이 평가에 참여할 수 있었다. 지금도 다르지는 않다. 다만, 사업시행자가 지명하는 평가자 1명을 해당 공익사업이 시행되는 지자체에서 정할 수 있도록 했다. 정리하면, 사업시행자 추천 1명, 지자체 추천 1명, 주민 추천 1명으로 삼각 편대가 이뤄졌다.

그런데 지자체에 평가자 추천권을 부여한 규정이 의도하지 않았던 방향으로 오용될 수 있다. 지자체 추진 사업이 아닌 이상 평가자가 누구든, 보상 평가액이 얼마로 결정되든, 지자체의 부담은 전혀 없다. 보상금은 사업을 시행하는 LH, SH, 도로공사 등에서 지급하니 주민들이 낸 세금이 축나는 것도 아니다. 반면, 주민들이 사업에 극성 반대하면 이래저래 신경이 쓰이지 않을 수 없다. 주민들 항의성 집회나 악성 민원으로 시청이나 구청 담당부서 더 나아가 구청장이나 시장 집무실이 점거당하는 상황까지 이른다면 더욱 그렇다. 지자체도 사업이 예정대로 시행되는 게 싫지는 않다. 대규모 산업단지 조성 사업처럼 잘만 진행되면 지자체 세수에 큰 도움이 되고 지역 내 고용 환경도 개선할 수 있다면 말이다.

이렇다 보니 주민들의 입김에서 자유로울 수 없는 지자체는 주민들 의사를 반영해 평가자를 선정할 여지가 다분하다. 주민들이 추천하고 싶은 평가자가 2명이고 각각 과반수 동의를 얻지 못하고 있다면 지자체가 그 중 한 명을 지자체 몫으로 추천하면 상황이 깔끔하게 정리된다. 나머지 한 명에게 동의서를 몰아주면 결국 주민들이 추천한 평가사 2명 모두 평가에 참여할 수 있게 된다.

평가자의 조합이 이렇게 바뀌었지만 보상금은 2인 또는 3인의 평가금액을 산술 평균해서 결정된다. 가급적 평가금액 간 격차가 벌어지지 않는 게 바람직하다. 혹여 보상평가액 중 최고금액이 최저금액의 110%를 초과하면 보상평가금액 간 '편의(bias)'가 발생한 것으로 보고 재평가를 하도록 규정하고 있다. '편의(bias)'가 발생하지 않았다고 아무 문제가 없는 것은 아니다. 주민추천 평가사의 재량이 과도하게 발휘돼 보상평가 금액이 상향평준화 된다면 굳이 복수로 평가하는 이유가 없을 수 있다. '평균'이 제대로 작동하려면 전문성을 갖춘 평가자의 독립적인 재량 발휘가 전제되어야 한다.

지장물 보상금이 산정되는 원리

주말마다 아이들과 함께 꼭 챙겨보는 개그 프로그램이 있는데 시청하면서 종종 '아이디어 한 번 좋다'고 감탄사를 발하곤 한다. 감탄사의 요지는 '요즘 세태를 어쩌면 저렇게 실시간으로 반영할까'에 대한 놀라움이다. 이미 폐지된 코너로 기억하는데, 그 코너에서는 어떤 낱말의 현대적 의미가 신분과 환경에 따라 달리 정의될 수 있음을 익살스럽게 표현했다. 연인에게 '낭만의 대명사'인 눈이 군인들에게는 '하늘에서 내리는 쓰레기'로 느껴진다고 말했는데, 첫 눈 보며 연인에 대한 설렘을 느끼던 남자가 입대 첫 해 눈 쓸다 지쳐 원망스레 하늘을 쳐다보는 모습을 연상케 하니 박장대소할 만하다.

보상지구에서도 사업을 시행하는 쪽과 공익사업으로 쫓겨 가는 사람 간에 이와 유사한 인식의 차이가 있다. 앞마당에 심겨진 50년 된 감나무, 부뚜막, 화초를 키우는 비닐하우스 소유자는 '소중한 내 물건'으로 여기지만, 사업시행자는 사업을 방해하는 '지장물'로 바라본다. 사업하는 쪽에서는 소유자와 함께 늙어가는 50년 된 감나무가 삶의 동반자처럼 느껴질리 만무하다. 어서 옮길 비용을 줘서 빨리 반출해야 할 '지장물'에 불과할 뿐이다.

이런 '지장물'을 보상할 때는 굳이 물건의 값을 쳐 줄 필요가 없다. 토지는 사업 시행하는 쪽에서 사업부지 확보 차원에서 매입해야 하지만, 이런 물건은 반출하게끔 이전비 정도만 주면 족하기 때문이다. 그래서 '지장물'에 대한 보상 기준은 '물건의 가격 범위 내 이전비'가 된다. 배보다 배꼽이 클 수는 없으니 옮기는 비용이 물건의 가격보다 더 들면 물건의 가격을 주는 것으로 충분하다.

이전비 항목은 크게 인건비와 운송비, 시설 대여료 정도로 구성된다. 대부분 시중 노임단가에 인부수를 곱하여 인건비를 산출하고, 물건을 다 실을만한 트럭이 몇 톤 정도 되는지 파악해 운송비를 결정한다. 가끔 지게차나 크레인이 필요

이런 지장물에 대한 보상액은 토지 보상총액 대비 10%를 넘지 못한다. 총액도 미미한 데다 소유자가 느끼는 물건에 대한 애착을 생각해 평가자도 가급적 지장물에 대한 보상금을 후히 결정하는 편이다. 이전이 불가능하거나 이전비가 물건의 가격보다 더 들어 물건의 가격으로 보상할 때는 이런 경향이 더 두드러진다. 콘크리트를 부어 만든 장독대가 다 낡아 어차피 집 팔 때 거들떠보지도 않겠지만, 강제로 넘겨줘야 하는 사람 입장은 몇 십 만원이라도 책정해 주길 바랄게 분명하다.

그렇지만 삶의 손 때 묻은 주택, 가업처럼 대 이어 운영하는 콩나물 공장

건물이라면 입장차가 확연하다. 어차피 이전할 수 없으니 물건의 가격으로 책정해 줘야 하는데, 소유자는 '중고'라고 아예 생각지도 않기 때문이다. 아니 정확히 표현하면 상태는 '중고'지만 몸값은 '신축건물' 수준으로 인식한다. 당사자라면 주택을 넘기고 새로운 거주지에 가면 맘에 맞는 건물을 짓고 살아야 하니 '새 건물' 값을 보상받으려는 게 마냥 도둑놈 심보는 아닐 게다. 그렇다고 현황평가원칙을 어길 수는 없으니 건물에 대한 보상 평가를 할 때면 평가자는 늘 '이런 중고 건물 값을 얼마나 좋게 봐 줄 수 있을까'에 대한 고민에 상당 시간을 할애하고 있다.

수목보상에 얽혀 있는 속사정

2013년 감정평가협회가 추진한 역점 사업 중 감정평가사 내부역량강화를 위한 '전문가과정' 개설을 가장 큰 성과로 꼽고 싶다. '동산담보평가', '기술가치평가'에 이어 세 번째로 개설됐던 '수목보상평가 전문가과정'에 지원자가 폭주했던 것이 이를 방증한다. 교육장이 이를 다 수용할 수 없어 동일한 교육 과정을 연차적으로 진행하게 되었단다. 해당 과정은 앞선 두 차례의 전문가과정과 성격이 좀 달랐다. 동산담보는 당시 감정평가업계에 도입된 지 얼마 안 된 분야라 생소한 이가 많을 수밖에 없었다. 기술가치 평가는 몇몇 평가사만 간헐적으로 평가에 임하고 있는 소위 고급평가영역이라 이를 감정평가사 전체에 대중화(?)시킬 필요가 있었다. 업무영역의 확장이라는 대의명분도 곁들일 수 있고 말이다. 그런데 수목에 대한 보상평가는 이미 수 십 년째 해 오고 있어 생소함과는 거리가 멀다. 또한 업무를 담당해 보지 않은 감정평가사가 없을 정도로 대중화되어 있다. 그럼에도 인기를 끌었던 건 이 과정의 개설 취지와도 너무나 부합하는 '전문성'에 대한 문제였던 것이다.

당시 교육일정에 합류했던 필자의 경험을 더듬어 보건대, 1주일 간 이어진 교육 과정의 백미는 현장체험학습 차 진행된 '광릉수목원'견학 일정이었다. 여름문턱에 접어들어 녹음이 기지개를 펴는 3~4월의 생동감은 덜했다. 가랑비가 내내 이어져 숲이 주는 쾌적함도 맑은 날씨일 때만 못했다. 반면 이를 모두 상쇄하고도 남았던 건 처음 접하는, '숲 박사'로 불리는 나무 전문가이자 국립수목원을 견실히 이끌고 있는 이유미박사의 명 강의 덕택이었다. 평생 나무와 풀만 보고 살아올 수 있어서 행복하다는 얘기를 하지 않았어도 얼굴에 머금은 평온한 미소가 이를 말해 주고 있었다. 나무이야기를 2시간 가까이 이어기면서 곁들이는 식생과 품종이야기에 지루함을 찾아 볼 수 없었고 전혀 다른 줄로만 알았던 몇몇 나무가 실은 가족관계(family)였다는 전문지식까지 들을 수 있어 유익함도 상당했다. 소위 '달인'의 느낌이 물씬 베어 나오는 강의라고 할까.

친구 대하듯 평생 나무를 대하고 가꾸는 행복한 나무박사와 달리, 감정평가사에게는 보상 지구마다 뿌리박고 있는 나무의 소유자에게 이전을 위한 보상금을 책정하는 고달픈 일이 나무와 관련된 일상적인 업무다. 꽃이 피는 춘 사월이나 색동옷 곱게 있은 시월에 산에 오를 수 있는 건 분명 즐거운 일이지만 거기 심겨진 나무의 보상금을 책정하는 일은 곤혹스럽기 그지없다. 앉아 있는 자태만 봐도 쌍둥이를 알아보는 부모처럼, 나무를 친구로 삼은 이유미 박사 같은 이에게 저 나무나 꽃의 이름이 무엇인지 묻는 건 실례일 것이다. 그러나 감정평가사는 수 천 개에 달하는 수목과 꽃을 식별할 수 있는 능력이 부족하다. 보상지구에는 단풍나무와 느티나무 소나무 같이 만인에게 알려진 품종만 있는 게 아니다. 산딸나무, 층층나무, 물푸레나무, 계수나무, 독일가문비나무, 자작나무, 측백나무 등등 일반인들이 규분하는데 애들 먹는 수 백 여 종류의 나무가 집 앞바낭, 뒷동산에 셀 수 없이 심겨져 있다. 필자는 강의 당시 상수리나무가 참나무 과에 속한다는 얘기를 처음 들었다. 그러니 수목의 보상금을 매기기 전에 저 나무가 어떤 나무인지 식별하는 문제부터 거대한 산처럼 다가오는 게 감정평가사의 현실로 보면 된다.

그리고 무엇보다 야박한 수수료 문제도 감정평가사의 수목 전문성을 저해하는 큰 요인 중 하나다. 나무 이전비를 책정할 때 조경공의 임금을 하루 15~20만 원으로 계산하는데, 2~3일 산지를 누비며 수 백 가지 나무를 확인하고 일일이 수목의 가격과 이전비를 조사해 보상금을 책정해 봐야 감정평가수수료로 수령하는 게 기본수수료 20만 원[4]정도이니 돈 안 되는 일에 굳이 품을 많이 들일 생각은 좀체 하지 않는 것이다. 현장조사와 평가보고서 작성, 납품까지 지원 인력의 부대경비를 고려한 감정평가사 1인의 일당에 해당하는 원가가 대략 100만 원 안팎이라고 하니, 수목보상을 위해 일찍이 나무에 대한 준전문가가 되려 하지 않은 이유는 순전히 형편없는 수수료 때문인지도 모른다.

당시 교육을 통해서 분명 수목에 대한 이해의 폭이 어느 정도 깊어진 것은 분명하다. 그러나 당시 한 번의 교육과정으로 보상평가의 달인이 되는 허황된 꿈을 꾸지는 않는다. 감정평가사로 지녀야 할 통상의 소양을 조금이라도 기를 수 있다면 거기에 만족한다. 교육 과정 내내 감정평가협회 부설로 수목보상을 전문적으로 담당하는 별도의 기관을 개설하면 어떨까 생각해 봤다. 임학, 조경학, 식물학 등을 전공한 감정평가사를 선별해 그들이 전문적으로 수목보상평가를 전담하면 대다수 감정평가사가 부족한 전문성으로 들쭉날쭉 수목 보상금을 책정하며 느끼는 불안함과 찝찝함을 시원스레 날릴 수 있을 테니 말이다.

4) 감정평가수수료 체계는 기본적으로 평가금액에 연동되는 종량제이므로 100가지 수목을 평가해도 전체 평가액이 1,000만 원이라면 기본 수수료만 받게 된다.

휴업손실 보상금은 최소한이다

칼바람 그치지 않는 맹추위 혹은 꽃샘추위가 계속될 때는 가급적 식사하러 가는 동선을 줄인다고 회사 옆 분식집을 심심치 않게 들르곤 한다. 특별히 맛난 건 아닌데 20초면 종종걸음으로 갈 수 있는 지척인지라 식사 시간 찾는 발걸음이 잦아진 것이다. 얼마 전 분식 집 아주머니가 경미한 교통사고를 당했다. 출근길에 힐끔 고개를 돌리다 분식 집 셔터 문이 내려지고 '교통사고로 잠시 쉽니다.'는 쪽지를 보고서 알게 되었다. '피치 못하게 휴업하는데 임대료는 꼬박 내야 하니 이래저래 손해 보는군' 하는 생각이 스쳐 지나갔다.

공익사업지구에서 토지나 건물을 갖고 있는 사람들은 전자는 취득가격, 후자는 '물건의 가격 범위 내 이전비'로 보상을 받는다. 그러나 이들 외에도 손실이 막심한 이들이 있다. 터 잡고 있는 자리를 내 주고 어디론가 옮겨 영업을 해야 하는 사업장이다. 'OO맛 집'으로 이름난 식당은 그래도 사정이 덜하다. 홈페이지나 블로그에 이전 소식을 올려놓고 현재 영업장 주변에 이전을 알리는 플래카드라도 걸어놓으면 대개 다 알아서 찾아오기 마련이다. 그 멀리서 찾아 온 사람들이 수 백 미터에서 2~3km 더 돌아가야 한다고 왔다 그냥 돌아갈 리는 만무하다. 피해는 옆집, 앞집, 윗집에 사는 이웃이 편하게 외상 주고 물건 들고 가는 토박이 슈퍼 같은 작은 영세 사업장에 집중된다. 막역한 사이라고 편하게 물건 사 주는 동네 이웃이자 고객을 타지에서 하루아침에 만들 수는 없기 때문이다.

사업장이 크든 작든 사업장을 옮겨야 하니 영업자가 교통사고 당한 분식집처럼 며칠에서 몇 십일은 영업을 불가피하게 중단해야 한다. 자원해서 옮기는 것도 아니니, 옮기는 기간 동안 수입이 뚝 끊기는 것은 당연히 보상을 받는다. 그렇다고 일률적으로 책정해 주는 것은 아니고 사업장마다 그간 평균적으로 얼마 정도 벌어 왔는지 파악해서 3개월 정도의 휴업기간을 정해 영업 이익을 보전해 준다. 요즘 같은 불경기에 이것저것 다 제하고 매 달 300만 원 이상 벌어들이는 사업장은 그나마 양호한 편이다. 문 닫느니 장사하는 게 낫다 생각해 근근이 영업하는 곳도 있을 텐데, 한 50만 원 남짓 번다고 3개월 치 150만 원을 보상해 주는 건 야박하다. 도시근로자 3인 기준 한 달 가계지출비가 삼백 몇 십만 원 되는데 영세한 개인 영업장에 대해서는 이 금액을 월 영업이익의 하한선으로 보상해 준다.

쉬는 기간 소득 손실은 들어와야 할 돈이 막혀버린 것이다. 그러나 새 사업장으로 옮기는 비용은 나가지 말아야 할 돈을 써 버리는 셈이다. 이런 지출도 당연히 보상 대상이며 이전하는 데 들어가는 실비는 포장이사 업체를 부를 돈으로 부족하지 않게 가급적 여유 있게 책정한다. 유리판매상이라면 한꺼번에 그 많은 유리 제품을 옮기다 파손되는 물량이 있을 수 있다. 이전하면서 파손 물량 비율을 최소한 추려 내서 '감손상당액' 항목으로 보전해 준다.

휴업하는 기간 동안 영업장의 소득 상실이나 새 사업장으로의 이전 실비는 그야말로 최소한이라고 영업 손실 보상금 수령자는 하나같이 입을 모은다. 실제 피해는 영업 배후지를 잃게 된다는 것이다. 그래서 규모가 큰 공익사업은 사업 후 들어서는 상가 분양권이나 대체용지를 제공한다. 그렇다 해도 적게는 수 개 월, 길게는 수 년 동안 지금처럼 편하게 장사할 수 있는 배후지를 또 만들어야 하는 불편함은 부득이 감수해야 한다.

완전보상을 지원하는 생활보상

본방 때는 바쁜 일정도 있고 해서 챙겨보지 못하다가 시청률 40%를 넘는 국민드라마가 됐다는 소식을 듣고 요즘 다시보기를 통해 '내 딸 서영이'를 꼬박꼬박 시청하고 있다. 이미 종영된 드라마인지라 본방 사수했던 딸들만큼 감정이입이 쉽지 않았다. 주인공이 서로 어떻게 엮인 건가 보니 남자주인공이 애지중지하는 오토바이를 여자 주인공이 절도한 것으로 오해하는 대목에서 출발한 것임을 알았다. 오해가 풀리고 나서도 여자 주인공하고 어떻게든 엮이고 싶었던지 남자 주인공이 정신적 손해 배상을 이유로 데이트를 강제한 부분에서는 피식 웃음이 나왔다. 신체적, 물리적 손해 외에 정신적 손해를 배상해야 한다는 요구에 여자 주인공이 선뜻 동의한 것은 비단 당사자가 법학도였기 때문은 아닐 것이다. 이미, 무형적 손해 내지 손실이라는 부분은 일반인의 상식 영역에 들어와 자리 잡았다.

보상 사업 지구에서 토지, 건물 그리고 영업에 대한 손실을 보전해 주는 것은 외형적으로 드러나는 손실에 대한 보상이라고 이해할 수 있다. 개인의 재산권 보호에 대한 인식이 높아지면서 요즘은 '생활 보상'이라는 영역이 점차 확고하게 자리 잡게 되었다. 특히 주택 소유자에 대한 보상은 '종래 생활상태의 재건 지원'이라는 기치 아래 생활보상의 중심에 자리 잡고 있다. 가장 큰 대목은 '이주대책'이다. 주거용 건물을 제공함에 따라 생활의 근거를 상실한 자에 대해 새로 이주할 수택지를 조성하거나 주택을 건설하는 것이다. 주택지 조성이나 주택 건설이 용이치 않으면 하한선 6백만 원, 상한선 1천 2백만 원 내에서 주거용 건물 평가액의 30%를 이주정착금으로 지급해 주어야 한다. 주거용 건물 소유자, 세입자 모두 거주지를 옮기면서 생활 안정 자금이 필요하다. 이런 부분은 도시근로자 가계지출비를 기준해 '주거이전비' 명목으로 세입자는 4개월, 소유자는 2개월분을 추가로 지급해 준다.

보상 규정은 그간 세밀하게 정비·보완돼 왔고 앞으로도 '완전 보상'의 취지에 부합하게 손질이 가해질 것이다. 보상 규정이 흠결되었던 부분은 입법론을 통해 해결 가능하고 보상 항목이 미비한 부분은 현실과의 괴리를 해결하는 방향으로 개선될 것이다. 보상 지구에 편입된 부분만 신경 쓰다 잘려 나가고 남은 자투리땅과 건물인 '잔여지'와 '잔여 건축물'에 대한 보상 규정이 몇 년 전 신설된 것은 전자에 해당되고, 주거용 건물에 대한 보상금의 하한선이 3백만 원에서 5백 만 원으로 상향된 것은 후자에 속한다고 이해할 수 있다. 주거용 건물소유자에게 주어지는 이주 대책 소위 '딱지'를 얻으려고 축사나 상가 건물을 임의로 주택으로 용도 변경하는 경향을 발견하고 '무허가용도변경' 건물을 이주대책에서 제외되는 '무허가건축물등'에 포함시킨 것은 법의 사각지대를 파고드는 편법에 대한 대응 차원에서 이뤄진 것이라 미뤄 짐작할 수 있다.

상당한 기간이 흘렀지만 가장 최근 낙마했던 헌법재판소장 예정자에 대한 인사청문회는 두고두고 곱씹을 만하다. 당시 후보자에 대한 각종 의혹이 여기저기서 쏟아져 나왔는데 관련된 기사 중 '사익 챙기기'라는 문구가 눈에 확연히 들어왔던 게 생각난다. 공직자 후보자에게는 도 넘은 '사익 챙기기'가 지명철회의 결정적 단서가 되지만, 보상 평가 영역에서는 있는 그대로의 '사익'을 잘 챙겨 보전해 주는 게 지향해야 할 가치라 할 수 있다. 보상 받아야 할 게 누락된 것만큼 그렇지 않아도 심리적 박탈감 상태에 있는 피 보상자의 마음을 아프게 하는 건 없지 않은가.

여수 기름유출사고로 보는 이주대책 역사

「공익사업을 위한 토지 등의 취득 및 보상에 관한 법률」 제 78조 1항은 '사업시행자는 공익사업의 시행으로 인하여 주거용 건축물을 제공함에 따라 생활의 근거를 상실하게 되는 자를 위하여 대통령령으로 정하는 바에 따라 이주대책을 수립·실시하거나 이주정착금을 지급하여야 한다.' 고 규정하고 있다. 공익사업시행지구의 인근에 택지 조성에 적합한 토지가 없는 경우 또는 이주대책에 필요한 비용이 당해 공익사업의 본래의 목적을 위한 소요비용을 초과하는 등 이주대책의 수립·실시로 인하여 당해 공익사업의 시행이 사실상 곤란하게 되는 등의 부득이한 사유가 없는 한, 이주대책대상자 중 이주정착지에 이주를 희망하는 자의 가구 수가 10호(戶) 이상인 경우에는 이주대책을 반드시 수립·실시하도록 강제한다.

이주자에게 공급할 대지를 조성하거나 주택을 공급하는 것이 이주대책 내용의 전부라고 말할 수 있다. 이주자의 새로운 생활의 근거지 조성을 위해 국가나 지방자치단체가 주택지를 조성하고 주택을 건설함에 있어 「주택법」에 따른 국민주택기금을 우선적으로 지원하도록 하고 있다. 앞서 언급한 이주대책 수립 불가 사유가 있는 경우와 이주대책대상자가 이주정착지가 아닌 다른 지역으로 이주하려는 상황이라면 이주대책을 갈음할 금전적 보상이 뒤따르는데 이를 '이주정착금'이라고 부른다. 주거용 건축물에 대한 평가액의 30퍼센트를 기준으로 하한 6백만 원, 상한 1천 2백만 원을 책정해 놓고 있는데, 정착자금치고는 큰 도움이 되지 못할 액수다.

이주대책이 법률에 최초로 등장한 것은 1973년 「산업기지개발촉진법」 제정당시이며, 이 때 이주정착지 조성에 관한 사항이 소개됐다. 물론 그 이전에 이미 정부에서 조성한 많은 이주정착지가 존재했다. 1950년대 도심지 주택상가 밀집지역(양동, 남창동, 남산동 등)의 화재민이나 한강변, 청계천변 등의 수재민을 위한 정착지 조성 사업, 1958년 도시철거민을 위한 미아리 정착지 조성사업은 법률상 의무에 의해서는 아니지만 이주대책성격이 짙었다. 그러나 이들 이주정착지역들의 대부분은 서울 변두리 주변에 위치한 국공유지로서 교통 접근성이 매우 취약한 고지대 황무지 수준이라 상하수도, 전기 등 생활필수 기반시설조차 전혀 갖추지 못했다. 단지 30제곱미터 남짓의 값싼 토지만을 제공해 준 것이다. 생활기본시설을 제대로 갖추지 못한 이주정착지는 예상한 대로 많은 문제를 야기했고 급기야 1971년 광주이주단지에서 발생한 폭동의 중요한 원인 중 하나로 지적됐다. 이에 대한 제도적 개선으로 1976년 제정된 「공공용지의취득및손실보상에관한특례법」 시행령 제5조는 이주정착지에 도로·급수시설 등 지역조건에 따른 생활기본시설을 포함하도록 했고 이에 필요한 비용은 사업시행자가 부담토록 하였다. 현재 규정도 이와 동일하다.

한편, 우리 법원은 이와 같은 이주대책을 재산권의 정당한 보상 영역으로는 보지 않는 듯하다. 사업시행자가 기본적인 생활시설이 포함된 택지를 조성하거나 그 지상에 주택을 건설하여 이주자들에게 그 투입비용 또는 원가만의 부담하에 개별 공급하는 것을 이주대책으로 정의하면서, 그 본래의 취지는 이주대책대상자들에 대하여 종전의 생활 상태를 원상으로 회복시키면서 동시에 인간다운 생활을 보장하여 주기 위한 이른바 생활보상의 일환으로 국가의 적극적이고 정책적인 배려에 의하여 마련된 제도(대법원 2002.3.15.2001다67126)라고 보았기 때문이다.

보상 대상자간 형평성의 불만이 싹트는 사각지대가 제대로 조명을 받아야만 법 개정으로까지 이어진다. 주택 소유자에 대한 국가의 적극적이고 정책적인 배려로 이주대책 규정이 명문화됐다면, 이주대책 대상을 확대하는 법 개정은 필연이다. 2011년 신설된 「공익사업을 위한 토지 등의 취득 및 보상에 관한 법률」 제 78조 2는 택지개발, 산업단지개발사업 등과 같은 공익사업 시행으로 인하여 공장부지가 협의 양도되거나 수용됨에 따라 더 이상 해당 지역에서 공장을 가동할 수 없게 된 자가 희망하는 경우 「산업입지 및 개발에 관한 법률」에 따라 지정·개발된 인근 산업단지에 입주하게 하는 등 대통령령으로 정하는 이주대책에 관한 계획을 수립하는 내용을 담고 있다. 공장 옮길 곳을 두루 찾아야 하는 제조업체 경영자의 고충 역시 새로 살 집을 찾는 이들과 크게 다르지 않다는 생각에까지 이른 것이다.

실 명절 들려왔던 여수 앞바다 기름 유출 사고 소식은 1995년 씨프린스호 사선, 2007년 허베이스피리트호 원유유출사건 악몽이 재현되는 것은 아닐까 온 국민을 긴장케 했나. 대책회의를 통해 책임 있는 당사자가 우선 어민의 생계대책을 세워주는 선(先)보상을 하고, 보험 문제는 나중에 정산하는 방향으로 해결의 가닥을 잡아가려는 모양새를 보여 그나마 다행이었다. 적법한 공공의 침해에 대한 보상의 문제가 아니다보니 위에서 장황하게 소개한 토지보상법 상의 이주대책 문제가 거론되지 않겠지만, 이주대책이 명문화되기 전에도 허술했지만 국가 입장에서의 적극적이고 정책적인 배려가 있었다는 점을 기억할 필요가 있다. 청정해역을 기름띠로 덮은 것에 대한 보상금이 확정되기까지 앞길이 구만리다. 정부든 관련회사든, 공익사업의 경우 사업시행자가 해당 공익사업을 위한 공사에 착수하기 이전에 토지소유자와 관계인에게 보상액 전액(全額)을 지급하여야 하는 사전보상규정의 취지를 십분 살려 어민의 생계를 보듬는 일부터 챙겨야 할 것이다.

자금 경색을 풀어주는 담보대출 이야기

구약 성경에 보면 이런 구절이 있다. '무릇 네 이웃에게 꾸어 줄 때에 네가 그 집에 들어가서 전집물을 취하지 말고 너는 밖에 섰고 네게 꾸는 자가 전집물을 가지고 나와서 네게 줄 것이며 그가 가난한 자여든 너는 그의 전집물을 가지고 자지 말고 해질 때에 전집물을 반드시 그에게 돌릴 것이라 그리하면 그가 그 옷을 입고 자며 너를 위하여 축복하리니~.' 신명기 24장 10절 이하에 나오는 '전집물'에 대한 규정인데, 세세한 경제활동을 규율하는 조항치고는 3천 4백년이란 세월의 간극이 전혀 느껴지지 않는다.

'동산·채권 등의 담보에 관한 법률(동산담보법)' 이 시행되었다. 중소기업의 자금 운용에 숨통을 터 주고자 동산을 담보로도 자금 대출을 받을 수 있게 마련한 제도다. 등기사항전부증명서에 소재지, 면적, 소유관계, 근저당권 설정 내역 등 기본적인 사항을 기재하여 누구나 이를 확인할 수 있는 부동산의 공시시

스템을 동산에도 도입해, 동산의 종류, 수량, 보관 장소 등을 등기할 수 있게 해주어 담보물로서의 자격을 부여하자는 것이다. 한마디로 채무자가 소유한 토지나 건물 등 부동산이 아닌 '전집물'로도 돈을 빌릴 수 있게 된 셈. 다만, 부동산 담보대출이 사업자금 융통이라면 동산 담보대출은 그 담보력에 비춰 일시적 운용자금 확보 차원에 그칠 것이다.

예나 지금이나 돈을 융통하는 가장 손쉬운 방법은 담보를 제공해 대출을 실행하는 것이다. 채권기관은 대부분 금융기관 등이지만 사인 간의 거래도 적지 않은 비중을 차지한다. 채무자 입장에서는 '돈이 될 만한 부동산'을 내 놓고 대출기관에 얼마나 빌려 줄 수 있는지 타진하는데, 채권기관 쪽에서 '몸값이 얼마나 되는지' 확인하고자 부동산 가치 평가 전문가에게 감정평가를 의뢰한다. 이를 담보평가라 한다.

채무자는 본인 소유 부동산에 한없이 후하다. 평가사는 어떻게 생긴 물건인지 확인해야 하니 반드시 현장 조사에 나선다. 이 때 물건이 주인의 손때 묻은 전원주택이라면 구구절절 어디에 얼마를 들였는지 소유자의 친절한 설명을 경험하게 된다. 평가자의 입장은 이와 상반된다. 혹시 융통한 자금을 변제하지 못할 때는 어김없이 경매에 넘어가고 눈독 들이는 입찰자는 제 돈 다 주고는 살 성 싶지 않다는 걸 알기에 평가하는 쪽에서는 가급적 보수적으로 부동산에 접근한다. 보수적이라 함은 '환가성'을 염두에 둔다는 말인데, 만일의 사태에도 최소한 건질 수 있는 금액을 고려해서 담보가치를 결정한다는 것이다.

다행히 담보물에 대한 안전 펜스는 평가자와 채권자 양측에서 날실과 씨실로 엮는다. 평가자가 몸값을 보수적으로 접근했다면 채권자는 거기에 대출비율을 적용해 담보대출가능금액을 하향 조정한다. LTV(Loan to Value)가 5~60%라면 몸값의 절반 정도만 대출을 해 주겠다는 것이다. 거기다 채권자 몰래 임대를 줄 수 있는 독립적으로 구획된 '방'이나 '사무실' 공간이 있으면 적당한 보증금만큼 더 공제해 버린다. 이 쯤 되면 돈 떼일 염려는 거의 없다.

깡통 상가, 깡통 아파트라는 말이 심심치 않게 등장하는데, 그렇다고 평가하는 쪽이나 돈 빌려주는 쪽에 심각한 문제가 있었던 건 아니다. 아파트 같이 환가성 좋은 물건을 시세의 90% 정도로 평가하고 이보다 안전한 물건은 없다해서 채권자 측에서도 LTV 80%를 적용해 시세의 72%(0.9* 0.8)정도의 자금을 융통해 줬는데 이후 속절없이 아파트 가격이 30% 넘게 폭락해 몸값이 빌려준 돈에도 못 미친 것이다. 이런 예상치 못한 상황을 겪고 보니 앞으로 '담보평가'는 좀 더 보수적인 색채를 띌 것으로 예상된다. 어쨌든 채무자나 채권자 모두 담보평가 된 금액이 시세가 아니라는 정도는 숙지해야 할 것이다. 누구나 급전이 필요해 부동산 담보 대출을 받을 가능성은 여전하고, 이제 동산까지 '전집물'로 활용할 수 있게 돼 대출금을 저울질할 기회가 이전보다 늘어났으니 말이다.

대출연체의 씁쓸한 결말, 경매 이야기

경매 대중화의 출발점은 분양가가 치솟던 부동산 활황기에 한 푼이라도 싸게 내 집 마련할 수 있다는 서민들의 소박한 바람이었다. 그러던 것이 재테크 수단으로 각광받으며 '경매 투자로 얼마 벌었다'는 자극적인 경매 투자 지침서가 한동안 서점 부동산 분야 판매 순위 상위권 단골이었다. 더 나아가 '황금알 낳는 거위' 인 줄 안 '묻지마투자'로 시세를 넘겨 낙찰 받는 폐단을 양산하기도 했다. 근래 부동산 침체기에 접어들며 경매에 대한 관심이 한풀 꺾인 듯하다. 현재가 저점이 아니라고 생각하는 사람들이 많아질수록 입찰 수요보다는 대기 수요가 늘어난다. 조금 더 떨어질 때까지 숨 한 번 돌릴 여유를 갖게 된 게 아닌가 싶다.

경매로 나온 물건은 꽤 다양하다. 은행에 저당 잡혔던 아파트가 채무자의 사업이 기울며 계속된 이자 연체로 인해 경매 시장으로 떠밀리기도 한다. 재산권 분쟁에 대한 판결로 몇 푼 안 나가는 중고차를 경매에 넘기기도 한다. 1필지 토지 전체가 아니라 일정 공유 지분이 경매 목적물이 되기도 하고 구분건물인데 대지사용권이 없어 건물 부분만 평가를 해야 하는 경우도 있다. 공장 전체가 경매에 넘어가면 생산라인에 있는 기계 하나하나가 전부 경매 목적물이 된다. 분묘가 있는 임야, 도로, 골조만 올리고 건축 중단된 건물 등 우리가 아는 모든 종류의 부동산이 경매 시장에 넘쳐나고 있다.

감정평가사는 최초 경매 법사가를 결정하는 일을 담당한다. 경매로 나온 물건의 몸값을 결정해 주면 그 금액을 최저 입찰가로 정해서 입찰이 진행된다. 입찰 한 번에 제 주인을 찾아가는 물건은 손에 꼽는다. 1~2회 정도 유찰을 거치는 게 상례고 인기 없는 물건은 4~5회 유찰을 거쳐 심지어 최초 법사가 대비 10~20% 가격에 낙찰되기도 한다. 요즘은 지역별로, 부동산 유형별로 최근 6개월 또는 1년 간 낙찰율 및 낙찰가율 통계를 집계·게시해 주는 유료 사이트도 있다. 주먹구구식으로 입찰하기 보다는 최소한의 정보는 입수하고 접근해야 뒤늦게 '아차'하고 뒷목 부여잡는 일이 없을 것이다.

최초 법사가를 결정하는 감정 평가는 다른 평가와 다른 고유한 특징을 가지고 있다. 담보평가에서는 시장가치를 하회했으나 이 경우는 시장가치를 밑돌 수 없다. 쉽게 말하면 최초 법사가는 대상 부동산에 부여할 수 있는 최대 가치다. 남의 재산 매각가를 결정하는데 경매에 내몰린 물건이니 좀 저렴하게 책성할 수는 없다. 물건 원 소유자의 기득권을 최대한 배려해 주자는 게 관행 아닌 관행인 셈이다. 좀 비싸 보인다 치면 어차피 유찰을 거쳐 수요자의 입맛에 맞는 가격으로 내려갈 테니 평가하는 쪽에서도 꼭짓점을 찾아가게 된다. 물건의 가치는 점이 아니라 범위라고 보면 법사가는 그 범위의 상단을 지적해 주는 것이다.

한 번에 낙찰되지 않았다고 해서 최초 법사가가 과대평가된 금액이라고 단정할 수는 없다. 몇 번의 유찰 후에 낙찰 받은 입찰자는 낙찰 받고 좀 남길 수 있는 매력적인 가격대에 투자했다고 이해할 수 있다. 정상적인 거래 조건에서 매매되는 게 아니라 매수자 입장에서 가장 선호하는 가격에 팔리는 셈이니, 실제 몸값은 낙찰 금액 이상이 되어야 마땅할 것이다. 정리하면 경매 최저 입찰가인 법사가는 '시장에서 제 값 다 주고 사는 착한 새댁에게 부르는 가격'

재산권 분쟁의 다툼, 소송평가로 이어진다.

얼마 전 중요한 미팅 시간에 늦어 급하게 차를 몰다 접촉사고를 냈다. 교차로기 텅 비었다 싶었는데 순간 차가 튀어나왔고 급정거를 했지만 생각보다 밀려나가 앞 범퍼끼리 키스한 것이다. 불행 중 다행인지 정확히 기역자로 부딪혀 가해자로 몰릴 걱정은 덜해도 되겠거니 생각이 스쳤다. 차 밖으로 나와 상대차 운전자의 상태를 확인하고 피차 보험사에 연락을 취했다. 내 쪽은 15분 남짓 지나자마자 보험사 차량이 도착했고 현장 사진 좀 찍고 사고 내역을 조사하고 있는데 상대방 보험사는 도착할 기미가 안 보였다. 저 쪽 운전자가 계속 채근하기를 10여분 가량 했을 때에야 비로소 등장해 먼저 도착한 내 쪽 직원이 했던 일을 그대로 반복했다. 교차로 정 중앙에 부딪힌 상태로 차량을 놔두고 있으니 통과하는 차량의 불편이 이만저만이 아니었다. 선착한 내 쪽 보험사 직원이 현장 사진을 충분히 찍었으니 길 가로 차량을 움직이자고 해도 상대방은 못 미더운지 자기 쪽 보험사 직원이 올 때까지 기다리겠냐고 우겼다. 5 : 5 쌍방과실로 결론 내면 공평해 보이는데 사고 후 한 달이 될 때까지 결론을 못내 중재위원회로 넘어갔다. 저 쪽 차량가격이 1억 원은 족히 넘는다는 말을 듣고서야 보험사 간 합의가 늦어지는 이유가 어렴풋이 짐작이 갔다.

현대인의 삶이 바쁜 만큼 가급적 여러 고충을 전문가에게 위임하려는 경향이 늘어간다. 예전 같으면 사고 차량 운전자끼리 삿대질하며 누구 잘못이니 따졌겠지만 이제는 보험사 직원이 이 피곤한 업무를 대리해 준다. 얼마 전 국회 청문회에서 증인 선서 예외 사항에 해당한다고 선서를 하지 않은 이들은 분명 최상의 유료 법률 서비스를 누리고 있는 것이다. 상속세나 증여세를 절감하기 위해 조세 전문가의 힘을 빌리기도 하고 혼자 주체할 수 없는 많은 자산의 관리를 외부 전문기관에 위탁하기도 한다. 부동산에 대한 소송에서 판사는 누구 말이 합리적인지 가치 추계 전문가인 감정평가사의 판단을 구한다. 법원에 등록된 소송감정인은 부동산과 관련된 여러 소송에서 판사의 판단에 도움이 될 수많은 소송평가를 담당하고 있다.

토지와 관련해 제기되는 소송 평가에는 종종 '지료 산정 건'이 있다. 내 토지를 무상으로 혹은 시세보다 저렴한 값에 사용하고 있었던 경우 지주가 정상 지료를 받겠다고 소를 제기한 경우다. 올해부터 제대로 받겠다고 하면 그나마 사정이 낫고 지난 5년 간 지료까지 다 받아가겠다고 통 크게 맘먹으면 소송평가자는 과거 지료까지 산정해야 한다. 지료에 대한 소송 평가 보고서는 거의 예외 없이 적산법[5]을 적용하고 있다. 「감정평가에 관한 규칙」 22조에서 임대료 평가

5) 대상물건의 기초가액에 기대이율을 곱하여 산정된 기대수익에 대상물건을 계속하여 임대하는 데에 필요한 경비를 더하여 대상물건의 임대료[(賃貸料), 사용료를 포함]를 산정하는 감정평가방법

의 주방법을 임대사례비교법으로 정하고 있음에도 적산법에 의해 토지에 대한 임대료('지료')를 산정하는 이유는 지료에 대한 임대사례를 포착하기 어렵기 때문이다. 공동주택에 대한 임대내역(전/월세 현황)은 '국토교통부 부동산 실거래가 조회' 서비스를 통하면 쉽게 확인할 수 있다. '서울 부동산 정보 광장' 사이트에서도 전/월세 현황을 검색할 수 있다. 그러나 토지에 대한 임대내역은 신고사항이 아니므로 공신력 있는 기관을 통해 정보를 제공받을 수 없다.

지료 소송을 맡은 감정평가사에게 지료 소송 당사자가 인근의 지료 계약서를 첨부해 계약 금액을 참작해 달라는 민원을 제기하는 경우도 있다. 더 심한 경우는 주변에서 확보한 여러 개의 지료 계약서를 들이밀며 임대사례비교법을 적용하지 않는 이유를 법률대리인을 통해 '사실조회' 하기도 한다. 이런 경우 계약서상의 임대료 수준은 대개 적산법에 의해 결정한 임대료 수준에 턱 없이 모자란다. 지구단위계획에 의해 공동개발이 강제된 지역은 단독필지에서는 독자적인 신축이 제한되므로 공동개발을 대기하는 기간 적치장 또는 주차장 등의 일시적 이용 목적의 임대차 계약이 빈번하고 지료 수준은 상당히 낮다. 들이미는 지료계약서 대부분이 이런 상황에서 체결된 것이다. 어찌됐든 임대사례 포착이 어려워 적산법을 관행적으로 적용하고 있는 건 향후 평가논리로 대응할 수 없게 될 공산이 크다. 최근에는 국토교통부로부터 적산법에 의한 지료 산정 시 임대하는 데에 필요한 경비를 별도로 표시하지 않아 왔다는 지적을 받기도 했다.

사회 전반으로 업종 내 경쟁은 격화되고 있다. 다양한 분야에서 전문가의 질 좋은 서비스를 갈수록 저렴하게 이용할 수 있게 된 게 현실이다. 이런 추세일진대 소송의 직접 대리인은 아니지만 소송물의 판단을 위해 전문가로서 제공하는 소송평가서는 첨예한 이해관계의 틈바구니에서 합리성과 타당성을 구비해야 한다. 조금이라도 미비하면 모두로부터 공격 받기 딱 좋은 먹잇감이 될 수밖에 없을 것이다.

CH. 3 과세의 영역에 녹아 있는 감정평가

- 표준지 공시지가, 숨어 있는 핵심 문제
- 재산세 과표 기준, 공시가격
- 공시가격 검증은 이렇게 이뤄진다
- 주택공시가격 검증의 '추억'
- 집합건물 상가의 과세, 불합리함의 극치를 보이다
- 개발부담금과 감정평가

표준지 공시지가, 숨어 있는 핵심 문제

인수인계과정은 조직 생활을 해 본 사람이라면 피할 수 없는 경험이다. 피차 유쾌하게 진행된다면야 더할 나위 없지만 인계하는 쪽이 회사에 불만이 있어 떠나는 경우라든지 인수하는 쪽이 해당 업무에 문외한 임에도 사정상 떠안게 되는 상황이면, 시종 무거운 분위기에서 진행되게 마련이다. 필자가 20대 후반 3년 간 근무했던 벤처에서는 인수인계 과정이 끊이질 않았다. 회사가 기울고 장기 임금 체불로 견디다 못해 퇴직하는 이들이 매 달 끊이지 않으니 신규 담당자로 지목된 필자는 늘 새로운 업무를 인수받아 업무 파악하는데 상당한 시간을 할애해야 했다. 가까스로 신규 채용한 사원에게 인계하는 입장에 서기도 했는데, 한두 달 급여가 나오지 않으면 분위기 봐서 퇴사해 버리기 일쑤였고 다음 인수자가 나타날 때까지 또 한참을 기다려야 했다.

인계하는 쪽에서는 최대한 업무를 정리해 넘겨주는 상식을 보여야 한다. 진행 중인 사항, 앞으로 진행할 사항을 깔끔히 요약해 주고 문제의 소지가 될 부분에 대한 자세한 설명도 곁들여야 한다. 인수받는 후임자가 인계자가 떠난 후 뒤얽힌 상황을 수습하자면 한동안 정신 줄 놓고 살아야 할 지 모른다. 평가 업무 중에는 보상 평가에 참여할 때 이런 상황에 맞닥뜨린다. 협의가 성립되지 않은 물건에 대한 재결평가를 담당하면서 협의평가서를 넘겨받아 검토하다보면 고쳐야 할 사항이 막 튀어 나올 때가 있다. 상대적인 균형을 흐트러뜨릴까 봐 조심조심하며 하나하나 고쳐 나가는 작업은 짜증나는 일이다. 재결평가사는 손 볼 데 많은 협의 평가서를 받게 되면 이 업계에서 은어라 할 수 있는 '똥 밟았다'는 표현을 써가며 툴툴댄다.

매년 8월이면 다음 해 공시업무에 신규로 참여하는 평가사가 결정된다. 감정평가사 자격증이 나오자마자 공시업무에 참여할 수는 없고 일정한 경력 요건이 있다. 2013년까지는 최소 3년 이상이고 이후 최소 5년 이상으로 경력이 강화되는데 공시업무야 말로 어떤 평가보다 신중하고 전문성 있게 수행해야 하기에 무리한 진입장벽은 아니다. 한 지역에 5년 간 공시업무에 참여하면 타 지역으로 전출한다. 이 때 후임자에게 전임자가 딱히 인수인계 과정을 거칠 필요는 없다. 공시업무 처리프로그램에 전년도 작업이 고스란히 남아 있기 때문이다.

인수받은 사람이 가장 곤혹스런 상황은 타 지역에 비해 공시가격이 한참 낮게 책정되어 있을 때다. 그 해 심사받을 때 다른 지역에 비해 이 지역 공시가격 수준이 왜 낮은지 설명해야 하는데 '전적으로 전임자 책임입니다.' 라고 말할 수는 없다. 그렇게 낮았으면 올해 충분히 조정해야 하지 않았냐고 되물으면 당사자는 곤란해진다. 이론적으로야 타 지역과의 간극만큼 조정하면 될 것이나 전년 대비 몇 십 퍼센트 가격을 올릴 수 있는 간 큰 평가사는 공시업무에 참여하는 1,200여 명 중 한두 명 있을 정도다. 그러니, 공시가격의 현실화 율이 낮은 상태로 인수받은 사람은 5년간 피곤해질 수밖에 없다. 표준지 상호간 혹은 동(洞)간 균형을 맞추는 일은 뒤로 하고 타 지역과의 형평성을 위해 전체적으로 공시가격을 얼마나 올릴지 매해 장고에 돌입한다. 민원에 시달리는 지자체의 요구를 무시할 수도 없어 조정 폭에 한계가 생기니 좁은 담벼락 사이 어깨가 껴 버린 느낌이다.

2014년 부동산 가격공시 업무에 대한 업무제안서를 쓰며 필자는 '우선조정

지역'에 대한 의견을 냈다. 공시가격을 대폭 상승 또는 하락시켜야 하는 상황이면 책임 없는 후임자에게만 부담을 지우지 말자는 것이다. 현실화 율에 대한 분석을 거쳐 타 지역에 비해 최소한 얼마정도의 상승이 있어야 한다고 보고하고 심사자가 조정 폭이 두드러져야 할 필요성에 공감대를 형성하면 국토교통부 차원의 '우선조정지역' 지정을 하고 지자체에도 공문을 보내 양해를 구하는 것이다. 한 해 큰 폭의 조정이 부담스럽다면 3~5년간에 걸쳐 조정할 수 있도록 융통성을 발휘할 수 있다. 최소한 신규 참여자가 전임자가 해결하지 못한 짐을 떠안는 폐단은 시정해 나가야 한다.

유산보다 부모의 빚이 많다면 상속자는 '한정승인'으로 피할 길을 찾을 수 있다. 공시업무 후임자는 그럴 권리가 없으니 최소한 공시가격 조정만이라도 자기

책임 하에 자유롭게 할 수 있도록 장(場)은 마련해 주어야 한다. 이 정도의 업무 자율성은 보장해 주어야 공시업무를 제대로 수행했는지 공시가격은 균형 있게 결정했는지 관할감독기관이 추궁할 자격이 주어지는 게 아닐까!

재산세 과표 기준, 공시가격

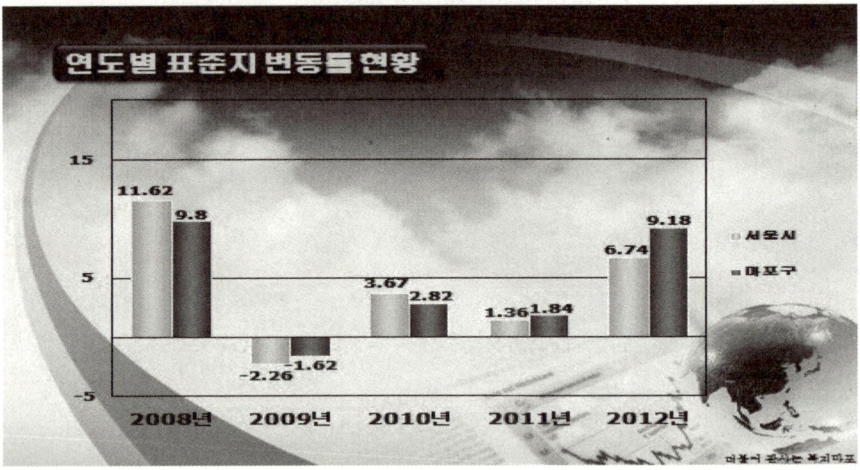

공시업무를 수행하다 보면 한 해가 휙 가 버리는 느낌을 받는다. 표준지와 표준주택 현장 조사는 단풍이 들 무렵 종종걸음으로 시작한다. 겨울 추위는 이내 찾아오고 연말과 연 초 국토교통부로부터 새 해 표준지와 표준주택 선정 및 가격에 대한 심사가 끝날 쯤 이면 어느 새 1월 말이 된다. 숨 돌릴 틈도 없이 연이어 지적과, 세무과 공무원이 산정한 개별공시지가와 개별주택가격에 대한 검증업무에 한 달 내내 매달린다. 검증을 마친 개별공시지가와 개별주택가격이 각 가정에 통지되면 소유자는 구청에 들러 통지된 가격에 대한 의견 제출과 이의 신청을 접수한다. 이를 검토할 때면 어느 새 본격적인 더위가 밀려오는 6월이다.

감정평가사의 공시업무는 6월이 막바지지만 구청 담당자는 이때부터 고달픈 민원인을 맞을 준비에 들어간다. 7월에 1차 재산세가 부과되면서 그제야 황급히 구청으로 뛰어오는 주민이 생각보다 많기 때문이다. 우리의 경우 주택분재산세 절반과 건물 분 재산세가 7월에 1차적으로 부과되고 9월에 2차로 주택분재산세

잔여분과 토지 분 재산세를 납부하도록 하고 있다. 막상 생돈을 내야 할 상황이 되면 다짜고짜 담당 공무원을 찾아와 읍소하거나 생트집을 잡는 이들이 적잖다. 직장인 근로자처럼 소득세 그리고 준조세 성격의 국민연금·의료보험료가 원천징수 되면 어련히 그렇겠지 하겠지만, 별다른 고정 수입이 없는 이들이라면 얼마 안 되는 재산세라도 생활비를 좀먹는 예상 외 지출로 받아들인다. 필자 역시 5월 말이면 외부 강의 수입 때문에 종합소득세를 내면서 생돈 빠져나가듯 언짢은 기분이 들곤 했으니 그들의 심정이 이해는 간다.

재산세는 지방세 중 구세(區稅) 및 시군세(市郡稅)이며 보통세다. 6월 1일 현재 토지, 건축물, 선박, 항공기의 소유자에게 부과되며 주택은 개별주택가격, 토지는 개별공시지가, 건물은 기준시가를 이용해 과표금액을 산정한다. 과표금액에 따라 세율이 다르고 합산과세대상 및 고급 주택 등에 대해서는 누진세율이 적용되고 있다. 그래도 여전히 다른 나라에 비해 보유세율이 그리 높다고 볼 수는 없다. 예전부터 과세의 형평성이란 말이 등장할 때마다 '보유세의 현실화' 논의가 자연스레 따라붙었다. 참여정부시절 보유세율을 외국 수준으로 맞추려고 정책드라이브를 걸었지만 목표했던 만큼 달성되지는 않은 듯싶다.

최근 2년 동안 시, 군, 구 간 과세 형평성을 제고하는 과정에서 일부 지역의 공시가격이 큰 폭으로 올랐다. 보유세를 현실화시키기 위해 세율을 조정해야 하는 건 정부의 몫이지만 과표금액의 기준이 되는 공시가격이 지역 간 들쭉날쭉한 현상을 개선해야 할 책임은 감정평가사에게 있다고 할 수 있으니 그런 개선 과정에서 일부 지역의 상승이 두드러진 것이다. 공시가격을 조정하기 전 각 지역 담당평가사가 소위 '공시가격의 현실화율'을 분석했다. 일부 지방은 거래 자체가 드물어 분석에 애로사항이 적잖았다. 분석 결과 예상대로 서울을 비롯한 수도권의 현실화 율이 전국 평균에 미치지 못하는 것으로 나타났다.

서울을 비롯한 수도권의 낮은 현실화 율은 이 지역 주민의 민원이 극심하다는 걸 방증한다. 공시제도가 도입된 이래 지방보다는 수도권 중심으로 지가가 급등했으나 공시가격이 그 상승폭을 반영하지 못한 셈이다. 전년 대비 한 자리 수 상승률만 보여도 가계의 세 부담이 늘어난다고 항의전화가 빗발치고, 민원에 노이로제가 걸린 지자체 측에서는 단계적인 공시가격 현실화를 강력하게 요구하면서 이를 감정평가사 측에서 일부 수용한 적도 많다. 문제는 연차적으로 현실화시키기로 했음에도 다음 해에 똑같은 현상이 반복됐다는 것이다.

재산세가 부과되는 시기가 되면, 올해는 그렇다 치고 내년에는 기필코 지역간 균형을 맞추는 차원에서 공시가격의 현실화를 최우선 도모하자고 마음을 다잡곤 한다. 개별공시지가와 개별주택가격이 표준지공시지가와 표준주택 공시가격에 연동되니 표준지와 표준주택 가격만 손보면 일은 간단하다. 그러나 공시 시즌이 도래하면 지자체의 곤혹스런 입장과 주민의 세 부담 문제가 걸려 가격 조정에 마냥 자유롭지 않다. 보유세의 형평성을 위해선 정말이지 뭔가 특단의 조치가 필요해 보인다.

공시가격 검증은 이렇게 이뤄진다

구청 부서 중 지적과와 세무과는 매년 2, 3월이면 눈코 뜰 새 없이 바쁘다. 토지와 주택에 대한 개별공시지가, 개별 주택 가격 산정 업무가 집중되는 시기이기 때문이다. 업무 자체도 적잖이 민감하다. 민원에 호되게 시달려 본 담당자는 이 업무가 얼마나 조심스런 일인지 알기에 업무의 민감성과 과중함에 구청 공무원 중에는 이 부서로의 전출을 꺼려한다는 얘기를 간혹 듣곤 한다. 어렵사리 이들 부서의 담당자들이 산정한 공시가격은 일차적으로 재산세의 과세표준이 되며, 의료보험료와 국민연금 부과액의 기준으로도 활용된다.

산정 업무를 개략적으로 살펴보자. 먼저 개별 토지와 개별 주택의 여러 물리적 특성과 공법상 제한 사항 등을 전산 프로그램에 정확히 입력해야 한다. 이어 감정평가사가 선정·평가한 표준지와 표준주택에 개별 토지와 개별 주택을 잘 연결시켜 놓는다. 표준지(표준주택)와 개별 토지(개별주택)간 항목별 격차율[6]은 부동산연구원에서 매년 용도지역별·행정구역별로 제공해 주기에 개별토지와 개별주택 가격 산정은 전산 프로그램의 몫이다. 그러나 한두 필지도 아니고 수천에서 수 만 필지를 다루니 오랫동안 업무를 담당했던 공무원이라도 실수 혹은 착오 가능성이 있어 이 업무에 정통한 제 3자의 검토 필요성이 제기될 수밖에 없다.

감정평가사는 담당 공무원이 산정한 개별공시지가와 개별주택가격이 적정한 지 여부를 검증하는 업무를 담당한다. 검증 절차는 이렇다. 플로터를 활용해 해당 지역 내 표준지와 표준주택, 개별토지와 개별 주택을 표기한 도면을 출력한다. 도면에는 해당 연도 공시가격, 토지 특성, 건물 특성 등이 모두 기입돼 있고, 동일한 표준지와 표준 주택을 활용한 개별 토지와 개별 주택이 같은 색으로 덧입혀 있다. 구역 일대에 같은 표준지를 활용한 경우 바둑판식으로 색깔이 깔끔하게 채워져 있어 알록달록 예쁘게 보이기까지 한다. 이 도면은 숫자로 가득하다. 예컨대 토지 형상을 표기하는 위치에 네모반듯한 정사각형 모양의 토지는 1번, 가로 직사각형은 2번, 사다리형은 4번으로 정하는 식이다. 암호화된 문자는 해독 전문가만 식별할 수 있듯이 해당 도면은 담당 공무원과 감정평가사만 해석할 수 있는 '공시가격 점자' 라고 말할 수 있다.

검증업무는 특성 입력의 정확성과 산정 가격을 검토하는 일로 요약된다. 이 때 '절대적인 금액'이 높고 낮은지는 생각보다 중요하지 않다. 가격 수준은 이미 표준지와 표준 주택의 공시가가격을 결정할 때 감정평가사가 고민했어야 할 문제이기 때문이다. 이보다는 구역별로 개별 토지, 개별 주택 공시가격이 '상대적으로' 균형을 이루고 있는지가 검토 방향이다. 바로 옆에 붙어 있고 공법상 제한, 물리적 특성이 어느 하나 다르지 않은 것 같은데 공시가격의 격차가 있다면 적용 표준지 선정의 오류일 수 있다. 혹은 토지나 주택 특성 항목 중 어

6) 예컨대 표준지가 8m도로에 접하고 개별 토지는 4m도로에 접할 경우 접면도로의 폭에 따른 가격 격차비율

느 하나를 잘못 입력했을 가능성을 배제할 수 없다. 토지 하나하나 주택 하나하나 따져봐서 이런 상대적인 균형이 흐트러졌는지 검토하는 일을 며칠 지속하다 보면 멍하니 도면을 쳐다볼 때도 오류가 발생한 토지와 주택에 분명 뭔가 이상한 숫자가 들어가 있다는 느낌을 받을 때가 있다.

앞서 언급했듯이 이런 공시가격 검증은 여느 감정 평가 결과보다 상대적인 균형을 중요시한다. 토지와 주택 소유자가 공시가격 절대 값이 올라 세 부담이 늘어나는 데 제기하는 민원만큼 옆집과 별반 차이가 없는데 합리적인 사유 없이 내 토지와 주택의 공시가격이 얼마라도 더 나왔을 때 동일한 수준의 민원이 접수되는 것을 보면 알 수 있다. 수년 째 공시업무에 몸담고 있으니 요즘은 운전하다가도 지가가 출렁이는 느낌을 받을 때가 있다. 도심 노선상가지대를 지날 때 지가곡선이 산꼭대기로 가파르게 올라갔다면 한산한 구도심에 진입하면서는 능선을 타고 산 아래 자락으로 내려가는 그런 느낌말이다. 법률관계에 대한 최종 판단을 법원에서 담당하듯 재산 가치에 대한 판정은 감정평가사가 맡고 있다. 잔잔한 물결 속에 혹 파열음이 있는 곳은 없는지 확인해 그 상대적인 균형을 잡아주지 않으면 어느 한 쪽의 상대적인 박탈감은 쉽사리 치유되기 힘들다. 감정평가사는 정교한 천칭으로 미세한 중량 차이를 감지해내는 자리를 부여받았다.

주택공시가격 검증의 '추억'

2014년 소치 동계올림픽 대회에선 첫 금메달 낭보가 예년에 비해 꽤 더뎠다. 몇몇 기대했던 선수는 메달을 획득하지 못해 전체 순위는 예상보다 많이 밀린 듯 보인다. 목표 종합순위 달성에는 실패했지만 우리 선수 모두가 개인적인 아쉬움이 남을지언정 후회 없는 최선의 경기를 했음은 분명하다. 대한민국에 두 번째 금메달을 안겨 준 여자 3000미터 쇼트트랙 계주 경기는 톱니바퀴처럼 맞 물려 돌아가는 팀워크가 인상적이었다. 물론 막판 역전 우승의 감동으로 마무리할 수 있어 퍽 다행이다. 3000미터 계주 우승을 이끈 17세부터 28세까지의 낭자들은 인터뷰에서 대동소이한 소감을 피력했다. 힘들고 어려웠던 4년의 고된 훈련에 대한 값진 성과가 있어서 너무 기쁘다는 것. 누군들 그렇지 않겠는가. 충분한 노력이 결실로 이어지는 게 우리 모두의 바람이다. 올림픽은 그런 영광을 취할 자격이 있는 자에게 보상을 해 줘야 마땅하다. 그러나 한 가지 더, 올림픽은 본인의 실력을 공개적으로 모든 선수와 겨룰 수 있는 장(場)이기도 하다. 어부지리로 메달의 주인공이 될 수는 있으나 이로 인해 선수 본인의 실력이 세계 최고임을 객관적으로 '검증'받았다고 볼 수는 없을 것이다.

2014년 주택공시업무가 마무리 수순에 접어들고 있다. 지방선거 일정을 앞두고 가급적 2월 말까지 개별주택공시가격에 대한 검증을 마무리해 달라는

각 지자체의 요구에 따라 검증업무에 한창이다. 소치올림픽을 위해 4년 간 치열하게 준비해 온 동계올림픽 출전 선수들에야 비기지 못하겠지만, 감정평가사도 이 기간 설렘과 긴장감을 어느 정도 맛본다. 2014년 표준주택가격 평가를 제대로 했는지 자가 검증을 해 볼 수 있는 객관적인 장(場)이기 때문이다. 해당 감정평가사는 산정된 개별주택가격이 질서정연하게 분포하는 모습, 곳곳에서 파열음을 내며 균형이 흐트러진 모습 중 어느 하나에 직면할 것이나. 외부에 어떤 부분이 미진했는지 밝히 드러나지는 않지만 자기 검증은 혹독하게 이뤄진다.

주택재산세 과세표준으로 혹은 의료보험료 등의 산정 기준으로 활용되는 개별주택가격결정 절차에 대해 간략히 소개하면 이렇다. 전국 각지에 단독주택은 밀집해 있거나 산재한다. 필자가 담당하는 서울 소재 한 지자체에는 16,000여 채의 단독주택이 분포하니 밀집지역 쯤 꽤 보인다. 가정 먼저는 이들 주택

중 약 5%의 샘플을 채취한다. 40명 정도 되는 학급에서 반장, 부반장 역할을 할 대표자 선출과 방불하다. 용도지역별로, 동별로, 도로별로, 건물구조별로 대표 역할을 할 표준적인 주택을 심어 놓는 것이다. 그리고 이들 대표자의 가격을 정밀하게 책정한다. 여기까지는 감정평가사 고유의 업무 영역이다. 이 업무에만 약 2~3개월이 소요된다. 두 번째로 표준적인 주택 주변의 개별 주택의 가격을 통계적으로 산정한다. '통계적'이라 함은 일정한 기준을 정하고 전산의 도움을 받아 대량 평가함을 말한다. 이 업무는 각 지자체 세무공무원의 몫이다. 통계를 돌려 본 사람은 대략 무슨 얘기인지 쉽게 와 닿을 것이다. 이 절차의 마지막을 감정평가사의 검증이 채운다. 통계적용을 위한 기준이 다소 미비한지 아니면 통계를 돌린 자의 미숙함이 묻어있는지 들여다보는 것

먼저 통계를 돌린 자의 미숙함이란 대표로 뽑아 놓은 표준주택을 제대로 활용하지 못함을 말한다. 옆에 비교하기 좋은 표준주택을 놔두고 한참 멀리 떨어진 표준주택을 갖다 써 버린 게 대표적이다. 꼭 같아야 할, 나란히 놓인 개별주택가격이 차이나서야 말이 되는가. 다행히 이런 오류는 손쉽게 확인된다. 같은 표준주택을 활용한 개별주택을 동일한 색으로 입힌 도면을 쭉 살펴보다 보면 같은 색으로 채색되어야 할 가로(街路)가 울긋불긋해진 지점이 미숙함을 보완해 줄 곳이다. 두 번째로 통계 적용을 위한 기준의 문제는 대표가격인 표준주택가격에 미비점이 있든지 가격비준표가 말썽인지 둘 중 하나다. 가격비준표의 문제는 이론과 실무의 괴리에서 발생하니 다음 해에 약간의 미세조정을 가하면 해결될 문제이며 균형을 크게 흔드는 중대 요인은 아니다. 그러니, 검증의 핵심은 개별주택가격 간 균형이 흔들리도록 야기한 원재료격인 표준주택가격에 대한 자가 검증 이라고 할 수 있다.

자신의 노력에 자신이 감동받는 상태를 '최선'으로 정의하는 자도 있다. 개별주택가격 검증을 맡은 감정평가사는 '최선'의 가격이 분포하는 모습에 감동을

받는다. 절묘한 정적 균형상태 그리고 우열의 정도를 적절한 격차로 반영한 개별주택가격이 밀물과 썰물로 들락거리며 동적균형을 이루는 그 아름다운 모습에 말이다. 표준주택가격에 대한 그 해의 미비점은 다음 해에 보완될 수 있다. 그러나 4년의 노력을 올림픽에서 보상받듯 표준주택가격 평가자는 바로 개별주택가격 검증 기간에 그 해 자신의 업무전문성에 대한 피드백을 반드시 경험한다. 매해 검증기간마다 개별주택가격 검증 업무에 몰두하는 대한민국 모든 감정평가사가 아쉬움보다는 뿌듯함을 느끼는 기간이 되길 바라본다. '검증의 추억'은 매년, 만족의 정도와 깊이를 달리해 축적된다.

집합건물 상가의 과세, 불합리함의 극치를 보이다

치즈 매장 자리를 알아보던 후배가 임대인이 부르는 '권리금'에 아연실색했다. 월세와 보증금은 예산 범위 내에 들어왔는데 '목' 타령하며 관행적으로 요구하는 권리금이 보증금 범위를 한참 넘어섰기 때문이다. 다른 곳으로 빠져나갈 수 없는 중요한 통로의 좁은 곳을 '목'이라고 한다. 사람들이 자주 오가서 장사하기 썩 좋은 곳은 '목이 좋은 곳', 특정한 날 장사가 크게 잘 되는 경우는 '대목'으로 부른다. 그런 곳에 위치한 상가는 입지의 수혜자다. 못 쳐도 3할 타자는 된다.

요즘은 영화 예매 시에 좌석까지 선택할 수 있다. 뒤늦게 예매에 나서면 그나마 남아 있는 좌석은 대부분 스크린 맨 앞자리, 목 뻣뻣하게 쳐들고 봐야 하는 이코노미석이다. 동일한 공간 내에서 점유 위치에 따른 선호도는 분명 존재한다. 영화관처럼 선점의 논리에 따라 동일한 가격을 내고 후미진 곳을 피해 목 좋은 곳을 고를 수 있다. 그러나 대부분 목 좋은 만큼의 웃돈을 요구한다. 어느 지역 어느 위치에 있는 부동산인지에 따라 지가 수준이 천차만별인 것처럼 동일한 건물 내에서도 공간의 위치에 따른 가치의 차이는 무시하지 못한다.

수평적 공간의 제약을 수직적 고밀화로 타개한 건 공간을 활용할 줄 아

는 인간의 지혜다. 얼마 전 202층짜리 중국 스카이빌딩이 6개월 만에 완공될 예정이라는 뉴스가 실렸다. 만약 성냥갑처럼 일자로 올라간 건물이라면 수평적 좌표가 동일한 각 층별 공간의 가치는 동일할까 아니면 격차가 있을까. 이는 수직적 공간 가치, '목'에 대한 문제다. 간단히 15층 아파트를 생각해 보자. 1층과 9층은 분양가, 매매가, 전세가, 월세 모두 차이가 있다. 일반인들은 방범문제 등으로 1~2층은 가급적 기피하고 소위 로열층을 선호한다. 딱히 로열층에 대한 정의는 없지만 공동주택 공시가격 산정을 맡고 있는 한국감정원에서는 최고층의 절반 높이부터 최고층 바로 밑층까지를 로열층으로 인식하고 있다. 그렇다고 수직적인 '목'이 확정되어 있는 것은 아니다. 층간소음문제 때문에 이전보다 저층의 선호도가 조금 개선됐고, 난방비의 우려를 조망가치로 상쇄한 최고층의 인기는 더 올랐다. 이처럼 수직적 공간에 대한 '목'은 이들을 대하는 사람들의 선호도 및 만족감을 나타내며, 집합건물 내 각 층별 가치를 평가할 때 '효용비율'이라는 수치로 반영된다. 상업용 부동산은 주거용에 비해 층별 효용비율이 각 층별로 큰 편차를 보인다. 수직적 공간의 '목'은 고객의 접근편의성과 관련되며 입점한 상가의 매출과 영업이익을 좌우하므로 층별 분양가, 임대료에 고스란히 녹아든다. 괜히 지하상가를 1층 임대료의 1/3도 안 되는 금액에 임대할 수 있는 게 아니다.

집합건물은 수직적 공간의 위치 못지않게 수평적 공간의 위치에 따른 가치 차이도 확연하다. 특히 상업용 부동산이 그렇다. 흔히 말하는 전면, 후면 상가는 고객이 접근하는 주 도로변과 주 출입구를 기준으로 판단한다. 한 보금자리주택지구 내 아파트 상가 1층 1개호가 한동안 분양, 매각이 되지 않은 적이 있었다. 필자가 해당 상가의 매각 평가를 담당했었는데 이미 3차례 평가를 받고 공개매각에 나섰어도 임자가 나타나지 않았다고 한다. 물론 매 번 평가 때마다 공매가격을 조금씩 낮췄을 터. 4번 타자로 평가에 들어간 필자도 현장을 보고는 매물 가격을 계속 낮춰도 입질을 하지 않는 이유가 이해됐다. 후면 상가에다 상가의 외부 출입구 코앞을 공용 화장실이 선점했던 것. 흔히 주(主)도로에서의 접근성 등으로 전·후면의 효용비율을 고려하지만 위치적 유·불리는 인근 선호 혹은 혐오시설에 의해서 가중된다. 정리하면 수평적 위치 효용비율은 해당 공간의 위치적 '매력도'라고 말할 수 있다. 세종문화회관 내 좌석등급을 S석, R석으로 나누는 근본 이치가 그렇다.

그렇다면 집합건물의 가치를 평가할 때 층별 효용비율, 위치별 효용비율의 값은 정형화되어 있을까. 일정한 범위를 나타내는 건 맞지만 고정된 값은 아니다. 성숙한 상업지대 내 10층짜리 집합건물에서 2층 상가는 대략 1층의 절반 가치를 보인다. 그러나 아파트상가는 2층에 좀 더 후한 점수를 줄 수 있다. 이는 아파트 단지 내 주민이 해당 상가의 층별 업종과 상호를 숙지하고 있어 접근성

측면에서 1층 대비 2층의 효용비율 열세를 완화시키기 때문이다. 그 반대의 경우도 가능하다. 상권이 고도화될수록 1층의 매력은 돋보여 위층의 매력도를 낮추는 효과가 있다. 이런 경우 전면과 후면의 격차 역시 더 벌어지는 경향이 있다.

이처럼 집합건물에 있어 수직적 혹은 수평적 효용비율은 공간의 단위면적당 매력도를 나타내며 시장가치의 차이로 반영된다. 특히 용도상 상업용 건물에서 그 격차가 확연하다. 그러나 이들 공간의 재산적 가치에 과세를 함에 있어서는 효용비율의 격차 곧 몸값의 고저(高低)가 전혀 고려되지 않는다. 왜일까. 과세 목적의 재산 가치 산정 논리가 불합리하기 때문이다. 현재 산식은 집합건물의 건물가치와 대지권가치를 별도로 추계해 합산하고 있는데, 전자는 국세청 기준시가 후자는 개별공시지가를 적용한다. 공간면적이 같다면 동일건물에서 구조와 경과연수가 동일하므로 층별로 건물가치는 차이가 없다. 또한 집합건물에서 층과 위치에 관계없이 공간면적이 같다면 대지권면적은 동일하게 배분되므로 대지권가치도 격차가 없다. 공간의 매력도는 깔아뭉개지고 규모만이 반영되는 과세 구조인 셈. 극단적으로 1층 슈퍼 100㎡와 지하층 창고 100㎡는 동일한 재산세를 납부하고 있다. 전자는 부당한 혜택을 누리고 후자는 불합리한 피해를 입는다.

효용비율이 고려되지 않는 과세구조를 개선하려면 재산 가치 산정 논리를 바꾸면 된다. 매년 단독주택에 대한 공시가격을 공시하듯이 이런 비주거용집합건물에 대한 공시제도를 도입하면 될 것. 이 제도에 의한 공시가격에는 수직직, 수평적 공긴 매력도가 당연히 반영될 수 있다. 시범사업 기간을 가졌고 2015년 도입목표를 밝히고 있는'비주거용공시제도'는 번만큼 가진 만큼 차등 과세하는 공평 과세 원칙이 지켜지기 위한 합리적 대안이다. 지나친 표현일지 모르겠으나 비주거용 집합건물에 대한 현 과세제도는 차량 크기 비슷하다고 비싼 외제차와 국내 소형차의 자차보험료를 동일하게 책정한 것!

개발부담금과 감정평가

2014년 7월 부동산 관련 뉴스 중 개발 부담금의 한시적 감면 소식은 연초 「개발이익 환수에 관한 법률」 개정과 관련돼 있다. 정부가 4·1 부동산종합대책의 일환으로 「개발이익 환수에 관한 법률」 개정을 통해 이 법이 시행되는 7월 15일부터 1년 간, 인·허가 등을 받아 시행하는 계획입지사업에 대해 수도권은 50%, 비수도권은 전액 개발 부담금을 감면하기로 했기 때문이다. 침체된 부동산 경기를 살리려는 의도가 명백하다. 사업시행자에게 조금이라도 부담금을 덜어 줄 테니 이왕 계획한 사업이라면 서둘러 일을 진행하라는 정부의 공식적인 입장 표명인 셈이다.

「개발이익환수에 관한 법률」 은 제 1조에서 '이 법은 토지에서 발생하는 개발이익을 환수하여 이를 적정하게 배분하여서 토지에 대한 투기를 방지하고 토지의 효율적인 이용을 촉진하여 국민경제의 건전한 발전에 이바지하는 것을 목적으로 한다.'고 규정하고 있다. 토지에 대한 용도변경 등으로 인해 정상적인 개발비용을 초과해 이윤이 발생하면 일부분을 환수하도록 하겠다는 것. 부담금의 과표 기준이 되는 '개발이익'은 정상지가상승분을 초과하여 개발 사업을 시행하는 자나 토지 소유자에게 귀속되는 토지 가액의 증가분으로 정의하고 있으니, 불로소득은 아니지만 과도한 개발차익에 대해서는 일부를 거둬가겠다는 취지로 볼 수 있다. 납부의무자는 그러한 개발이익을 향유하는 자다.

통상 개발사업의 시행자이지만 남의 토지를 빌려 개발 사업을 시행하는 경우 토지소유자를 포함하기 위해 '사업시행자등'으로 정했다.

부과대상사업은 택지개발사업, 산업단지개발사업, 관광단지조성사업 등에다 지목변경이 수반되는 사업으로 한정하고 있으며, 개별법령에서 특정한 사업에 대하여 인가·허가·면허 등(신고를 포함하며, 이하 "인가등"이라 한다)을 받을 시 개발 부담금 부과 대상 사업의 인가등을 받은 것으로 보는 경우 역시 부과 대상이다. 자투리땅 얼마를 개발했다고 여기서도 차익을 거둬들이는 것은 얌체 같지 않은가. 부과대상 면적은 관계 법률에 따라 국가 또는 지방자치단체로부터 인가등을 받은 사업 대상 토지의 면적이며, 특별시와 광역시 중 도시지역은 660제곱미터 이상, 그 이외 도시지역은 990제곱미터 이상, 개발제한구역과 비도시지역은 1,650제곱 이상인 경우만 적용받는다. 물론 복수지역에 걸쳐 개발하는 경우도 있다. 이 때는 위 지역별 면적 기준을 적용하여 어느 한 지역의 면적으로 단순 환산할 수 있다. 단, 기부채납부분이 있다면 언제든 부과 대상 면적에서 배제시킨다. 그리고 개발사업의 준공 전 완료된 경우 건축물의 용도, 도시지역 여부, 용도지역에 따라 건축물 바닥면적의 몇 배수로 토지면적을 정한다.

개발이익의 향유 주체가 공공이라면 개발 이익 환수 취지가 무색하다. 국가, 지자체가 시행하는 공익성이 강한 택지개발사업 등은 원칙적으로 부과 제외, 지자체·법정 공공기관 등이 시행하는 다른 사업에 대해서는 50~100%에 해당하는 경감률을 차등 적용할 수 있다. 과표 기준은 이 사업으로 인한 개발이익인데, '부과종료시점지가-부과개시시점지가-부과기간 정상지가상승분-개발비용'으로 정했다. 100원 짜리 땅을 사서 100원 들여 개발했고 그 기간 중 해당 토지가 속한 지역의 평균적인 지가변동이 20원 정도라면 220원은 원가로 봐주겠다는 것이다. 이 토지가 개발된 후 300원의 가치를 지닌다고 입증되면 그 차액인 80원이 부과대상이 된다. 이 개발차익에 대한 세율 즉 부담률은 택지개발사업 등의 경우 20%, 지목변경이 수반되는 사업 등은 25%로 차등 적용된다.

과표 기준이 이렇다보니 사업시행자등 입장에선 과표 금액을 줄일 수 있는 최선의 길을 모색할 것이다. 부득이 개발이익을 구성하는 각 항목에 대한 분석을 선행할 수밖에 없다. 일단 시점에 대한 문제다. 부과개시시점은 국가, 지방자치단체로부터 개발 사업의 인가등을 받은 날이며, 인가등을 받기 전 5년 이내에 용도지역의 변경 등 토지이용계획이 변경된 경우나 인가등의 변경으로 부과 대상 토지에 새로 편입된 경우는 해당 변경일 혹은 토지의 취득일을 부과개시시점으로 본다. 물론, 취득일에 대한 정의는 소득세법의 규정을 일일이 확인해야 할 것이다. 부과종료시점은 관련 법률에 따라 준공인가등을 받은 날이 되며, 사실상 개발이 끝난 토지를 양도하는 경우 혹은 신축한 건축물 사용을 시작하는 경우 등은 각각 소득세법 규정에 따른 양도일과 착공신고일, 임시 사용승인일 등으로 달리 정했다. 시작과 끝을 맘대로 조정하는 것은 일단 불가능하다.

두 번째, 개시·종료시점의 지가는 원칙적으로 개별공시지가가 적용된다. 물론, 개시지점 지가와 달리 부과종료시점 지가는 당해 연도 개별공시지가가 공시되지 않았을 경우가 태반이다. 이 때는 개별공시지가를 결정하기 위한 비교표준지를 복수로 정해 지가를 산정해 본 후 이를 시, 군, 구 부동산평가위원회의 심의를 통해 결정한다. 표준지 혹은 개별공시지가 모두 해당연도 1월 1일 가격이다. 이를 종료 시점까지 시, 군, 구 평균 지가변동률을 이용해 시점수정해 줘야 한다. 이 시점수정 값을 정상지가상승분이라고 부른다. 개시시점 역시 대부분 1월 1일이 아니므로 정상지가상승분 가산 과정은 동일하다. 일반적으로 공시가격은 지역별·용도별 편차는 있으나 시가와 비교해서는 일정 비율 낮게 책정돼 있는 점은 동일하다. 개시시점과 종료시점 간 공시가격의 차이는 양 시점의 시가 차이에 공시가격의 현실화율(예컨대 시가반영비율 60%이면 0.6)

을 곱한 값이 된다. 납부자 입장에서 공시가격의 격차에 만족 못한다면 개시시점 지가를 최대한 올릴 수 있는 방안을 찾을 것이다. 그래서 개시시점 공시가격보다 훨씬 비싼 가격으로 매입했다고 주장할 수 있다. 이를 주장할 수 있는 합리적인 사유, 예컨대 국가나 지자체로부터 매입한 경우, 경매, 입찰, 보상에 의해 매입한 경우 등은 매입가격에 정상지가상승분을 반영한 것을 개시시점 지가로 할 수 있는 규정이 있다. 이 때는 종료시점 지가 역시 매입가격에 상응하는 처분가격으로 대체해야 한다. 이 때의 처분가격은 관련 법률에 따라 허가권자의 승인 등을 받은 분양가를 시칭하는데, 그래야만 개시 및 종료시점의 '공시가격 對 공시가격'의 대응관계가 양 시점의 '시가 對 시가'로 대체될 수 있다.

세 번째. 개발에 따른 이익 중 개발 여부와 관계없이 해당 토지의 보유로 인한 정상적인 지가의 상승분은 개발자의 정상 이윤이므로 비과세항목으로 챙겨줘야 한다. 해당 부분은 부과개시시점부터 종료시점까지 각 연도의 정상지가상승분(매년 1월 1일 지가에 해당 연도의 정상지가변동률을 곱한 금액)의 합으로 결정하며, 이 때 대상 토지가 속한 시, 군, 구의 평균 지가변동률을 적용하되, 시중은행의 1년 만기 정기예금 평균 수신금리를 고려하여 국토교통부장관이 매년 결정·고시하는 이자율을 하한선으로 했다. 토지를 보유하는 기간 최소한 이자율 정도의 지가 상승분은 인정해 주겠다는 것이다. 마지막으로 개발비용 역시 개발이익 창출을 위해 투입한 정상적인 비용이므로 부담금 적용 과표 금액에서 공제해야 하며, 순공사비, 조사비, 설계 및 일반관리비 등의 항목으로 각각 산정해 합산한다. 이 비용의 항목별 한도비용은 정해져 있으며, 예외적으로 이 한도를 초과해서 인정받을 수 있는 경우(감면기관이 지출한 비용 또는 전문용역기관에서 증빙한 경우 등)역시 규정해 놓고 있다.

결국, 개발 부담금을 산정함에 있어 감정평가기관이 개입될 여지는 한정된다. 첫째 기준시점 개별공시지가가 없는 경우 개시시점과 종료시점의 지가 결정을 위해, 매입가격을 개시지점지가로 인정받았을 때 종료시점 지가를 결정하기 위해 감정평가를 의뢰받을 때다. 둘째 개발비용을 자격 있는 용역기관에서 증빙 받아 제출하도록 하고 그 증빙기관 중 한 곳을 감정평가법인으로 정하고 있는 규정에 따라 이 부대업무를 의뢰받아 착수할 때다. 전자는 감정평가 본연의 업무, 후자는 감정평가 영역의 확장분야이지 싶다. 가치 추계와 부대하여 개발비용의 산정 업무 역시 서서히 감정평가 영역으로 스며들고 있다. 그렇지 않고서야 감정평가사인 필자가 순수한 감정평가영역이 아닌 개발 부담금의 전모에 대해 이렇게 요약·기술할 의미가 없지 않은가!

CH. 4 거주의 문제에 개입하는 감정평가

- 정비구역, 감정평가의 '백화점'
- 정비구역 내 특혜받는 국·공유재산
- 정비구역 내 조합원 재산 변환 어떻게 이뤄지나
- 공동주택 재건축의 '무상지분율' 이야기
- 재산변환에 있어서의 관행과 규정의 충돌
- 그들만의 잔치에서 소외된 이들, '청산자'
- 여전히 미흡한 상가 세입자 휴업 보상
- 보상금 증감 청구소송, 증액 요구의 목소리
- 답 안 나오는 정비구역의 탈출기, '출구전략'
- 가로주택 정비사업, 구원투수로서의 가능성

  -가로주택정비사업 주민설명회를 다녀와서
- 정비사업, 이젠 열려 있고 또한 닫혀 있다
- 리모델링과 감정평가
- 도시재생활성화, 핵심 키워드

정비구역, 감정평가의 '백화점'

활황인 주식시장에서는 모두가 돈을 번다. '활황'이라 함은 어제 산 주식이 오늘 조금이라도 올라 있고 내일 더 오를 거란 기대가 팽배해 매집세가 매도 물량을 거뜬히 소화하는 형국이다. 한때 '재'가 접두어로 붙은 사업지역도 이와 방불했다. '재건축을 한다', '재개발을 한다'는 말은 이들 지역 내 부동산 투자의 보증수표였다. 웃돈을 얹고라도 조합원만 되면 수 천만 원에서 수 억 원까지 손쉽게 돈을 벌 수 있었다. 투기과열지구에서는 재건축 전매를 제한하는 규정이 「도시 및 주거환경정비법」에 실려 있던 것도 이런 사정 때문이다. 부동산 불패에 대한 믿음에서 시작된 레이스는 실수요자가 아닌 투기세력을 규합해 자꾸 거품을 만들어 부동산 가격을 밀어 올린 것이다. '절대 손해는 안 봐' 라고 누구나 자신하니 부동산 시장의 들썩임은 제어의 영역 밖이었다.

설마 하던 부동산 불패신화의 '종말'이 현실화되었음을 부인할 사람은 거의 없다. 부동산 가격도 꺾일 수 있고 숨고르기가 아닌 내세 하락이 나타날 수 있다는 목소리도 나오고 있다. 이렇다보니 과거 황금알을 낳는 투기의 각축장이었던 재개발, 재건축 사업구역에 대한 시각을 달리 할 필요가 생겼다. 이 구역 내 낡은 부동산은 '재'테크의 신기루에서 '재'정비할 원래의 자리로 회귀한 것이다.

도시도 나이 들면 이마에 주름 생기고 기미가 눈에 띄게 는다. 도시를 '정

비'한다는 말은 그대로 두면 안 될 지역을 좀 수선하겠다는 것이다. 건물은 노후화되니 허물어질 위험성도 다분하고 늘어난 인구를 감당하자니 종전 낮은 건물을 헐고 고층으로 올릴 방안이 최선 혹은 차선이다. 이렇게 손보는 사업을 '정비사업'이라고 부른다.

정비구역 내에서는 여러 유형의 감정평가가 이루어진다. 일단 국가나 지자체 소유의 부동산과 정비조합에서 사업 후 기부채납 할 부동산 간 교환을 위한 몸값 책정용 평가가 있다. 이걸 '양수도 평가'라고 한다. 국가나 지자체 소유 부동산이 기반시설이었는지 여부에 따라 '무상'과 '유상'으로 세분한다. 이어 조합원들이 갖고 있던 자산에 대한 평가를 하고 사업 후에 분양 받을 공동주택이나 상가에 대한 감정평가가 있다. 전자를 '종전자산 평가', 후자를 '분양예정자산평가(종후평가)'라고 부른다. 조합원 자격이 없거나 조합원 중 분양신청하지 않은 사람, 분양신청 후 철회한 사람은 원래 갖고 있던 재산 가치만큼 현금을 주고 내보낸다. 이때 '현금청산 평가'가 진행된다. 상가세입자에 대한 '영업손실 보상평가', 내민 현금청산금이 부족하다 싶어 이의신청을 할 때 이루어지는 ‘재결평가’, 도저히 못 참겠다면 ‘소송평가’까지 담당해야 한다. 정비구역이야말로 감정평가의 ‘백화점’이다.

어느 경우에나 감정평가는 조심스럽다. 국·공유재산을 헐값에 내줬다느니, 조합원의 재산을 이따위로 평가했느니 하는 지적을 받기는 십상이다. 아파트값은 끊임없이 미끄러지는데 분양가를 그리 비싸게 책정했느냐는 원성은 도처에서 나온다. 분양도 못 받고 나가는데 내 재산을 어떻게 이리 낮게 매겼냐는 불만, 손에 쥐는 영업 손실 보상금에 눈시울을 붉히는 영세 상가 세입자의 하소연을 듣고 있으면 하루 종일 맥이 풀릴 때도 있다.

이렇듯 외견상 시면초가에 좌불안석이지만 실은 복잡한 실타래를 풀듯 첨예한 이해관계인의 주장을 듣고 ‘얼마쯤이면 적당한지’ 조절해주는 바로 그 자리가 감정평가사의 좌석이 아닐까.

정비구역 내 특혜 받는 국·공유재산

국가나 지자체의 소유로 된 부동산이 전국적으로 생각보다 많다. 단일주체로는 가장 많은 부동산을 소유한 당사자가 공공일 것이다. 국·공유재산은 크게 행정재산과 일반재산으로 나뉜다. 행정목적으로 사용하는 사무, 사업, 주거용 부동산이나 보존 필요성이 있어 관리하는 경우 행정재산으로 분류하고 그 외는 일반재산으로 취급한다. 공공의 통행에 제공되는 도로, 철도가 대표적인 행정재산인데 정비사업 구역 내에는 이런 행정재산이 다수 소재한다.

조합원들은 자기가 소유한 토지, 건물을 출자하는 형태로 조합에 넘기고 추후 신축되는 아파트나 상가로 돌려받는다. 그렇다고 구역 내 산재하는 국·공유재산을 빼고 개발하는 건 비합리적이다. 구역 내에 있는 부동산을 다 확보해야 구역을 가장 효율적으로 이용할 수 있는 그림이 나온다. 그러다 보니 국가나 지자체가 소유하고 있는 구역 안 행정재산을 확보해야 하는 건 당연한 수순이다.

이 때 정비사업의 주체인 조합은 꽤 불리한 거래를 하게 된다. 행정재산 중 '도로'만 예를 들면, 기존에 있던 좁고 낡은 도로를 조합이 받고 새로 넓고 반듯하게 닦은 포장도로를 국가나 지자체에 넘겨주는 식이다. 뭔가 정비를 할 곳이었으면 도로는 대부분 협소했을 것이다. 관리상태도 그리 좋지 않았을 테고 땅 모양도 대개 볼품없다. 반면 새로 닦은 도로는 어떤가. 최소한 차량 왕복이 여유 있을 정도의 노폭에 형태 역시 네모반듯하게 구획되어 있다. 헌집 받고 새 집 내어 주는 두꺼비의 사정이랄까.

교환 물건의 가치가 동일할 수는 없으니 교환 시 정산의 문제가 발생한다. 정산은 다음과 같이 처리한다. 넘겨받는 행정재산의 가치가 넘겨주는 재산 가치보다 크면 그 차액만큼 현금으로 납부해야 한다. 굉장히 예외적인 경우다. 그 반대면 국가나 지자체로부터 차액을 받으면 될 텐데, 국가나 지자체는 용적률 인센티브를 주는 방식으로 해결한다. 돈 받을 상황이 생기면 현금으로 받고 돈 줄 상황이면 사업하는데 약간의 혜택을 주는 걸로 갈음하겠다는 것이 공공의 변함없는 입장이다.

양측의 이런 거래행태도 민간에 불리한데, 더 부담스런 요구는 양자의 가치를 책정하는 감정평가사에게 전가된다. 공공의 입장은 '현재는 도로나 철도부지로 사용되지만 이제 곧 공동주택 예정부지로 신분이 바뀌지 않느냐, 들쭉날쭉 볼품없는 형태지만 공동주택 예정부지로 묶어 사업에 기여하는 것을 땅값에 반영해야 합리적이다.' 정도로 정리할 수 있다.

이런 공공의 요구를 수용할 지 여부에 따라 기존 행정재산의 몸값은 천양지차다. 요구사항에 신경 쓰지 않고 평가할 때 우선 도로부지, 철노부지의 형태를 생각해 보라. 좁고 길고 들쭉날쭉한 모양의 토시를 녹립적으로 사용할 만한지. 형태에 따른 감가를 생각하면 토지가격을 한참 낮춰야 할 것이다. 이런 걸 요구사항대로 '일단의 공동주택 예정지'로 보는 순간 형태 감가 요인은 크게 줄어든다. 어차피 다른 토지와 한 묶음으로 취급받을 테니 말이다.

국·공유 재산을 이렇게 대접하는 게 조합원과 비교해 형평성에도 맞지 않을 수 있다. 조합원 소유 토지가 집 앞 도로로 사용하고 있으면 예외 없이 '사실상 사도' 취급을 해버리기 때문이다. 보상평가에서는 사실상 사도를 인근 토지의 1/3 이내로 평가하는데 이를 준용하다 보니 조합원이 소유한 도로는 1/3토막 나고, 국·공유지는 제 값 다 받고 팔리는 셈이다. 개인 재산권과 비교해 이래저래 공공의 재산은 대접을 받고 있다.

정비구역 내 조합원 재산 변환 어떻게 이뤄지나

대부분의 정비 사업은 '관리처분방식'으로 진행한다. 이 방식은 현물출자 구조와 유사하다. 원래 갖고 있던 낡은 단독주택이나 연립, 작은 상가나 빈 땅을 정비 '계'에 넘긴다. '계주'는 조합원들로 구성된 '정비조합'인데, 순번으로 원리금을 내 주는 건 아니고 일괄로 모았다 현물로 나눠주는 식이다. 돌려받는 현물은 새 아파트나 단지 내 상가다. 이를 좀 더 거창하게 표현하면 종전 '수평적인 토지이용'을 '수직적 혹은 입체적 토지이용'으로 변환시켜주는 사업진행 방식이다.

현물로 출자하기 전에 갖고 있던 재산은 얼마인지 공정하게 평가를 받아야 한다. 현금을 맡기는 건 아니니 십 원 단위까지 정확히 계수할 필요까지는 없다. 무난하면서도 주변 물건 몸값과의 균형은 어그러뜨리지 않을 정도면 충분하다. 이런 평가를 '종전자산'평가라 부른다. 절대적인 금액보다 상대적인 금액이 중요한 감정평가다.

그럼 원래 갖고 있던 재산을 어디까지 봐 주느냐는 문제가 등장할 수순이다. 비슷한 규모의 단독주택이라도 앞마당에 식재한 감나무나 단풍나무가 있는 집과 그렇지 않은 집을 달리 봐줘야 할지에 대한 사항인데, 선뜻 이해가 가지 않겠지만 이를 전혀 고려해 주지 않는다. 등기나 대장 같은 공적장부를 발급받았을 때 누구나 확인할 수 있는 물건만 인정해 준다. 구청 몰래 불법적으로 옥탑

만든 것을 인정해 주면 불법을 용인해 준 꼴이 될 수 있기 때문이다. 조합원마다 자기 재산으로 인정받는 부분은 '권리명세서'에 기재되어 있는데, 예외 없이 공적 장부에 등재된 토지와 건물에만 자격을 부여한다.

목록에 대한 확정단계가 지나면 어느 정도 가격 수준으로 평가할 지 귀추가 모아진다. 결론적으로 개발소식에 한참 몸값 뛰어서 거래되는 수준에는 못 미친다. 이걸 '개발이익 배제'니 '거품 제거'니 부르기도 하지만, 취지 자체가 사업 초기 자산 가격 수준을 정하자는 것이니 사업을 전제하지 않는 원래 몸값으로 책정하는 게 합리적이라는 데 큰 문제는 없어 보인다. 물론 개발이익 중 현실화된 부분은 적정하게 물건 간 균형을 견지하며 포함시킬 수 있을 것이다.

이어 분양받을 자산, 공동주택과 상가에 대한 평가를 진행한다. 분양예정자산 평가 혹은 종후자산 평가라 부르는데, 아직 완공되지 않았지만 현재 완공돼 분양한다고 전제할 때 형성되는 가격 수준으로 평가가 이루어진다. 인근에 신규 공급되는 아파트나 상가 시세 수준에서 대개 결정될 것이다. 정비 '계'에서 조합원에게 이 완성품을 배분할 때는 당연히 원래 갖고 있었던 자산 가치 상당액과 새로 받는 자산 가치의 차액만큼은 징수하거나 지급해야 할 것이다.

사업초기 자산, 사업 완료 후 새로 확보할 자산에 대한 평가가 모두 완료됐다면 '사업성'이 괜찮은지 한 번 검토해 볼 수 있다. 건축공사비 등의 사업비용은 대개 정비업체에서 추산할 정도로 그리 복잡하지 않다. 기회비용으로 볼 수 있는 최초 자산 가치와 사업비용, 분양수입이 모두 파악되었으니 '종전자산 +사업비용 ⇨ 분양예정자산' 또는 '종전자산 ⇨ 분양예정자산-사업비용'의 그림이 그려진다. 이 때 '(분양예정자산-사업비용)/종전자산'을 '비례율'로 정의하고 '1' 혹은 '100%'를 기준해 수지타산이 맞는지 여부를 판단하게 된다. 분자는 비용 투입을 감안한 장래 자산, 분모는 현재 자산으로 볼 수 있으니 사업으로 인해 기존 자산가치가 상승 또는 하락하게 될 지 수치로 금세 확인 가능하다.

종전자산, 종후자산(분양예정자산), 비례율 등이 모두 확정됐다면 재산 변환이 최종 마무리 된다. 앞서 종전자산 가치 '상당액'이라 표현한 것은 원래 갖고 있던 재산의 가치가 사업성, 즉 비례율에 따라 감산 혹은 가산될 수 있기 때문이다. 이 때 조정된 종전자산 가치(종전자산 가치 * 비례율)를 '권리가액'이라고 부른다. 예컨대 비례율이 90%로 추계되었다면 이 정비 사업은 10% 손실이 발생하는 사업이다. 이를 선 반영해 조정 종전자산 가치 소위 권리가액은 실제 가치의 90%로 감액된다. 당연히 분양받을 재산과의 차액이 조금 더 커진다. 반대로 110%의 비례율이 추계되었다면 권리가액은 종전자산 가치 대비 10% 증액되고 차액으로 지불해야 할 정산금이 줄어들거나 수령해야 할 정산금이 그만큼 늘어난다.

최근 출구전략에 동참하는 곳, 분담금 폭탄으로 아우성인 주택재개발사업구역은 대부분 비례율이 100%에 한참 못 미친다. 비례율이 80%인 재개발사업을 강행하려면 일단 기존 재산가치 20%를 기회비용으로 날린다는 점을 조합원에게 주지시키고 총회를 통해 합의를 이끌어내야 한다. 해마다 아파트 값이 조금씩이라도 올라주면 기회비용을 보전 받을 길이 있지만 시장 여건이 그렇지 못하니 손실은 매몰비용이 돼 버릴 가능성이 높다. 그걸 알기에 '그냥 이대로 살래요' 뒤돌아서는 것.

어쨌든 관리처분방식을 따르는 모든 정비 사업에서 모든 조합원은 현물출자자임을 기억해야 할 것이다.

공동주택 재건축의 '무상지분율' 이야기

입력변수	조합원분양가(만원/평)	일반분양가(만원/평)	발주예정가 VAT포함(만원/평)	기타사업비(억원)	총공사비(상가제외)		아파트 연면적(평)	아파트 공급면적(평)	임대주택분양가(만원/평)	임대주택면적(평)	조합원대지 지분면적(평)
입력수치	1,650	2,100	320	[illegible]	7,357	억원	229,909	153,711	450	4,146	69,655

조합분양 면적(평)	확정공사비지분제	기존지분제
111,448	117%	139%
107,965	125%	140%
104,483	133%	141%
101,000	140%	143%
97,517	148%	144%
94,034	156%	145%
90,552	163%	147%
87,069	171%	148%
83,586	179%	149%
80,800	185%	151%
78,014	191%	152%
75,227	197%	153%
72,441	204%	154%
69,655	210%	155%
66,869	216%	156%

* 분양설계 워크시트와 실시간연동

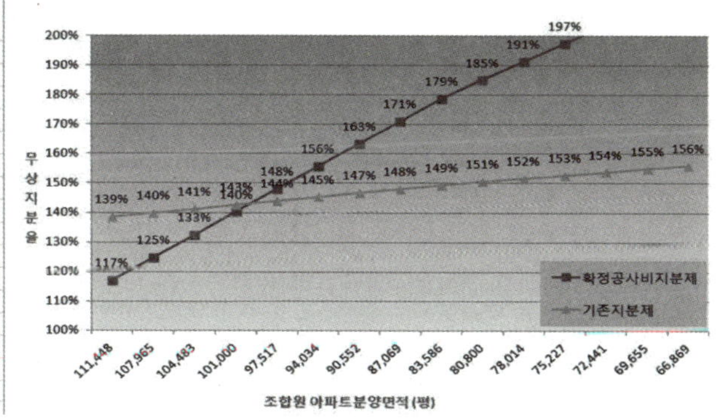

일반적인 공산품의 판매가격은 어떻게 정해질까. 간단하게 살펴보자. 먼저 재료비와 인건비는 '직접원가'를 구성한다. 원재료에 대한 매입금액과 제조활동에 투입한 인부의 품삯은 모든 원가의 출발점이다. 여기에 제조간접비를 더하면 '제조원가'가 계산된다. 제조공정에서 공산품 여러 종류가 만들어지고 우리가 관심 있는 건 그 중 하나라면 직접원가 외에 공통으로 발생하는 비용 예컨대 전력비 등을 일정한 기준에 따라 해당 공산품의 원가로 배분받아야 한다. 이를 '제조간접비'라고 부르는 것이다. 인건비 발생은 비단 제조공정에만 한정되지 않는다. 이를 판매하는 부서, 관리하는 부서 인력도 확보해야 하지 않는가. 이들의 인건비 등은 판매비와 관리비를 구성한다. 앞선 제조원가에 판매비와 관리비를 더하면 비로소 '총원가'가 추산된다. 우리가 통상 말하는 원가는 대개 '총원가'를 지칭한다. 여기에 얼마의 이익을 더해 판매할지에 따라 최종 판매가격이 튀어 나오는 것이다. 그래서 수익률을 말하려면 판매가격 외에 원가, 또 다른 측면에서는 기회비용을 먼저 살펴보는 것이 당연지사다

주택재개발사업에서는 여러 종류의 주거형태가 혼재된 상태에서 전면 철거 후 고층의 공동주택으로 변모한다. 기존에 어떤 이는 단독주택, 또 다른 이는 연립이나 다세대를 소유하고 있고 빈 땅만 가진 이도 있다. 이들의 소유물을 공동주택과 교환하기 위해 교환의 기준으로 삼는 건 교환 전 소유자산의 가치일 수밖에 없다. 주거유형이 달라 각각의 몸값 외에 별도의 공통 인자를 발견하기 어렵기 때문이다. 그래서 2억짜리 단독주택, 1억 상당의 연립주택, 3억 원에 달하는 토지는 그 가치에 비례해 수익이 가산된다. 재개발사업의 수익률이 10%라면 이 사업을 진행하고 나면 각각 2.2억, 1.1억, 3.3억으로 불려진다. 그렇다고 현금교환을 해 주는 건 아니고 불어난 가치에 상당하는 공동주택으로 대응시키는 물물교환이다. 이 때 수익률 10%를 '비례율 110%'라고 달리 표현한다. 비례율은 원가 대비 판매수입의 비율, 대출원금 대비 상환원리금수입 비율과 유사한 개념이다. 물론 마이너스 수익률을 보이는 사업도 적지 않다.

그런데 공동주택 재건축사업에서의 관심사는 비례율이 아니다. 한 번 검색 사이트에 '아파트 재건축'이라고 쳐 보라. 비례율이라는 말 대신 '무상지분율'이라는 단어가 빠지지 않고 등장하고 있음을 발견할 수 있다. 검색한 김에 무상지분율의 정의를 살펴보면 '아파트 재건축을 할 때 시공사가 대지지분을 기준으로 어느 정도 평형을 추가 분담금 없이 조합원에게 줄 수 있는지 나타내는 비율'로 설명돼 있다. 왜, 비례율은 쏙 빠지고 그 자리를 무상지분율이 차지하고 있을까. 대응의 관계가 공동주택 대 공동주택이기 때문이다. 저층의 낡고 노후화된 공동주택이 고층의 신축 공동주택으로 변환되는 것. 이 때 소유자의 관심사는 추가 분담금을 물지 않고 배정받을 수 있는 아파트 평수다. 그런데 기존 공동주택의 가치 즉 원가는 건물이 낡은 탓에 해당 호가 점유하고 있는 대지

지분에 몰려 있으니 대응의 관계를 '기존 공동주택 대지 지분' 대 '신축 아파트 건물 평형'으로 맺고 이 둘의 비율을 무상지분율로 정의한 것이다.

그런즉 무상지분율이 높은 재건축 사업이라면 꽤 수익성 있는 사업장으로 이해할 수 있다. 조합원에게 많은 면적을 무료 배정하고도 남은 면적을 일반에 분양해 공사비를 충당할 수 있는 구조인 셈 아닌가. 여기서 무상지분율 용어의 등장 배경이 '지분제' 사업방식과 관련돼 있음을 미뤄 짐작할 수 있다. 주택재개발사업과 달리 공동주택 재건축사업은 개발이익이 발생할 수밖에 없는 구조다. 단적으로 현재 6층 아파트를 철거 후 20층까지 올릴 수 있다면 13층~20층 분양수입은 철거비와 건축공사비를 기회비용으로 지불하고 얻게 되는 수입이다. 이런 수익성 높은 사업장에 건설사가 관심을 갖는 건 당연하다. 그들은 더 나아가 주도적으로 사업을 할 테니 시행자의 입장에 서게 해 달라고 자원할 수 있다. 기존 시공자의 입장은 도급공사비를 약정하고 건축공사를 담당하는 것이다. 이를 '도급제'라고 부른다면 무상지분율을 약정하고 시행자의 위치에서 공사비 회수뿐 아니라 추가수익을 올리려는 방식을 '지분제'로 보면 된다.

그래서 한동안 재건축사업장에서는 지분제 사업방식을 선호했고, 각 건설사는 간택을 받기 위해 무리할 정도의 무상지분율을 보장하겠다고 입찰지원서를 내기도 했다. 도덕적 해이는 그렇게 무리수를 둔 건설사가 시행을 맡으면서 심심치 않게 관찰된다. 약정한 무상지분율을 보장하면 자칫 일반 사업장에서 거둘 수 있는 도급공사비조차 확보하기 어렵다는 것을 알고, 공사 기간 내내 지속적으로 무상지분율의 재조정을 요구했기 때문이다. 조정해 주지 않으면 공사를 중단하겠다고 엄포를 놓거나 아예 발을 빼겠다고 으름장을 놓기 일쑤였다. 이 전략이 먹혀 들어가 실질적인 무상지분율이 입찰 당시에 비해 크게 떨어지니 '지분제'이긴 하지만 '변동지분제'의 변형된 형태로 왜곡·운영 됐던 게 사실이다. 사업 전반을 공공이 지도, 감독, 지원하는 공공관리제하에서 '확정지분제'

도입을 강제한 결과 시공사를 아예 못 찾거나, 부족한 수입을 만회하기 위해 공사비를 낮추려고 부실 시공하는 부작용이 터져 나오기도 했다. 요 몇 년 간은 분양시장 침체가 한동안 이어지면서 지분제 사업장에 대한 인기는 크게 시들해졌다. 일부 대단위 아파트 재건축 사업장에서 지분제 사업 추진방식이 도급제로 전환된 것은 이를 방증해 준다.

최근 다시 지분제 입찰이 고개를 든다는 뉴스가 들린다. 분양시장에 미약하게나마 온풍이 불어오는 것이 아닐까 기대하게 만든다. '도급제' 하에서도 설계변경 등의 사유로 공사비 증액이 심심치 않게 발생하고, '지분제'가 기형적인 변동지분제로 퇴화되는 것을 경험했던 터라 재건축 조합원인 자나 조합원의 지위를 얻게 될 모든 자는 조합과 시공사의 도급계약서 또는 무상지분약정계약서의 내용을 확인할 필요가 있다. 민자 도로에 대한 MRG(최소운영수입보장제)에 혈세 상당액을 낭비했으니 그 폐단을 타산지석 삼는 지혜가 있어야 하지 않겠는가. 재건축 사업에서 참여 주체가 누구라도 정상적인 수준의 시행이익, 시공이익, 투자수익을 거두면 족하다. 그런데 입을 너무 크게 벌리는 게 문제의 발단이다. 무상지분율은 정상적인 시행이익을 바탕으로 추계될 때 가장 무난하다.

재산변환에 있어서의 관행과 규정의 충돌

3년 전 서대문구의 한 주택재개발구역 종전자산과 분양예정자산의 평가를 담당했다. 사업시행인가고시를 기준시점으로 종전자산평가를, 관리처분계획인가고시일 전후를 기준시점으로 공동주택과 근린생활시설 등의 분양예정자산을 평가하는 일이었다. 평가서를 납품하고 나서는 사업이 잘 굴러가겠거니 생각했건만 분양시장의 침체와 내부조합원간 이견이 불거지면서 차일피일 착공이 지연되는 것이었다. 결국 얼마 전 일부 용적률을 상향시켜 사업시행변경인가고시를 추진한 후 관리처분변경인가를 대기 중이란다. 10% 내외의 용적률 상향으로 분양수입은 좀 늘어날지 몰라도 사업비용 중 상당부분을 차지하는 금융비용 3년분이 고스란히 가산 될 테니 사업성은 뒷걸음칠 공산이 크다.

정비사업 구역 내 분양예정자산에 대한 평가는 크게 임대주택, 근린생활시설 그리고 조합원에게 분양할 공동주택에 대한 것으로 대별된다. 임대주택은 국토교통부에서 고시하는 건축비와 임대주택이 들어서는 대지부분의 가치를 합산하는 금액으로 지자체에 매각하게 돼 있어 평가의 재량이 발휘되는 영역은 아니다. 아파트 구역 내 입지하게 될 근린생활시설은 인근 신규 상가의 분양가를 기준으로 거래사례비교법으로 평가한다. 평가 관행이 문제되는 부분은 조합원에게 분양할 공동주택의 평가다. 집합건물을 거래사례비교법이 아닌 원가의 배분 형태로 처리하는 관행이 여전하기 때문이다.

현재까지의 관행은 이렇다. 먼저 정비 사업에 투여한 원가를 분석한다. 사업구역 내 기존 건축물과 토지는 이 사업을 위한 기회비용이므로 종전자산에 대한 평가액은 원가의 한 축을 차지한다. 여기에 새로 들어설 아파트(임대아파트 포함), 근린생활시설에 대한 도급공사비가 원가 주요항목이 되며 조합운영비와 용역수수료, 세입자에 대한 영업 손실 보상금등 역시 이 사업을 위해 지출한 비용이 된다. 관리 처분 계획 인가 시점이면 대부분의 비용 집행이 완료되므로 원가는 상당부분 확정비용이고 이 중 조합 청산 시까지 집행될 조합운영비 등 미미한 부분만 추후 집행될 예상 비용으로 볼 수 있다.

이렇게 원가에 대한 분석이 마쳐지면 이 원가총액이 정비 사업으로 벌어들일 분양예정자산에 대한 분양수입 총액이 된다고 간주한다. 이 중 임대주택 매각수입과 근린생활시설 평가액을 공제하면 잔여분은 조합원에 대한 공동주택 매각수입으로 충당한다는 설정이다. 이렇다보니 공동주택에 대한 총 원가가 결정되면 이를 공동주택 각 호에 배분하는 작업이 뒤따른다. 평형에 대한 선호도를 반영한 평형별 지수, 층과 호에 대한 효용을 담은 위치지수 등의 분석을 거쳐 공동주택에 배분될 원가를 각 호에 알맞게 뿌려주는 과정이다. 인근 시장에서 최근 분양되는 아파트의 거래가격을 분석해 거래사례비교법으로 평가하는 게 아니라 배분할 원가 총액을 적절하게 분배하는 작업을 평가서에 담고 있는 것이다.

주택재개발사업을 조합원들의 '자기들만의 잔치'로 규정한다면 이렇게 원가를 배분하는 작업이 마냥 이상한 것은 아니다. 어차피 조합원 간 재산의 변환과정에 필요한 감정평가라면 '공정하고 적절한 배분'이 평가의 주안점이 될 수 있다. 그러나 이 역시 하나의 '감정평가서'의 신분이라면 그 안에 담겨진 개개 자산에 대한 평가방법은 「감정평가에 관한 규칙」에서 정한 규정에 부합해야 한다. 동 규정 16조는 '감정평가업자는 「집합건물의 소유 및 관리에 관한 법률」

에 따른 구분소유권의 대상이 되는 건물부분과 그 대지사용권을 일괄하여 감정 평가하는 경우 등 제7조제2항에 따라 토지와 건물을 일괄하여 감정평가 할 때에는 거래사례비교법을 적용하여야 한다.'고 정하고 있으므로 조합원에게 공급될 공동주택을 달리 평가하는 것은 규정 위반의 소지가 크다.

따라서 조합원 간의 재산변환이라는 특수성과 공동주택에 대해 강제하는 평가방법을 조화시키기 위해 최소한 기준세대 만이라도 인근 정비사업 구역에서 분양계약 체결이 완료된 조합원 분양 아파트의 계약 사례를 하나의 거래사례로 포착하여 이와 비교하는 과정을 적시해야 한다. 기준세대 이외의 공동주택은 기준세대와의 효용 격차를 반영할 수 있는 효용지수에 대한 분석이 선행되는바 결국 전체를 거래사례비교법으로 평가했다고 볼 수 있기 때문이다. 과거 관행으로 치부해 별 문제 삼지 않았던 이런 부분은 외부 감독자의 눈에는 선명하게 드러난다. 지료를 적산법으로 평가하면서 토지에 대한 필요제경비를 별도 산정하지 않아왔던 관행을 지적한 감독기관의 목소리도 경청해야 한다. 관행과 규정이 충돌하는 이런 애매한 부분은 예외 없이 규정에 부합하도록 평가 관행을 부단히 손질해 나가야 할 것이다.

그들만의 잔치에서 소외된 이들, '청산자'

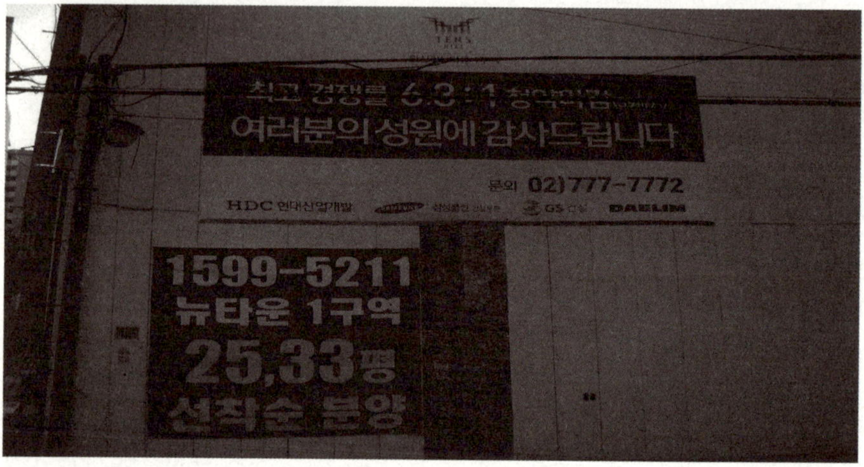

'그들만의 잔치'

주택재개발사업에서 조합원 자격이 없거나 분양대상자에서 배제된 이들은 잔치가 한창 벌어지는 와중에 자리를 정리해야 한다. 원래 갖고 있었던 재산에 대해서는 다만 얼마의 '현금'을 받고 툭툭 털어버려야 하는데, 이들 재산에 대한 평가를 '현금청산'평가라 부른다.

자진해서 분양을 안 받는 청산자도 있다. 깨끗한 새 아파트가 공짜로 생긴다는 말에 덥석 동의해 줬지만 분담금이 1~2억 원에 달한다는 소식에 이래저래 둘러봐도 돈 나올 구멍은 없어 분양신청을 철회한 이들이다. 이런 사람들은 이미 종전자산 평가를 받았으니 기존 평가했던 목록에 평가 대상이 추가되지만 않는다면 현금청산 평가 시 재산 가치가 크게 올라가지 않을 것이다.

현금청산을 하는 사정이 다양하지만 최고의 수혜자는 종전자산 평가 당시 재산 목록에는 빠졌다가 금번 평가에서 새롭게 추가되는 굵직한 부동산을 소유하고 있던 자들이다. 무허가로 지은 건물이 하나 있었다거나 위반건축물로 등재돼 이행강제금을 물면서까지 불법 증축한 건물을 유지하고 있는 경우가 대표적이다. 과연 이런 재산까지 평가에 포함시켜야 하나 의문이 들 수 있지만 현금청산평가금액으로 조합과 주민 간 협의가 이루어지지 않으면 강제로 조합 측에선 '수용'할 수 있는 권한이 생기니 「공익사업을 위한 토지 등의 취득 및 보상에 관한 법률」상 협의보상과 동일한 논리로 접근하는 것이 합리적이다. 물론 청산자는 강제적인 후속 절차가 있으니 협의 결렬에 대한 일말의 부담을 안고 테이블에 나서게 된다.

이렇다보니 현금 청산 전에 청산 대상 자산에 대한 실측을 진행한다. 실측 후에는 건축물대장에 있는 면적보다 적게는 몇 십 ㎡, 많게는 몇 백 ㎡ 면적이 늘어난다. 월세 좀 더 받으려고 구청 허락 없이 만든 옥탑방도 그 중에 포함될 것이다. '건폐율' 개념이 무색하게 토지에 꽉 들어찬 무허가건물은 무허가건물확인원에 기재된 면적으로 종전에 평가받았다가 청산 시에는 두 배 이상 늘어난 면적으로 평가받기도 한다. 그렇지만 평가금액은 많아야 수천만 원 증액되는데 그치는 경우가 다반사다.

예전에는 굳이 평가받지 않고 협의해서 현금청산을 진행하기도 했다. 굳이 청산단계까지 가지 않고 조합이 '이 정도 줄 수 있는데 넘기겠느냐' 의사를 타진해서 말 그대로 매매계약 형태로 취득하는 케이스다. 이런 경우는 개별주택가격이나 개별공시지가 등의 공시 지표를 활용해 몸값을 매기고 여기에 웃돈 몇 천만원을 얹어 주는 식이다. 과세를 위해 책정하는 몸값인 개별주택가격, 개별공시지가가 현 시세보다 낮다는 건 누구나 인지하고 있으니 이 웃돈은 공시가격의 현실화 정도를 고려해 시가와 공시가격의 차액 분 성격이 짙다.

재개발구역에서 공시가격을 이런 식으로 활용하기도 했으니 이런 학습효과 때문인지 요즘 재개발구역 주민은 너도나도 공시가격 올려 달라 아우성이다. 조합원들은 일단 공시가격이 올라야 종전자산 평가 금액도 늘어날 것이라는 막연한 기대를 하고, 현금청산자는 당장 챙길 수 있는 현금이 많아질 것이라는 근거 없는 확신을 가지고 있다. 그러나 헛된 기대다. 공시가격에 대한 이의신청 기간에 분명한 의도를 갖고 구청 담당자를 찾아 바득바득 우겨 다만 얼마라도 조정된다 치자. 그래봤자 청산금 산정과는 무관할 뿐이다.

분명한 건 현금 청산자에게 여러모로 정비 사업이 탐탁지 않다는 것. 이 익숙한 환경에서 등 떠밀려 나가는 모양새인데다 나갈 때 쥐어주는 돈도 타지에서 새로 이만한 집이나 상가를 얻는 금액에는 턱없이 부족하니 말이다. 현금청산평가도 감정평가 대원칙인 '현황평가의 원칙'[7]에 따라 신축건물 값이 아닌 노후화된 상태를 기준으로 가치를 책정한다는 점은 기억해야 한다.

7) 「감정평가에 관한 규칙」 제 6조. '감정평가는 기준시점에서의 대상물건의 이용 상황(불법적이거나 일시적인 이용은 제외한다)및 공법상 제한을 받는 상태를 기준으로 한다.' 이 원칙에 따르면 낡은 건물은 노후화된 정도를 고려하여 평가해야 한다.

여전히 미흡한 상가 세입자 휴업 보상

2009년 1월 용산 4구역 재개발사업구역에서 발생한 물리적 충돌이 빚은 인명 피해는 한동안 세간의 화제였다. 누구에게나 상가 세입자가 그런 형편없는 보상금을 받고 내몰린다는 사실이 놀라울 따름이었다. 냄비속성인지 몰라도 금방 데워진 '정당보상'에 대한 이런저런 요구는 '뭔가 세입자에게 더 챙겨줘야 한다.'로 정리되었다. 그런데 현실성 있는 대책을 고민하는 단계에 들어가니 생각보다 쉽지 않다는 걸 알게 되었다. 현 장소로 이전하느라 지급한 '권리금'을 보상하자니 법적 근거가 없고, 수 천만 원 쏟아 부은 인테리어는 그간 사업장 운영을 위한 시설비용이니 '보상대상 항목'에 집어넣는 게 불합리하며, 조합원 공급만으로 충분한 상가를 세입자 몫까지 확보하기는 현실적으로 어려웠기 때문이다. 물론 2014년 상반기 경제혁신 3개년 계획에 상가권리금 보호대책이 발표되면서 이에 대한 법제화 논의가 수면 위로 올라올듯하지만 보상 법률에 명시되기까지는 꽤 시일이 걸릴 것이다.

이것저것 따져보다 안 되니 당시 보상금 약간이라도 올려주자는 취지로 결론을 맺었는데, 이로 인해 휴업기간이 3개월에서 4개월로 늘어났다. 그럼 한 30% 보상금이 늘어날 것 같은데, 실은 3~4백만 원 증액되는데 그친다. 손실보상금 총액을 늘린 게 아니라 손실보상금 항목을 구성하는 휴업기간의 영업이익만 1개월 조정되다보니 대부분 영세 상가인 재개발사업구역에서는 한 달 영업이익이 3~4백 만 원 수준인 영업장이 대다수니 늘어나는 폭이 미미한 것이다. 문제는 이런 논의자체의 출발점을 잘못 잡은 것이다.

「도시 및 주거환경정비법」에서는 상가 세입자에 대한 영업 손실 보상금을 책정할 때 「공익사업을 위한 토지 등의 취득 및 보상에 관한 법률」의 규정을 준용하도록 하고 있다. 문제는 바로 '준용'하는데서 발생한다. 비슷한 걸 갖다 쓰려면 양자가 유사해야 하는데 세입자가 입는 손실의 양상은 일반적인 보상사업장과 이질적이기 때문이다.

대표적인 지역 상권을 형성하는 주택재개발사업지구는 말 그대로 '내수전용' 상권이다. 그 지역을 통과하는 유동인구가 전부 수요층이 아니라 거기 터 잡고 거주하는 주민들이 소비층을 형성한다는 것. 재개발사업은 1~2년 만에 끝나는 정비 사업이 아니다. 적게는 4~5년, 길게는 7~8년 걸린다. 사업이 성숙기에 접어들면 실 거주하지 않는 외지인들이 늘어나고 세입자들도 불안해 속속 전출한다. 시 외곽 농경지대 등을 개발하는 택지개발사업과 달리 보상금을 지급하기 전에 이미 배후지의 쇠퇴가 발생하고 서서히 매출감소로 인한 피해를 입고 있는 셈이다. 「공익사업을 위한 토지 등의 취득 및 보상에 관한 법률」은 당해 사업 때문에 사업장을 인근으로 이전하면서 휴업하는 기간 동안 발생하는 손실을 보상하자는 취지이지 보상 전에 특별한 손실이 발생하는 예외적인 상황은 염두에 두지 않은 것으로 보인다.

결국 주택재개발사업 구역 내의 상가 세입자 손실은 '시각'이 아닌 '시간'으로 접근해야 한다. 사업장을 이전할 그 시각이 기준이 아니라 이미 피해를 입고 있는 기간이 언제부터인지 파악해야 마땅하다. 관련 법률에 규정한 '이전에 따른 손실' 뿐만 아니라 실제 발생하는 '대기기간 손실'까지 고려해 줄 필요가 있다.

한 연구결과에 따르면 '대기기간 손실'은 휴업손실보상금의 30~40%에 이르는 것으로 나타났다. 재개발구역 내 상주인구의 감소로 인해 상권이 어느 정도 쇠퇴하는지에 대한 추가 연구를 진행하고 그 규모를 합리적으로 추산하여 기존 보상금에 포함시켜야 할 것이다. 정비사업 구역 내 영업 손실 보상에 있어 사업의 특수성이 반영되지 않은 일반론만으로는 논의의 한계가 있다는 점은 분명하지 않은가.

보상금 증감 청구소송, 증액 요구의 목소리

사인간의 재산에 대한 다툼은 민사법원이, 그 일방이 행정청 등인 경우 행정 법원이 맡는다. 「도시 및 주거환경 정비법」에서는 주택재개발사업, 도시환경정비사업 등에서 사업의 주체인 조합, 곧 조합원의 모임에 예외적으로 수용 권한을 부여해 준다. 수용권을 발동하기 전, 조합원 자격이 안 되거나 조합원이었다가 자발적으로 현금청산자가 된 이는 일단 조합과 협의의 절차를 거친다. 그러나 합의에 이르지 못하면 수용 대상으로 전락한다. 이 때 협의를 위한 감정평가, 수용재결에 따른 감정평가, 수용재결 금액을 다투는 이의재결 평가가 시차를 두고 이뤄진다. 그리고 맨 마지막은 법원에서 지정한 소송감정인을 통해 보상금 증감 청구 소송이 수행된다. 도시환경정비사업 등 정비사업 구역 내 현금 청산자의 재산에 대한 소송인 경우 이미 재결이 끝나고 보상금이 공탁된 후 건물 등은 철거해 버렸을 경우가 있다. 소송감정인은 재결 당시의 지장물 사진을 종전 평가사나 조합 측에서 제공받아 간접 현장 조사 절차를 거칠 수밖에 없다.

행정법원까지 법률 대리인을 통하지 않고 스스로 의견서를 작성해 소송을 청구하는 자립심 강한 이들도 있다. 이들은 복잡한 서면 대신에, 현장에서 소송감정인을 만나 자신의 입장을 구술하는 전략을 취한다. 말도 안 되는 억지주장을 담은 부풀려진 의견서를 읽는 것 보다 이렇게 대면해서 소박한 증액 주장을 접하는 게 수월하다. 행정법원에 접수되는 보상금 증감 청구 소송의 상당수는 법률 대리인의 부추김의 결과라고 볼 여지도 많다. 감정인이 소송 감정을 진행하기 전에 대략 판단한 증액 가능한 금액의 정도가 법률 대리인의 최소 수임료에도 못 미칠 것으로 보이기 때문이다. 협의평가나 재결평가가 모두 1천 만 원이라고 평가했다면 이미 3명의 독립된 감정평가사가 개입됐거늘, 앞선 이들이 터무니없이 부적정한 평가를 해서 소송감정인이 이를 바로잡는다고 5천 만 원이나 1억 원으로 평가액을 증액할 수 있는 가능성은 아예 없다고 보는 게 맞다. 필자는 늘 재량의 영역을 ±5%로 본다. 5% 높은 금액, 5% 낮은 금액이 이루는 10%의 재량의 범위는 충분히 시장에서도 허용되는 수치이지 않은가. 그 정도 가격의 출렁임은 거래 양태, 당사자의 사정에 따라 부동산 시장에 파열음을 내지 않는 잔잔한 물결이다.

소송 사건은 수용 또는 사용재결취소송의 타이틀을 달고 있지만 실질은 보상금의 현실화 요구다. 그러나 요구하는 보상금 현실화의 기준선은 시가가 아닌 주관적 호가에 머물 때가 태반이다. 의견서는 보상금을 올려 달라는 요구를 맨 마지막에 배치하고, 서두는 적법한 절차를 거친 것인지 확인해 달라는 요구로 시작한다. 증거 몇 호 이런 식으로 여러 자료들을 취합하고, 해당 평가와 관련된 법조문과 유사 판례, 국토교통부 및 법제처 등의 유권해석 중 끈이라도 닿을 법한 자료들은 죄다 실어 놓았다. 두꺼운 의견서를 보며 법률 대리인의 날카로움보다는 원고를 대리하는 변호사의 성실함을 나도 모르게 칭찬할 때도 있다. 증액을 외치는 목소리는 천차만별이다. 법률대리인의 감정평가에 대한 소양이 일취월장하고 있음이 체감될 때도 많다. 예전 같으면 인근 호가가 얼마에 형성된다는 주장, 호가가 얼마로 뛰었는데 보상금이 거기에 미치지 못한다는 주장을 해서 '본 사업 때문에 가격이 들썩인 것은 개발이익이므로 평가 금액에 포함시킬 수 없다'는 답변을 듣기 일쑤였다. 그런데 요즘은 본

사업에 의한 가격 상승분은 빼고 인근에 같이 개발하고 있는 다른 구역의 영향으로 인한 지가 상승은 포함시켜 달라는 합리적이고 타당한 요구를 하고 있다. 학습효과일 것이다.

감정평가사 입장에서 가장 곤혹스러울 때는 법률에 규정한 평가사의 재량의 영역을 무시하고 생떼 쓰듯 주장할 때다. 예컨대 토지를 공시지가기준법으로 평가할 때 종전 평가자가 법률이 정한 비교표준지 선정 기준에 따라 적정한 비교표준지를 선정하였음에도 굳이 비교가능성이 더 떨어지는 좀 비싼 다른 비교표준지를 소송감정을 할 때 선정해 줄 수 없는지 요구하는 목소리가 그렇다. 지인과 얼마에 계약하기로 했던 이력을 확인 받아 증거 몇 호로 제시하기도 하는데, 인근 시가의 2~30%정도 증액된 정도라면 충분히 그럴 수 있다 치지만 3~4배가 되는 금액을 적어 놓고 '이것 보라'는 식으로 나올 때도 그렇다. 물론, 고압선이 통과하는 땅, '선하지' 같은 경우는 관련 법률에서 정한 보상금 한도액이 있다 보니 평가하면서도 현실적인 보상이 이루어지지 않는 사실이 늘 안타깝다. 밀양송전탑 사태를 계기로 보상 규정이 개선된 것은 그나마 다행이지만, 지급 보상금과 실제 손실의 틈은 여전히 벌어져 있다.

행정법원 소송감정인으로 활동하면서 평가자 입장에서 가장 아쉬운 점은, 노고에 비해 수수료 규정이 턱 없이 비현실적이라는 것이다. 선하지 보상 금액은 수 억 원을 넘는 경우가 드물다. 애써 현장 조사하고 자료 긁어모아 일주일에서 열흘에 걸쳐 평가서를 써서 발송해 봤자 종량제에 따른 보수규정과 법원감정에 대한 일방적인 할인 규정이 적용되면 3~40만 원 수수료를 청구할 수밖에 없다. 소송 감정인 입장에서는 그 어떤 평가보다 세심한 주의를 기울여야 하니, 업무의 난이도 및 중요성에 비춰 수수료 규정도 현실적으로 손질할 필요가 있지 않을까 하는 개인적인 생각이다.

항상 그런 것은 아니지만, 협의보상부터 수용재결, 이의재결까지 평가액을 쭉 깔아놓으면 기울기가 1~2도 내외의 상승곡선을 그리고 있다. 감정인이 재량을 발휘할 수 있는 꼭짓점을 찾아 다만 얼마라도 증액될 소지가 있는지 피수용자 측의 입장에 서기 때문이 아닐까. 물론 그래도 재량의 범위를 일탈하는 것은 아니다. 극히 소수의 평가자가 의뢰자의 입김에 휘둘리고 수수료에 목숨 거는 정신없는 평가를 해 사회적 물의를 일으키지만, 일주일 넘게 평가에 임하면서 일당에 미치지 못하는 수 십 만원의 수수료를 받으며 갈등의 조정 현장을 성실하게 누비는 많은 소송감정인도 있다. 이들이 현실적인 수수료 부족분을 '갈등 조정 전문가'의 자부심으로 채우고 있으니 그나마 다행이다.

답 안 나오는 정비구역의 탈출기, '출구전략'

'출구전략'

2012년 들어 서울시가 정비 사업을 바라보는 키워드였다. 물론 현재도 그렇다. 정비 사업 지구를 공공이 관리하겠다는 것으로 공공관리 '시범지구'가 지정되어 시행중이다. 한 동안 너도나도 재개발, 재건축에 대한 환상으로 서둘러 정비구역 지정을 신청하고 사업에 뛰어들었다. 앞뒤 안 보고 대열에 합류했는데 알고 보니 별로 남는 게 없는 사업이었다. 서울시는 이제 찬찬히 이것저것 따져보고 예전으로 돌아가고 싶다는 주민 합의를 담아 오면 호리병 밖으로 내보내 준다고 공언했다.

이런저런 데이터가 쌓여 가면 예측을 할 수 있는 기반이 마련된다. 주식시장에서는 이를 '기술적 분석' 이라고 하는데, 과거 추세를 확인해 미래 주가 흐름을 예견해 보자는 것이다. 감정평가에서도 이미 '탁상감정'이 이루어지고 있다. 물론 최종 결과는 이와 다를 수 있지만 제반 자료를 검토해 볼 때 '이 정도 수준'은 될 것이라는 의견을 개진한다. 그런데 물건이 특수하지 않다면 탁상감정은 꽤 정밀한 편이다. 공시되는 자료, 실거래 자료, 과거 평가 자료 등 책상에서 확보할 수 있는 데이터가 많아지고 자료의 신빙성이 높아졌기 때문이다.

정비 사업에서도 탁상 감정이 진행된다. 이 결과는 출구전략을 뒷받침하는 중요한 논거 중 하나의 자료다. 출구전략 시행 이후 서울시에서 시행한 각 정비

사업 지구의 '사업성 분석'은 평가 법인에게 탁상 감정을 통해 각 정비 사업이 수익성 있는 사업인지 파악하도록 했다. 기존 토지, 건물 가격이 나오면 공동주택 분양수입과 건축공사비를 입력해 손쉽게 비례율이 얼마인지 정도는 추산해 낸다. 이 데이터를 조합원에 제공해 의사 결정을 하는데 참고하라는 것이다.

갈수록 공동주택 가격은 거품이 꺼지고 있다. 분양가가 치솟던 시절 분양가를 억누르려 도입한 '분양가상한제' 폐지 논의가 때 되면 반복해 등장하는 것은 그만큼 앞으로 거품 낀 분양가는 나올 가능성이 낮다는 데 모두들 인식을 같이 하고 있는 셈이다. 반면, 물가는 계속적으로 상승한다. 건축비도 예외는 아니니 정비사업 비용 중 대부분을 차지하는 건축공사비는 계속적으로 오를 듯싶다. 분양수입은 줄어들고 사업비용은 증가하니 탁상감정을 하기 전이라도 사업성은 그리 좋지 않을 것으로 예상할 수 있다.

감정평가는 재산 가치와 관련된 전문가적 판단을 제공한다. 정비사업과 관련해 앞서 수회에 걸쳐 소개한, 사업의 각 진행단계별로 어느 사업장에서나 이뤄지는 여러 목적의 감정평가는 내 재산이 정비사업 구역에 소재한다면 꼭 개략적인 이해 정도는 해 둬야 한다. 어디까지 평가하고 어떤 수준으로 금액이 책정되는지 알지 못하면, 아는 사람이 추천한 물건을 말도 안 되는 가격으로 사 들일 수 있는 우를 범할 수 있고 이제 동의서 써 줬으니 수 억 벌 것처럼 허황된 기대를 할 여지도 있다.

정비사업도 조합원에게 돈을 벌어주는 사업에서 쾌적한 공간으로 거주지를 탈바꿈시키는 사업으로 이미지가 변화될 것이다. 흉악범죄가 후미진 주택가에서 주로 일어나고 있고 삶의 질에 대한 욕구가 높아져 환경에 대한 가치를 높이 사는 요즘 추세라면 도시를 정비하는 일이 중단되지는 않을 것이고 각 단계별로 수행되는 감정평가 역시 지속될 것이다.

가로주택 정비사업, 구원투수로서의 가능성 -가로주택정비사업 주민설명회를 다녀와서

얼마 전 한 지자체에서 시범적으로 추진하고 있는 가로주택정비사업 주민설명회에 참석하게 되었다. 이 사업이 뉴타운 출구전략 또는 기존 재개발·재건축 사업의 대안 사업으로 잔뜩 기대를 모으고 있다는 얘긴 들었지만 현장 목소리는 접하지 못한 터라 시장 분위기를 느끼기엔 더없이 좋은 기회였다. 이미 2차례 설명회를 거쳤고 이번이 3번째란다. 참석자는 대부분 5~60대 어르신들로 40명쯤 돼 보였다. 첫 순서로 한 민간 개발업자가 공동사업자의 지위를 얻고 싶다는 의사를 피력하며 적극적인 마케팅을 펼쳤다. 뒤이어 그간의 진행을 도왔던 지자체 담당자와 주민 간 질의응답이 진행됐다. 1시간 30분 남짓 설명회에서 주민과 공공의 시각차는 뚜렷했다. 한 쪽은 더 이상 질질 끌지 말고 자력갱생을 도모할 때가 되지 않았냐는 답답함, 그 상대편은 당근을 더 제시하기 전에는 쉽사리 움직이지 않겠다는 불안감으로 정리할 수 있었다.

생각해보자. 불량한 주거환경, 소위 외벽에 금가고 금방이라도 빗물 떨어질 것 같은 낡은 저층 주택지를 개선하는 효과적인 방법을. 물론 헐고 새로 지으면 된다. 그러나 주택 빼고 달라지는 건 없다. 협소한 도로, 공원 하나 없는 삭막한 주거환경은 그대로다. 그래서 1만 제곱미터 이상을 재개발·재건축 정비사업구역으로 지정해 정비계획에 따라 체계적인 공동주택지대로 변모할 수 있게 해줬다. 그러나 해당 지역의 거주여건은 개선되었으나 광역적 측면에서 기반시설의 체계적인 개발이 도모되지 않았다. 광역적으로 보면 도로의 연계성, 공원의 합리적 배치에는 실패했다는 것이다. 그래서 다수의 정비사업구역을 묶어 광역 단위 뉴타운지구로 지정한 후 개발계획은 공공이 수립하고 그에 맞춰 개별 정비사업구역에서 민간이 사업을 추진할 수 있게 해 줬다. 서울시가 뉴타운 폭탄을 곳곳에 심어놓게 된 이력이다. 그런데 급작스레 부동산 시장이 고꾸라졌다. 특히 아파트 시장은 처참했다. 기존 재개발, 재건축사업구역, 뉴타운지구가 별 수 있겠는가. 한창 진행되던 사업은 기약 없이 지연되고, 몇몇 구역은 해제 요건이 완화된 틈을 놓치지 않고 서둘러 사업을 백지화했다. 사업을 잠시 보류하거나 철회했다고 능사가 아니다. 개발이 필요한 지역은 그대로이지 않은가. 그러니, 덩치를 줄이면서 어쨌든 개발을 해 나길 수 있는 방안이 필요했다. 국토교통부나 서울시가 가로주택정비 사업에 잔뜩 기대를 거는 이유가 바로 혼기를 놓친 이런 뉴타운, 정비 사업을 정리해 줄 구원투수로 보기 때문이다.

가로주택정비 사업이 지닌 장점을 열거하다 보면 정비사업의 만능열쇠처럼 보인다. 서울시 통계에 따르면 정비사업 평균 추진 기간이 대략 8년이라 한다. 그런데 이 사업은 길어야 3년을 넘지 않는다. 20호(세대)이상이면 구역지정 요건이 되고 기존 정비 사업에 있던 추진위구성 절차는 생략 가능하기 때문이다. 사업기간 단축은 비용절감으로 이어질 것이다. 게다가 기존 주택 가치에 따라 1가구 3주택까지 분양이 허용된다. 2013년 도정법 개정에 따라 기존 정비사업구역에서 1가구 2주택이 가능해졌지만 3주택이라면 1가구는 거주공간으로 2가구는 임대용으로 활용하면 노후 세대의 재테크로도 반섬이다. 노후 인대소득에 의지하는 어르신들의 불안감을 잠재우기에 충분하다. 소수의 조합원 환경에서 주민의견 대부분을 수렴할 수 있어 다양한 평형 구성도 문제없다. 이 뿐인가. 기부채납 조건 없이 건폐율, 건축물높이, 부대시설 및 복리시설 설치 기준이 완화되는 점, SH와 같은 공공 사업시행자를 맞이할 경우 기반시설, 임시수용시설 건설비용을 시에서 보조해 주는 점, 주택 소유자 세대 당 최대 수 억 원까지 저리로 대출이 가능한 점까지 더하면 확실한 우량주다.

그렇지만 지뢰 두어 개 쯤은 피할 수 없다. 우선 용도지역에 따른 층수 제한이 걸림돌이다. 1종 일반주거지역이면 4층, 용적률 150% 이하, 2종 일반주거지역일 경우에는 7층, 용적률 200% 이하로 설계해야 한다. 제한된 층수는 사업성에 물음표를 던진다. 그러나 가장 큰 문제는 90%의 동의율을 요구하는 조합설립요건이다. 단적으로 30세대로 구성된 구역에서 가구 소유자 1인은 연락이 되지 않는 외지인, 다른 1인은 거동이 불편한 노인이라면, 실질적인 반대 1~2세대면 사업은 첫 삽을 뜨지도 못한다. 한 전문가의 의견을 들으니 동의율 90%는 전원 찬성과 방불하단다. 첫 관문인 조합설립이 중간고사 없이 치르는 기말고사의 성격이라고나 할까. 그래서 주민들의 거듭된 요구는, 선행적으로 용적률과 층수 제한을 완화하고 조합설립을 위한 동의율 요건을 기존 90%에서 80%로 하향시키는 법 개정이었다. 그러나 전자는 기존 정비 사업에서 기부채납과 반대급부로 주어졌던 용적률 인센티브를 아무 대가 없이 주는 특혜로 인식될 수 있는 점, 후자는 동의하지 않는 조합원수가 늘어날수록 재건축과 동일하게 인정해 준 매도청구권 행사 대상이 늘면서 강제 수용 사업이라는 인상을 짙게 풍긴다는 부작용을 신경 쓰지 않을 수 없다. 다행인지, 조합 설립 동의율을 80%로 하향시키자는 주장은 법 개정까지 나아갔다.

그러나 필자에게는 진행주체의 비전문성이 가장 큰 장애요인으로 부각됐다. 주민설명회에서 의견을 피력한 주민 대부분은 연로한 터도 있지만 기존 재건축, 재개발사업과 이 사업의 성격·절차가 어떻게 다른지 파악하지 못했고, 대강의 분담금 규모도 추산하지 못했다. 공공이 아닌 민간 공동사업자를 맞아들이면 이리저리 휘둘릴 게 뻔하고, 정비사업 관리자를 선정하고 대행시키면 사업비 부담과 아울러 진행주체가 아닌 객체로 전락할 개연성을 피할 수 없지 않은가. 돈 안 푼 안 들이고 새 아파트로 갈아타보려는 잘못된 무임승차 욕구를 바로잡아주는 것도 무엇보다 시급하다. 기왕 이 사업을 뉴타운 및 정비사업의 출구전략으로 기대한다면, 조합설립에 동의한 주민과 지자체의 공동 부담 하에 최소한 사업성에 대한 감정평가기관의 개략 보고서라도 받아보는 보완책을 마련할 것을 제안한다. 층수가 어쩌니 동의율 요건이 어쩌니 해도 주민의 관심사는 오직 하나, 새 아파트로 갈아타는데 내 놔야 하는 쌈짓돈이다!

정비사업, 이젠 열려 있고 또한 닫혀 있다

방대한 수학의 영역 중 해석학, 대수학, 기하학의 주춧돌이라고 평가받는 '집합론'에서는 '열려 있다.' 혹은 '닫혀 있다.' 라는 표현이 등장한다. '정수 전체의 집합은 덧셈 연산에 대해 닫혀 있다.'는 식으로 서술되는 것을 볼 수 있다. 이를 쉽게 풀면 정수로 구성된 집합에서 임의의 두 정수를 빼내 더했을 때 그 결과물이 모 집단인 정수 집합의 어느 한 원소에 해당한다는 것이다.

불과 얼마 전까지도 우리 사회는 '닫혀 있는' 사회 그 자체였다. 정보 제공자 측에서 알아서 시의 적절하게 정보를 제공하는 경우는 거의 찾아 볼 수 없고 내놓으라고 호통 치거나 통사정할 때야 비로소 내 재산권과 관련된 정보를 가까스로 획득할 수 있었다. 정보를 접할 수 있는 열려 있는 창구도 드물었고 개인이 당당하게 정보제공을 요구하는 분위기도 아니었다. 이것저것 알면 시끄러워지고 귀찮아진다는 태만과 불성실이 공직사회나 행정청 전반에 깔려 있다고나 할까. 그런데 이제는 쉬쉬하고 마냥 덮고 넘어갈 수 없는 '열린사회'가 도래한 것이다.

요즘 이런 분위기가 감정평가업계에도 스며들고 있는 듯하다. 평가 결과를 둘러싼 이해관계인 간 법적 다툼이 이전에 비해 급속히 증가했다고 한다. 법적 다툼으로까지 가지 않더라도 평가 결과물이 도출된 근거를 요구하는 사실조회 요구서가 개인사무소와 평가법인에 무수히 통지되고 있는 점도 이런 분위기를 대변해 준다. 합리적인 근거 없이 평가하는 것이 어디 말이 되는가. 정상적으로 감정평가를 수행했다면 근거 자료가 분명 존재했을 것이고 평가 시점 이후 상당한 시간이 경과했더라도 사실조회요구서에서 요청한 사항을 문서로 답변 못할 이유가 없다. 감정평가영역도 과거 닫혀 있던 사회에서 열린사회로 떠밀려 이행되고 있는 건 분명하다.

정비사업 구역 내 조합원 재산에 대한 평가 결과도 예외 없이 이해관계인인 조합원에게 터놓고 공개하도록 되어 있다. 그런데 이전과 달라진 점이 분명 있다. 대략의 추정치에 대한 정보가 사업 추진여부를 결정하기 한참 전에 통지되는 점이다. 사업시행인가고시가 지나고 관리처분 전 뒤늦게 종전자산 결과를 통지하고 조합원에게 이도저도 못하는 상황을 만든 후 '루비콘 강을 건넜다.'는 식으로 은근슬쩍 사업을 속개시켰던 과거의 추태를 생각하면 분명 진일보한 형국이다. 그러나 매를 먼저 맞는 것이 낫다는 것과 아울러 결과에 실망감을 느끼는 시점도 앞당겨졌다는 점 역시 인정해야 한다.

최근 한 기사에 추가 분담금 폭탄을 받은 뉴타운 구역 내 한 조합원의 사연이 소개됐다. 실태조사를 실시했는데 수 년 전 2억 8천 만 원을 주고 구입한 단독주택의 평가액이 구입한 금액보다 1억 천 만 원이나 적은 1억 7천 만 원에 통보된 것이다. 물론 구입 가격에 거품이 끼여 있었던 것으로 보인다. 비싸게 사 놓고 왜 평가 결과가 이에 미치지 못하는지 주장하는 건 의미가 없을 수 있다. 그러나 구입할 당시 적정 시가로 구입한 조합원도 불과 수 년 사이에 몇 천 만 원 자산 가치가 하락했을 가능성도 농후하다. 이런 사업성 없는 정비사업구역에서는 누구도 일말의 손실을 피할 수 없을 것이다. 손실의 정도는 차이가 나겠지만 말이다.

정보가 시의 적절히 제공되게 되었으니 공은 조합원 몫으로 넘어가게 되었다. 도저히 상상할 수 없는 감정평가금액이라고 목소리 높인다고 능사가 아니다. 누구를 위한 뉴타운 사업인지 이해할 수 없다는 아우성은 무책임한 표현일 수 있다. 사업성이 없으면 안 하면 그만인 것이다. 그래도 시공사 부추기는 대로 쉬쉬하고 사업시행인가까지 달음질했다가 퇴로가 험해진 것보다는 낫지 않은가 말이다.

정비사업 구역 내 조합원을 위한 한 가지 제언이 있다. 정비 사업은 철저히 참여자에게 '닫혀 있는' 구조로 진행된다는 점이다. 사업성이 안 좋으면 조합원 모두가 분담금을 더 주고 입주해야 한다. 조합원 간 손실과 이득의 상대적인 격차는 있겠으나 전체적인 사업성의 여파는 개별 조합원 모두에게 미친다. 그러니, 정보는 열려 있고 결과는 닫혀 있는 사업에 참여하고 있음을 주지해야 할 것이다. 조합원의 선택의 결과가 조합원에게 고스란히 돌아오는 정비사업의 성격은 예전이나 지금이나 동일하다.

리모델링과 감정평가

코흘리개 시절 황당한 거짓말을 늘어놓는 친구가 있었다. 한 나절 만에 미국 땅에 갔다 오는 특수 부대 출신이 대단한 삼촌을 두고 있다는 아이였는데 자기한테 함부로 해서는 안 된다고 노상 으름장을 놓았다. 터무니없는 거짓말이겠거니 생각하면서도 혹시나 하고 고민돼서 미간을 찌푸리는 또래 친구들에게 걱정 말라고 다독이는 나 역시 '진짜일까' 긴가민가했었다. 현재 우리는 기술의 발달로 과거의 상상을 현실화시켜 주고 미처 생각지도 못했던 일을 가능케 해 주는 시대에 살고 있다. 누가 부모로부터 타고난 얼굴을 더 예쁘고 갸름하게 바꿀 수 있다고 생각했을까. 시술이니 성형이니, 동일한 내용을 수술의 경중을 따져 다르게 보고 싶어 하는 연예인이 다반사 인 게 작금의 현실이니 맘과 돈만 갖춰지면 외모를 '손보는' 일은 일도 아닌 게 돼 버렸다.

2012년 주택법 시행령이 개정되면서 세대수가 증가되는 '리모델링'이 허용되었다. '오래된 아파트나 연립 주택을 기존의 골조는 그대로 두고 새롭게 고치는 일'을 뜻하는 리모델링이 그간 공동주택 재건축 방식에서 찬밥 신세였던 건 층수를 높이는 수직 증축을 제한하고 수평 증축만 허용했기 때문이다. 물론 별동 증축도 가능했지만 대지 여유분을 갖고 있는 아파트 단지 사업장은 제한적이었다. 생각 같아선 전부 헐고 더 높게 지어서 세대수를 늘리는 재건축이 최상이지만 요즘 같은 불황기엔 일반 분양분을 해소하기조차 버겁다. 분당·평촌·일

산 등 1기 신도시와 서울 내 고층 주거지는 대부분 20층 이상의 노후 아파트 단지가 밀집돼 있어 재건축 비용을 감당할 만한 추가 용적률 확보도 여의치 않았다. 그러니 기존 세대수의 1/10 이내로 세대수를 증가시킬 수 있는 수직 증축을 겸한 리모델링은 이래저래 맞춤형 정비 방식이 될 수밖에 없다.

세대수가 증가되는 리모델링을 하는 경우 기존 주택의 권리변동과 비용 분담 등에 대한 사항에서 조합원의 이해관계가 충돌할 수 있다. 전체 사업비가 정해져 있을 때 특정 세대가 특혜를 얻어 비용을 덜 부담하면 그 몫은 나를 포함한 나머지 조합원에게 1/n로 전가되기 때문이다. 대지 및 건축물의 권리 변동 명세를 작성하거나 조합원의 비용분담금액을 산정하는 경우 리모델링 전후의 재산 또는 권리에 대해 감정평가업자가 평가한 금액을 기준으로 할 수 있도록 관련법을 개정한 것은 누군가 중재자의 입장에서 판단해 달라는 의미가 크다고 이해할 수 있다. 리모델링 전체비용을 1/n로 부담하게 한다면 굳이 감정평가가 불필요할 것이다. 그러나 각 세대의 연면적이 동일하게 증가하는 리모델링이라도 리모델링 이후 각 세대의 자산 가치 상승 정도는 다를 수 있다는 점을 기억해야 한다. 현 부동산 개발시장에서 세대수 증가 리모델링 사업이 분명 매력적인 사업임에는 틀림없으니 감정평가 시장이 이로 인해 활성화될 것이라 기대하는 분위기가 감지되는 것은 이 업계에 몸담고 있는 필자로서도 반가운 일이다.

한때 정치판에서 확 다 바꿔버리자는 '갈이' 화법이 유행한 적이 있다. 처음에는 정치판을 오염시키는 부적격 인물을 싹 교체하자는 '물갈이'에서 시작해 물만 갈아서는 녹슨 욕탕에서 나오는 불순물로 또 오염되는 건 시간문제라며 삼겹살을 구워먹는 돌판을 갈아야 한다고 해 '판갈이' 주장까지 나왔다. 분명 비용 절감 측면에서 철거를 동반한 재건축 방식보다 일부 수직증축이 허용되는 리모델링 방식의 재건축이 조합원에게 유리한 건 당연하다. 그러나 세대수 증가 효과로 2~30% 정도 공사비가 절감되는 효과에 만족해야 할 것이다. 비용 아낄 심산으로 충분한 리모델링이 이루어지지 않으면 낡은 여인숙 간판을 새로 바꾸는 것에 불과할 수 있다. 모텔도 7~8년 주기로 객실 중심의 리모델링을 해야만 단골고객이 확보되지 그렇지 않으면 뜨내기 고객만 찾을 뿐이다. 세수하는 정도로 여기고 비용절감만 노릴 것이 아니라 전신 목욕하는 것처럼 내구성에 주안점을 두고 비용 들여 든든히 공사해야 할 것이다. 적어도 사회적 이슈로 부각됐던 층간 소음 문제의 우려를 불식시킬 정도는 돼야 한다.

안면을 다듬는 사람이 괜히 강남 성형외과를 찾는 게 아니다. 비용 들인 만큼 건질 게 있으니 지갑 열기를 주저하지 않는 것이다.

도시재생활성화, 핵심 키워드

제조업체는 손실을 보면서도 생산라인을 멈추지 못할 때가 종종 있다. 기껏 만들어봐야 원가도 건지지 못하지만 조업을 중단하면 더 큰 손실을 피할 수 없을 때다. 최소한 제품의 판매수입으로 고정적 비용 일부라도 충당할 수 있으면 사업체 청산을 고려하지 않는 이상 눈물을 머금고 라인을 돌리게 된다. 이보다 더 안타까운 상황이 우리 주변 곳곳에서 벌어지기도 한다. 열악한 주거환경에서 탈피해 쾌적한 새 아파트에 산다는 꿈에 부풀어 재개발사업에 출자했는데 아파트에 입주할 시기가 될수록 투자한 원금이 줄어든 상황. 여건이 여의치 않으면 생산라인이야 멈추면 되지만, 살던 집은 이미 철거해 한 무더기의 폐기물로 전락해 버려 유턴은 엄두조차 못 낸다. 지도상에 빨간 점선으로 테두리를 두른 뉴타운, 재정비촉진지구, 정비사업 구역에서 여전히 벌어지는 일이다.

2013년 10월 1일 건설회관에서 한국감정평가협회와 한국부동산연구원이 공동으로 주최하는 '도시재생 활성화를 위한 감정평가사의 역할'이라는 주제의 세미나가 열렸다. 그 해 6월 '도시재생 활성화 및 지원에 관한 특별법' 제정 이후 변화되는 도시재생사업을 활성화시키고 이에 따른 감정평가사의 역할을 돌아보자는 논의였다. 3개의 주제 발표 중 '주거정비사업의 문제점과 감정평가업계 기여방안', '공동주택 리모델링(remodeling)활성화를 위한 감정평가업계 참여방안'으로 발표된 2, 3주제는 많은 감정평가사들이 정비 사업을 해 오면서 꾸준히 고민해 왔던 순도 높은 핵심 테마였다. 주제 발표를 다 들어보니 도시재생활성화를 위해 감정평가사가 새로이 기여할 방향을 찾아야 된다기보다 원활한 정비 사업을 위해 개선해야 할 대목을 감정평가사 입장에서 조목조목 짚어주는 느낌이었다. 이들 발제의 내용은 현 시점까지 유통기간을 넘지 않아 소개할 필요성이 있다.

'주거정비사업의 문제점과 감정평가업계 기여방안' 주제발표에서는 국공유지평가와 종전자산 평가의 불균형 문제가 제기됐다. 사업구역 내에는 정비된 도로, 골목길 도로가 산재한다. 정비된 도로는 도시계획시설도로로 국가나 지자체 소유이고 골목길 도로는 사유지로 골목 안 주택지로 진입하는 틈새 길로 대개 이용된다. 형평성에 대한 질나는 양자의 몸값이 크게 달라진다는 것이다. 전자는 도로로서의 용도가 폐지되는 것을 전제로 매각 평가액을 정하고 후자는 현황대로 평가한다. 용도폐지 전제라 함은 '도로'의 신분을 '주거용 나지'[8]로 승격시켜 대우한다는 것이다. 반면 개인 소유의 도로는 이런 혜택을 부여받지 못한다. 토지의 소유권 주체에 따라 동일 물건에 대한 몸값을 달리 평가하도록 하는 규정이 온당하지 않을뿐더러 몸값 격차가 작게는 2배, 많게는 3배 가까이 벌어지는 점을 설명할 논리적 근거가 박약하다. 누차 지적받아 온 문제지만 법률 개정 없이는 해결이 요원하니 안타까울 뿐이다.

'공동주택 리모델링 활성화를 위한 감정평가업계 참여방안' 주제발표는 수직증축 리모델링을 진행할 때 합리적인 분담금 산정 방법을 다뤘다. 기존 리모델링 사업에서는 전체 사업비용을 늘어나는 연면적에 비례해 각 세대별로 분담시켰다. 그러나 각 세대별로 단위면적당 가치가 달라 단순히 면적을 기준으로 분담금을 배분하는 것이 불합리할 수 있다. 단적으로 같은 동 101호와 501호의 바닥 면적이 리모델링으로 각가 10㎡ 증가하면 같은 분담금을 내게 되지만 리모델링 전후의 가치 상승분은 차이난다. 공동주택은 층별, 위치별로 단

8) 그 토지에 건축물이 없거나, 일시적으로 타 용도로 이용되고 있으나 주변의 토지이용상황이 주택지대로서 가까운 장래에 주택용지로 이용, 개발될 가능성이 높은 토지

가 격차가 발생하기 때문이다. 이런 폐단을 해소하기 위해 감정평가를 통해 각 세대별로 리모델링 전, 후의 가치를 평가하고 '리모델링 후 가치/(리모델링 전 가치+분담금)'이 동일하도록 분담금을 배분하는 방안이 소개된 것이다. 산식은 각 세대별 투자수익률을 균등하게 맞춰 실질적인 수익-비용의 대응이 이뤄지도록 설계되었다. 재건축 대안 중 하나인 수직증축 리모델링이 활성화 될 경우 즉시 적용할 만한 좋은 아이디어다.

10년 간 작은 성가대의 지휘를 맡으면서 소리를 조율하고 음색을 맞추는 일이 결코 쉽지 않다는 걸 실감했다. 하물며 여러 이해당사자가 개입되는 도시재생사업이야말로 얽히고설킨 이해관계의 실타래를 큰 갈등 없이 풀어내는 일이 얼마나 어렵겠는가. 그 중심에는 비용분담과 편익분배의 형평성 문제가 자리 잡고 있다. 감정평가사는 4성부 곡의 베이스 혹은 알토와 같은 역할을 잘 감당해야 한다. 안정감을 주는 베이스파트와 화성의 유려함을 느끼게 해 주는 알토파트는 전면에 등장하는 화려한 소프라노와 테너를 빛나게 해 주는 은은한 위치를 점하고 있어 매력적이다. 갈등의 조정자 내지 예방자의 호칭은 감정평가사에게 이 사회가 주는 최고 영예가 아니겠는가!

CH. 5 실생활 속 감정평가 이모저모

- 분양가 상한제 제대로 알자
- 기업 자산의 공정가치 평가는 이런 내용이다
- 감정평가, 시장분석이 선행된다
- 뜨거운 감자, 비오톱
- 산림의 몸값이 형성되는 경로 탐색
- 불용품, 감정평가를 통해 처분된다
- 영업권의 실체와 가치추계
- 자산의 생명줄 길이,'내용연수'
- 임대료, 소유와 이용의 절묘한 접점
- 임대사례조사, 투자의 기초를 제공한다
- 자투리 몸값, 상황에 따라 천양지차다
- NPL매각, 채권자와 투자자의 교집합
- 감정평가에서의 '포함' 과 '배제' 의 문제
- 감정평가 확장 분야, 사전 타당성 검토
- 통계와 감정평가
- 빅데이터 시대, 감정평가의 자리매김
- 감정평가 규범 체계
- 실무기준해설서, 세부 가이드라인을 제시하다

분양가 상한제 제대로 알자

강산이 변하는데 10년이 걸리기도 하지만 한 분야를 우직하게 판 사람이 전문가의 반열에 오르는 최소기간도 그 언저리인 듯싶다. 문민정부 시절 해외순방을 나녀온 대통령이 '세계화'의 화두를 던졌을 때 경쟁의 무대를 국내에서 세계로 확장하라는 취지로 듣긴 했지만 아직 한창 전공 공부에 매진하고 있던 공학도에겐 적잖은 부담이었다. 글로벌화가 급속히 진행된다면 아직 일류(一流)의 반열에 오르지 못한 평범한 공학자는 살아남지 못할 것 같은 불안감이 그 원인이 아니었을까 짐작해 본다. 독보적인 1등이 분명 필요하지만 전문가의 대열에 합류한 수많은 2인자도 역량을 발휘하며 살아갈 수 있는 세상인 걸 강산이 2번 가까이 변한 지금에야 알게 되었으니 20년 전의 고민은 기우로 결론 났다.

2013년 한 일간지에서 당시 4.1부동산대책의 국회 표류 상황을 소개하며 분양가 상한제를 탄력적으로 운용하려던 정부 시책의 4월 임시국회 처리가 야당 반발로 무산됐다고 언급했다. 여전히 많은 사람이 '분양가상한제'를 분양 시장 뿐 아니라 부동산 시장 전체를 옥죄는 요소로 인식하고 있는 것 같다. 이미 부동산 거품이 꺼졌고 과거와 같은 고분양가 시대가 도래 할 개연성은 낮으니 부동산 규제의 빗장을 여는 전시효과로 분양가상한제 폐지카드를 활용하자는 의견도 적지 않다. 더 나아가 분양가상한제 무용론도 여기저기 고개를 든다. 그러나 한 가지는 짚고 넘어가자. 도대체 어떤 근거로 분양가상한제하의 분양가격이 헐값이라고 말할수 있는가!

「주택법」 38조와 「공동주택 분양가격의 산정 등에 관한 규칙」 7조를 종합하면 분양가상한제를 적용받는 공동주택의 분양가는 국토교통부장관이 고시하는 건축비와 건축비 가산비용 그리고 택지비 평가금액을 합산하여 결정된다. 건축비, 가산비, 택지비 모두 사업자 측에서 조정할 수 없는 항목이다 보니 표면상 맘껏 분양가를 책정할 수 없는 외길 수순으로 보인다. 그러나 사업자 측이 손 댈 수 없는 항목이라고 해서 이렇게 결정된 분양가가 사업자의 정상 이윤도 확보하지 못하는 저렴한 원가수준이라고 말할 수 없다. 필자도 수차례 택지비 평가를 담당했기에 택지비 평가금액이 단순한 토지 원가 수준을 넘어선다고 자신 있게 말할 수 있기 때문이다.

택지비를 결정하고 나면 분양가가 순차적으로 결정되는 수순을 밟고 있는 것처럼 보이지만 실은 공급 가능한 분양가격으로부터 역산해 택지비 평가액이 결정되고 있다. 건축비가 외생적인 고정변수라면 분양가와 택지비는 연동되고 있는 셈이다. 가산비용이 별도로 없다고 전제한다면 건축비가 2억 원인 경우, 5억 원에 분양 가능한 공동주택의 택지비는 3억 원이 되고 6억 원에 분양 가능하다면 4억 원으로 몸값이 올라간다. 공동주택도 고가의 제품이라고 본다면 제품의 매각 가능한 가격 수준에 따라 원 재료비에 해당하는 택지의 매입비용이 달라지는 건 당연하다. 채소가격이 급등하면 모종 값이 덩달아 오르는 게 이치 아니겠는가!

물론 분양가상한제가 폐지된다고 해서 당장 시장에 공급되는 공동주택 분양가가 치솟을 가능성은 희박하다. 그러니 분양가상한제 폐지가 당장 어렵다면 제도 자체를 탄력적으로 운용하자는 의견도 경청해 볼 만하다. 그렇지만 공동주택에 대해서만 굳이 분양가를 이런 식으로 억누르는 제도를 도입한 취지를 십분 이해할 필요가 있다. 지금이야 아파트 분양시장이 냉랭하나 계속적인 공급 축소로 수요가 공급을 초과하면 또다시 분양시장은 달궈질 수 있다. 그 때 되면 간만에 불어 닥친 부동산 시장의 훈풍을 막지 말자고 너도나도 분양가 규제에 반대할 게 뻔하다. 무수한 부작용을 남겼던 부동산 폭등과 폭락의 연쇄 과정에 탐욕스런 공동주택 사업자의 고가분양가 책정 전략도 한 몫 했다면 지나친 억측일까! 과거를 타산지석 삼는 지혜가 필요하다.

백번 양보한다 해도 분양가상한제하에서의 분양가가 사업자의 정상 이윤 획득마저 원천봉쇄하는 천형(天刑)이 아님은 분명하다.

기업 자산의 공정가치 평가는 이런 내용이다

2007년 말 국제회계기준에 맞춰 한국채택국제회계기준 일명 'K-IFRS'가 도입되었다. 2년간 유예기간을 두어 기업이 기존 회계기준과 선택적으로 적용할 수 있도록 했고 2011년부터는 모든 상장기업에 의무적 도입을 강제했다. 새로운 회계기준의 도입으로 연결재무제표 공시의 의무화, 유형자산 등의 공정가치 평가 등 투자자에게 정확한 재무 정보를 제공하는 효과를 낳을 것으로 기대됐다.

새로운 회계기준 하에서 기업은 보유하고 있는 유형자산과 투자부동산[9]에 대해 원가모형 또는 재평가모형을 선택적으로 적용해 회계처리 할 수 있다. 전자는 자산을 최초로 인식한 이후에 원가에서 감가상각 누계와 손상차손 누계를 차감한 금액으로 기록하는 방법이고, 후자는 공정 가치를 신뢰성 있게 측정할 수 있는 경우 재평가일의 공정 가치에서 이후의 감가상각과 손상차손

9) 임대수익이나 시세차익 또는 두 가지 모두를 얻기 위해 소유자나 금융리스의 이용자가 보유하고 있는 부동산

누계를 차감한 재평가금액으로 기록하도록 하고 있다.

적확한 재무 정보를 제공하자는 취지에서는 재평가모형을 선택하는 것이 훨씬 설득력이 높다. 대표적 비상각자산인 토지는 평가시점에 따라 가치를 달리한다. 토지의 물리적 위치는 달라지지 않으나 경제적 환경은 계속적으로 변화되면서 취득 시점 이후 가치가 출렁이기 때문이다. 건물, 기계와 같은 상각자산 또한 매년 가치가 동일하게 하락하는 것으로 보고 감가상각방법으로 정액법을 적용하고 있지만, 평가 시점 현재 가치는 설비상태, 가동능력에 따라 기존 장부에서 적용하고 있는 정액적 상각과 다른 가치하락 패턴을 보일 수 있다. 물론 평가 시점 현재의 취득가격도 원 취득가격과 괴리가 발생할 가능성이 높다.

재평가모형 도입을 할 경우 정확한 자산 가치 인식 외에도 재평가 차익 발생 시 기업의 재무구조가 개선되는 효과와 이로 인한 기업이미지 개선, 자본 조달 및 차입 시 유리한 금리 적용 등의 부수적 효과를 챙길 수 있다. 특히 투자부동산에 대한 재평가 차익은 당기손익에 반영하도록 하고 있어 영업이익 개선 효과를 볼 수 있으니 단기적으로 재무 상황을 개선해 보려는 기업 입장에서는 재평가 모형 적용은 훨씬 매력적인 카드가 될 수 있다.

유형 자산에 대한 재평가모형을 도입할 경우 해당 자산이 포함되는 유형 자산 분류 전체를 재평가해야 한다. 토지에 대한 재평가를 결정한 이상 재평가차익이 기대되는 서울 본사 부지만 평가하고 지방 연수원 부지를 제외할 수 없고 기업이 보유하고 있는 모든 토지에 대해 재평가를 진행해야 한다. 유형 자산 분류 내에서 선별적으로 재평가를 하게 되면 자산 가치가 오히려 왜곡되는 현상을 빚을 수 있기 때문이다.

자산에 대한 재평가를 할 때 기준가치는 '공정가치'다. 공정가치의 정의는 '합리적인 판단력과 거래의사가 있는 독립된 당사자 사이에서 자산이 교환될 수 있는 금액'으로 시장이 형성되어 있는 경우 시장 증거 자료를 통해, 상각자산과 같이 시장 형성이 되어 있지 않은 경우 회계처리에서의 '상각후대체원가법'과 유사한 원가법으로 평가할 수 있다. 유형 자산에 대한 공정가치의 평가주체는 감정평가사이며 이들은 법률에서 정한 거래사례비교법, 원가법, 수익환원법을 활용하여 가치추계절차를 밟는다.

감정평가, 시장분석이 선행된다

무주택자가 전세계약이 만료될 때마다 이삿짐을 싸야 하는 번거로움에 지쳐 내처 결단하게 되면 주택을 구입하기에 이른다. 필자가 지금의 아파트를 사게 된 것도 이곳저곳 옮겨 다녀야 하는 귀찮음을 더 이상 감수하기 싫었기 때문이다. 하필 구입하게 된 시점이 아파트 가격이 꼭짓점에 있었을 때인 건 운이 없었다고 해야 할까. 집값 오르는 건 애당초 포기했고, 구입한 가격에서 한참 미끄러지지만 않은 걸 감사하고 있다. 그래도 급여 소득자가 몇 년 모아야 할 돈을 주택 소유자가 되자마자 1년 내에 까먹었으니 떠돌이 생활을 청산하면서 치른 대가치고는 값비싸다. 더구나 직장 관계로 지금은 세를 주고 다시 세입자의 처지가 됐으니 별반 처지가 나아졌다고 볼 수도 없을 것이다.

2007년 아파트를 구입했을 때 주택지치고는 주변이 꽤 어수선했다. 노변으로 소규모의 자동차관련시설이 수 개 들어서 있었고 공터도 꽤 됐다. 주위환경을 감정평가보고서에 기재했다면 '아파트 등 공동주택, 소규모 공업용 부동산, 근린생활시설 등이 혼재하는 미성숙 주거지대' 정도랄까. 그러던 것이 2010년을 전후해 확 탈바꿈했다. 이곳저곳에서 도시형생활주택 신축공사가 왕성했다. 아파트 옆으로 처음 들어선 도시형생활주택이 성황리에 분양되고 임대수익률이 시장 이자율의 2배를 훌쩍 넘어선다는 소식에 개발업자들이 속속 가세했다. 2013년까지 10여 개 동이 완공됐고 준공이 임박한 5개 동, 터파기중인

5~6개 사업장을 합치면 채 500미터도 안 되는 거리 양편으로 스무 개 가까운 도시형생활주택이 입지하게 된 것이다. 4년이 지난 지금 이 곳 부동산을 평가할 일이 생긴다면 주위환경을 적는 란에는 분명 '아파트, 도시형생활주택 등 공동주택, 일부 근린생활시설이 혼재하는 성숙한 주거지대'로 기재해야 할 것이다.

어떤 부동산을 평가하기 위해서는 그 부동산이 몸담고 있는 시장을 먼저 분석해야 한다. 현재 이 지역은 어떤 유형의 부동산이 주를 이루고 있는지 현황분석에서부터 전반적인 부동산 경기의 동향, 장래 특정한 부동산이 공급될 경우 어느 정도 기간에 걸쳐 분양이 완료될지에 대한 분석까지를 포함한다. 본 아파트가 위치하고 있던 지역은 여의도의 인접권역으로 통근자 주거지대로 발돋움할 수 있는 입지적 장점을 갖고 있었다. 그러던 것이 미혼 금융종사자를 위한 맞춤형 거주유형인 도시형생활주택과 궁합이 맞은 것이다. 물론 「국토의 계획 및 이용에 관한 법률」이 때맞춰 개정돼 이런 개발붐의 가속화에 일조했다. 개정된 법률은 한 필지가 두 개 용도지역에 걸친 경우 기존에 주된 용도지역을 기준으로 용적률과 건폐율 등을 적용하던 것을 용도지역 면적별로 가중

평균 하도록 했다. 이 지역은 일반상업지역과 제3종일반주거지역에 걸쳐 있었는데, 개정 법률이 시행되기 전에 착공이 이뤄질 경우 전체를 일반상업지역에 해당하는 용적률을 적용받게 돼 개정법률 시행 후 착공하는 것과 비교해 최소한 건축규모를 두 배 늘릴 수 있었다.

얼마 전 서울시가 도시형생활주택 500호를 매입해 임대주택으로 활용한다고 발표했다. 시장에 적체되는 미분양 도시형생활주택이 급증하면서 나온 대책으로 보여, 도시형생활주택이 전반적으로 과잉공급 돼 있는 시장상황이라고 단정해 볼 수 있지 않을까. 한 때 도시형생활주택의 분양단가는 인접한 아파트와 비교해 1.5배 가까이 높았다. 잔금 대출을 위해 감정평가를 받을 때도 실제 이런 높은 수준에 평가가 이루어졌다. 그러나 포화상태가 되고 공급 과잉 상황까지 치닫게 되면서 감정평가 단가도 이에 맞춰 하락했다. 기존과 같은 높은 수준의 분양사례와 매매사례를 포착할 수 없기 때문이다. 현재 터파기 중인 사업장이 완공돼 잔금 대출을 위해 감정평가를 받는다면 불과 2년 만에 옆 동에 비해 3~40% 낮은 가격을 통보받게 될 것이다. 가끔 미분양 아파트 단지의 통 매각 평가가 의뢰된다. 확인해 보면 대형 평형으로만 구성된 단지인데, 부동산 포털 매물 란을 검색하면 원 분양가보다 한참 낮은 급매물로 나온 세대가 한 둘이 아니다. 미분양 아파트의 감정평가금액은 계약이 완료된 급매물 가격이 상한이 될 것으로 예상해 볼 수 있다.

이처럼 시장분석은 부동산의 가치에 영향을 미치는 시장상황을 속속들이 해부해 보는 것이다. 물건은 동일한데 시기에 따라 평가금액이 달라지는 이유도 여기에 있다. 한참 지난 일이지만 검찰의 전 방위 수사에 압박을 느껴 압류당한 재산을 포기하고 모자라는 추징금은 자진 납부하겠다는, 고약한 체납자 측의 입장 발표가 있었다. 조세정의에 대한 리포트가 이어지면서 일부 금액이 덜 걷힐 수 있다는 우려의 목소리가 실렸다. 적절한 지적이다. 현재 추정한 재산 가치와 공매 절차를 통해 환수할 시점의 매각 금액은 큰 차이를 보일 수 있다. 부동산 시장은 변모를 거듭할 것이고 몸값은 시시각각 출렁이기 때문이다. 감정평가를 함에 있어 시장분석을 선행하는 이유가 여기에 있다.

뜨거운 감자, 비오톱

2007년은 감정평가사 2차 시험을 치른 해였다. 시험 종료 벨이 울린 후 주섬주섬 짐을 챙기던 같은 시험장 동료 수험생 대부분이 '올해 시험은 평이했다.'고 안도하는 기색이 역력했다. 꼼꼼히 푼다고 답안을 다 채우지 못했으니 한참 합격권에서 멀어졌을 게 뻔했다. 다음을 기약하자고 스스로 다독이며 맘을 비우기로 했다. 연말에 합격자 명단을 확인하고 나서는 일하지 않았음에도 삯이 주어지는 사람의 기쁨을 노래한 시편 기자의 심정이 이해가 됐다. 덤으로 얻었다는 그런 기분 좋은 느낌말이다.

합격 후 7년 가까이 감정평가실무를 가르치면서 수험생들에게 감정평가 업무는 더하기와 뺄셈의 단순작업이라고 이해시키고 있다. 기준 값에서 유·불리를 수치화하는 전문성만 갖추면 충분하다는 것이다. 토지의 평가 시에 뺄셈을 유발하는 대표적인 항목이 공법상 제한사항이다. 모든 토지에 모든 종류의 건물과 업종이 입지할 수 없다. 도시계획을 통해 넓게는 지역·구역별로 좁게는 몇 몇 토지에 개발을 억제하고 규제하는 내용은 '토지이용계획확인서'를 발급받아 확인할 수 있다. 그런데 서울시 주변의 개발제한구역이나 국립공원과 연결되는 지역에는 예전에는 볼 수 없던 새로운 단어가 기입돼 있다. 절대적 규

제 토지 딱지라고 볼 수 있는 '비오톱1등급지역'이다.

비오톱(Biotope)은 생물을 뜻하는 접두사 Bio, 장소를 뜻하는 Topes를 결합한 합성어로 생 동물이 서식하고 이동하는 데 도움이 되는 소규모 생물 서식 공간을 뜻한다. 특정 생물 군집이 생존할 수 있는 환경이 조성되도록 강제하는 지역인 셈인데, 도시지역의 생물군집이 급속히 줄어들면서 남은 개체를 보존하고 복원하기 위해 이를 도시계획으로 규율하게 된 것이다. 비오톱은 유형평가와 개별평가를 거쳐 지정된다. 유형평가를 통해서는 대상지 전체에 대해 절대적으로 보전이 필요한 비오톱 유형 1등급부터 부분적으로 개선이 필요한 5등급까지로 나뉘고, 개별평가에 의해선 비오톱 자체의 보전 가치 정도에 따라 1등급~3등급으로 분류된다.

서울시는 2010년 6월1일부터 기존 대규모 도시계획 사업 시 적용했던 비오톱 등급별 기준을 1만㎡ 미만 소규모 토지개발까지 확대 적용해 오고 있다. 조례에 따라 소규모 개발 사업지도 도시생태현황 조사결과 유형평가와 개별평가가 모두 1등급인 토지는 개발할 수 없다. 유형평가, 개별평가 모두 1등급이 아닌 토지라도 비오톱이 우수한 토지는 도시계획위원회에서 비오톱 등급을 반영해 개발행위허가에 대한 심사를 받게 된다. 서울시가 '도시생태현황도'를 제작해 이를 반영한 비오톱등급을 토지이용계획확인서에 올려 규제해 온 것을 다른 지방자치단체가 벤치마킹한다고 시도할 때마다 매번 주민의 반발이 적지 않은 것은 비오톱 지정은 곧 '절대 개발 불가 토지'의 낙인과 다름없기 때문이다.

최근에서야 비오톱으로 지정된 토지의 감정평가 방법에 대한 고민이 커지고 있다. 감정평가가 단순한 덧셈과 뺄셈의 조합이라면 비오톱의 낙인이 찍힌 토지는 어느 정도 감가해 줘야 할지가 애매하기 때문이다. 토지가격비준표에는 공원으로 지정된 경우 대략 40% 내외의 감가를 하도록 하고 있다. 그러나 비오톱은 적어도 공원지정으로 인한 공법상 제한 정도를 넘어선다. 토지를 전혀 사용·수익하지 못한다면 그저 소유권을 갖는 것 외에 어떤 가치를 부여할 수 있겠는가. 여전히 평가업계 내에서 비오톱으로 인한 제한 정도를 얼마로 정하자는 결정은 없었다. 서둘러 이 뜨거운 감자를 처리하는 묘안을 찾아내야 할 것이다.

산림의 몸값이 형성되는 경로 탐색

광릉수목원과 같이 인위적으로 조성되어 특별한 관리를 받는 임야는 논외로 하고, 평범한 산지의 몸값은 어떤 식으로 형성될까. 당장 수도권만 벗어나면 농촌, 어촌마을 태반은 울창한 산림이 사방을 둘러싸고 있다. 저런 게 팔리기나 할까 일단 의구심부터 든다. 경제적 가치가 없는 활·잡목 들이 빼곡하고, 연고 미상의 분묘만 여기저기 산재하는 정도니, 수 백 년째 그 자리에 자자손손 대물림 됐을 것이다. 물론, 같은 임야라도 수도권에 포진하고 있으면 고가의 '원석'으로 취급받는다. 싹 밀고나면 전원주택을 짓든, 공장용지로 활용하든 사용가치가 폭등하기 때문이다. 잠재력이 가치를 저울질하는 이치다.

농촌, 어촌 지대 임야는 거래도 뜸할뿐더러 거래 당사자도 한 집 건너 이웃사촌인 경우가 많다. 조상 묘 쓸 용도로 탐을 내다 이웃에게 팔 생각이 없냐고 넌지시 물었다가, 손쉽게 저렴한 가격으로 매수하는 것도 흔히 볼 수 있다. 조림을 위해 산림청에서 사유림을 매수한다고 공개적인 러브콜을 보낼 때도 있긴 하다. 매수 금액을 정하기 위해 감정평가를 받는데, 감정평가액이 야박할 정도는 아니니 파는 쪽도 그리 섭섭하게 여기진 않는다. 한 때 골프장이 저 외진 곳까지 들어설 정도로 우후죽순 생겨난 적도 있었다. 수익성 높은 사업이라고 대기업, 중견기업, 개발업자가 너도나도 골프장 사업에 뛰어든 때였다. 이곳저곳 골프장 예정 부지를 알아본다고 다닐 때면, 직원 가방에 수 억 원의 현금 뭉치가 들려있었단다. 즉석에서 매매계약서를 쓰고 잔금을 모두 지불할 정도의 금액을 항시 준비한 것이다. 능선을 따라 고압선이 통과하게 되면, 영구적 사용에 따른 보상금을 지불받는데, 어차피 뭘 해볼 생각도 없이 놀리는 땅이라 밀양 사태처럼 예민하게 반응하지도 않았다. 보상금은 휴가 보너스 정도로 여기곤 했다.

소위 놀리는 땅, 경사도 급하고 입목도 조밀한 순수 자연림이 특별한 사유가 개입하지 않고 거래된다면 몸값은 형편없다. 선산으로 쓴다고 조금 더 쳐줘도 수 만 제곱미터 산지의 거래금액은 수 천 만 원에도 못 미치는 경우가 허다하다. 그러나 바닷가 주변 전망 좋은 위치에 있는 임야, 수도권 도심 근거리에 놓인 순수 자연림은 처지가 다르다. 이들은 잠재력이 있다. 비용은 들겠지만 잘 요리하면, 다양한 용도의 쓸모 있는 땅으로 변모할 수 있다는 말이다. 국내 고등학교 야구 선수 중 장래가 기대되는 이를 메이저리그 스카우터가 눈여겨보는 건, 당장은 아니지만 잘 다듬으면 보석이 될 수 있는 '원석'이기 때문이다. 나만, 사연림 중에서도 공익용 산지, 보전산지에 해당되면 원하는 용도로 전용하는 것이 쉽지 않다. 기껏해야 소규모 농업용 창고 허가를 낼 수 있거나 청소년수련장 등 비영리 용도로만 활용할 수 있다. 몸값 상승의 여력은 제한적이다.

그렇다면, 잠재력을 지닌 산림은 어떤 식으로 평가될까. 요리를 하면 효용 높은 토지로 바뀌는 것이니 전환가능성을 염두에 두고 역산하는 방법이 떠오른다. 감정평가에서 '개발법'이라고 부르는 평가방법으로 맥반석 계란 판매가격에서 굽는 비용 등 제반 부대비용을 공제해 날계란의 가치를 저울질하는 식이다. 입목조밀도, 경사, 지세, 임도의 개설여부 등에 따라 임야를 평탄하게 만드는 토목공사비용은 대략의 범위가 있다. 임야를 전용할 때 납부해야 하는 대체산림자원조성비는 농지를 전용할 때 부담하는 농지전용부담금에 비해 약소한 편이니 크게 부담되는 비용은 아니고, 현금으로 납부해 예치한 산지복구비용은 산지전용이 완료되면 되돌려 받게 되는 전세보증금 성격의 비용으로 굳이 실비용으로 잡을 필요는 없다. 순수한 투자비용은 토목공사비 정도다. 물론 이렇게 조성을 해서 어떤 토지로 활용하느냐에 따라 맥반석 계란의 판매가격은 달라질 수 있다. 가장 비싸게 팔릴 수 있는 토지로 개발할 것은 자명하다. 아파트, 전원주택, 공장용지 모두 염두에 둘 수 있고 법적으로 허용되는 용도를 먼저 추린 후 주판을 튀겨 최종 용도를 확정하는 식이다. 이렇게 임야의 개발과정을 수차례 거치며 자연림의 몸값을 저울질 해 본 적이 있는 사람은 임야가 농경지대에서는 '전, 답'에 비해 얼마나 열세한지, 주거지대에서는 농가주택부지에 비해 어느 정도 가격이 떨어지는지 감을 잡고 있다.

개발 가능한 자연림이라도 늘 최상의 상태로 대기 중인 것은 아니다. 보이지 않는 곳에 숨어 있는 무연묘나 타인 분묘는 분묘기지권 성립 여부에 따라 감가의 요인이 된다. 조림허가를 받고 타인이 조림해 놓은 입목제적 수 천 ㎥가 산지 중앙에 떡하니 버티고 있으면 지상권 성립 가능성에 따라 낭패를 볼 수 있다. 한편 임야대장에 올라 있어 산 지번을 사용하고 있지만 실질이 구릉 형태의 토지임야라면 개발비용은 미미해 대지에 준한 가격이 형성된다는 점을 기억할 필요가 있다.

산림에 대한 감정평가방법을 담고 있는 「감정평가에 관한 규칙」 제 17조는 산지와 입목을 구분해 감정 평가하는 것을 원칙으로 하고 있고, 임지와 입목이 함께 거래되는 관행이 있거나 상호 용도 측면에서 불가분의 관계라면 일괄해 거래사례비교법을 적용하도록 하고 있다. 전자와 같이 각각을 합산해 평가한다면, 입목의 가치는 거래가격이나 조성비용 등을 고려할 수 있을 것이다. 그러나 일부 경제적 가치 있는 수목 등이 식재돼 있는 경우를 제외하고는 대부분 임지, 즉 토지만의 가치로 평가되는 것이 일반적이다. 이렇듯 산림 그 고유의 목적으로만 활용이 가능한 임야도, 개발 가능성에 따라 백조로 변신 가능한 미운 오리새끼 같은 자연림도 그 상황에 맞게 몸값이 형성된다. 고속도로를 달리며 줄곧 시야에 들어오는 무수한 산림도 이의 성격을 잘 아는 이의 눈에는 권장소비자가격 명패를 달고 있는 것처럼 보인단다.

불용품, 감정평가를 통해 처분된다

시장에서 통용되는 최소 화폐단위는 그 당시 물가수준을 대변한다. 지금부터 30년쯤 거슬러 올라간 80년 대 초반, 1원 혹은 5원 짜리 주화를 돼지 저금통에서 심심치 않게 발견할 수 있었지만, 물건을 사고 팔 때 실질적인 화폐 최소단위는 10원이었다. 필자 역시 10원을 주고 동네 슈퍼에서 추억의 불량식품 '쫀드기' 한 개를 무리 없이 구입할 수 있었다. 버스 요금이 70원 정도였으니, 통학하는 중고생을 부지런히 실어 나르는 만원 버스 안에서는 요금 박스에 10원짜리 7개가 한 무더기로 떨어지며 만드는 경쾌한 소리를 손쉽게 들을 수 있었다.

그 땐 초등학생을 '국민 학생'으로 부르던 시절이었다. 당시 최소 화폐단위였던 10원짜리 동전의 유통을 왕성하게 해 준 것은 다름 아닌 국민 학생들을 대상으로 한 강제 폐품수집활동이었다. 언뜻 이해가 가지 않을 것이다. 학교가 의무적으로 폐품을 수집하게 했어도 수집된 폐품이 모여 이를 재활용하는 업체에 일괄 매각되면서 발생한 수입이 불우이웃 등을 돕기 위한 기금으로 전달될 뿐 10원 동전의 유통에 기여하는 부분은 전혀 없는 것처럼 보이니까. 10원 주화의 왕성한 유통이, 폐품을 수집할 길 없는 아이들이 빈 유리병 또는 신문더미를 슈퍼에서 10원을 주고 구입하는 데 기인했다는 점은 생각지도 못했을 것이다. 꼭 얼마짜리 폐품을 가져오라는 지침은 없었지만, 아이들은 관행적으로 신문 두 더미 혹은 유리병 두어 개는 들고들 등교했다. 그러다보니 집 안 곳곳에서 나뒹굴던 10원들은 1주일에 한 번 혹은 한 달에 한 번 바깥바람을 맘껏 느끼며 동네 슈퍼로 집결한 것이다. 물론 폐품 구입하러 오는 아이들에게 방출 대기 중인, 슈퍼 창고 가득히 채워진 빈 병 재고는, 탄산음료를 다 마시고 빈 병 들고 와 건네주며 수령한 10원 동전 하나를 움켜쥐고 희희낙락 돌아가는 코흘리개 어린아이들의 공이 크다.

폐품에 대한 매매는 현재진행형이다. 확성기를 매단 1톤 트럭이 고장 난 TV, 오디오, 냉장고를 구입한다고 돌아다니는 모습을 심심치 않게 목격할 수 있으니. 폐품에 대한 이와 같은 거래는 민간 영역에만 한정된 것이 아니다. 국가나 지방자치단체, 공기업 등도 더 이상 쓸모없다고 결정된 물건을 주기적으로 시장에 내다 판다. 「물품관리법」, 「공유재산 및 물품관리법」의 규정에는 '사용할 필요가 없거나 사용할 수 없는 물품'에 대해 불용(不用)결정을 내리고 이를 물품 관리·처분의 기본원칙 중 하나인 투명하고 효율적인 절차에 따라 매각할 수 있도록 했다. 종전 규정에는 규모·형상 등으로 보아 활용할 가치가 없는 일반재산 등만 매각의 대상이었으나, 관련 법률 또는 장래 행정목적의 필요성

등을 고려해 처분 제한 사유에 해당하지 않는 일반재산에 대해 매각이 가능하도록 완화된 형태로 개정되어 현재에 이르고 있다. 이들 불용품은 매각 공고 후 경쟁 입찰, 지명 입찰, 수의계약의 방법에 따라 매각할 수 있다. 이 때 매각가격은 시가를 고려하게 되어 있는데 특별한 사유가 없는 한 「부동산 가격공시 및 감정평가에 관한 법률」에 따른 둘 이상의 감정평가법인에 의뢰하여 평가한 감정평가액을 산술평균한 금액이 그 기준이 된다.

이들 불용품에 대한 감정평가는 어떤 식으로 이뤄질까. 「감정평가에 관한 규칙」 제21조(동산의 감정평가)는 '감정평가업자는 동산을 감정평가 할 때에는 거래사례비교법을 적용하여야 한다. 다만, 본래 용도의 효용가치가 없는 물건은 해체처분가액으로 감정평가 할 수 있다.' 고 규정한다. 해당 폐품이 시장에서 거래되는 관행을 확인해 보든지, 불용품에서 쓸 만한 원재료-예컨대 폐 전선에서는 피복을 벗긴 구리선-중량과 단가를 확인하고 평가하라는 것이다. 따라서 이들의 감정 평가 시 물가정보지의 중고물품 시세, 폐기물 수거업체의 원재료 단위중량당 매입단가를 참작할 수 있다. 물론 해당 업체로 물건을 옮기는 운반비, 원재료를 추출하는 후가공비 등을 감안한 가격 수준이 될 것이다.

불용품에 대한 감정평가에서는 크게 2가지 정도의 애로사항이 있다. 첫째는 목록에 대한 신빙성 혹은 정확성에 대한 문제로 매각 대상 물건의 수량과 종류를 전수조사하기 힘들다는 점. 창고 가득히 쌓인 철제 의자가 2,500개라고 제시되었다면 일단 2,500개 수량이 정확한지 파악하기가 어렵다. 또한 2,500개 물품이 같은 종류인지, 재질은 동일한지, 물건 당 동일한 가격으로 매각할 수 있는지 일일이 확인하는 것도 사실상 불가능하다. 둘째로 합금과 같이 타 재료와 혼재되어 있는 경우 순 중량에 대한 추정 과정을 불가피하게 거쳐야 한다는 점. 쉽게 말해 니켈과 고철이 섞여 있다면 각각의 단가가 다르므로 니켈과 고철의 성분비가 대략 얼마인지까지 파악해야 한다. 이를 성분 분석할 수는 없으니 과거 취득 당시 원재료 비율, 현 시점 신규 취득 시 해당 재료의 구성비 등을 충분히 확인하는 수고가 필요하다.

필자는 평가사 초창기 불용품을 평가함에 있어 전술한 2가지 애로사항 외에 더 곤혹스런 문제에 직면한 적이 있다. 불용품 매각 수량이 총 120,000개, 매각 종류는 4,000개인 폐자재 보관창고를 실사한 것 까지는 좋았는데 의뢰자 측에서 매각 종류별로 매각금액을 내 달라고 요구했기 때문이다. 어떤 폐기물 수거업체가 대동소이한 폐품 무더기를 종류별로 하나하나 가격을 매겨보고 입찰금액을 적어 내겠는가. 전체 수량 혹은 중량에 단가를 곱하는 식으로 접근하는 게 상식적이다. 이걸 굳이 개별로 평가해 달라는 줄기찬 요구에 하루 밤 꼬박 새며 물건 종류별로 일일이 단가를 넣었다. 전체 매각 금액의 적정성이야 확신하지만 개별 물건의 매각 예정가가 정확했다고 말할 자신은 없다. 기껏 고생했지만 일괄 매각 조건이니 총액만 확인할 뿐인 매수 대기자에겐 불필요한 정보이지 않았을까.

어쨌든 하루가 멀다 하고 시청, 구청, 공기업에서 불용품 매각 공고를 올리고 있다. 예전 신문지, 빈 병은 슈퍼 주인 맘에 맞는 가격에 사들이고 되팔았지만 불용품의 매각금액은 철저하게 감정평가사의 손을 거친다. 불용품 매매시장에서 감정평가사는 매도 의뢰자에게는 잔반처리 반, 매수 대기자에겐 중고서적 판매상 쯤 돼 보인다. 그리고 이 영역은 화폐시장에서 유통되는 최소 화폐단위 10원짜리와 같이, 감정평가사에겐 수수료 수입 면에서 기여(?)정도가 가장 미미한 분야로 천대받는 편이다.

영업권의 실체와 가치추계

비결이 뭐죠? 소문난 맛 집을 찾아가서 그 유명하다는 메뉴를 접해 본 이는 결제 차 카운터에 들러서 슬쩍 주인집에 이런 식의 질문을 건넨다. 주인집 대답은 천 냥짜리다. 그 비결 하나로 문전성시를 이루는데, 아무한테나 그 비법을 발설하겠는가. 맛 집을 탐방하는 방송 제작진이 한창 음식 준비 중인 주방에 카메라를 들고 들어가서도 최후 '비기'만은 공개하지 않는다. 맛의 비결인 양념장 등을 만드는 대목에서는 제작진이 알아서 주방 구석으로 카메라 앵글을 돌리거나 모자이크 처리해 준다. 방송이라고 살짝 공개했다가는 이를 익혀 써 먹는 전국의 수많은 경쟁 음식점이 봇물 터지듯 배출될 위험성을 너무나 잘 알고 있기 때문이다.

이런 음식점에 제 발로 찾아오는 충성 고객 외에 다른 부류의 사람이 들른단다. 돈 뭉치를 들고 그 비법을 전수받겠다고 찾아온 예비 창업자들이다. 이들은 대학등록금 이상 나가는 수업료 외에 몇 달 간 주방 일손 역할도 마다하지 하겠다고 자청한다. 물론, 순수 노동력만 제공하고 일체의 임금을 받지 않는 조건이다. 이 때 조리비법을 전수받는 대가로 넘긴 수 백 만 원에서 수 천만 원 투자금의 성격은 뭘까. 영업권의 실체에 대한 논의는 여기서 출발한다.

맛 집의 '조리 노하우'는 분명 누구나 인식하고 있는 이 음식점의 자산이다. 물론 보이지 않는다. 이런 음식점을 국내 굴지의 요식업체가 인수한다면 매매

협상 테이블에 이 보이지 않는 자산 역시 흥정의 대상에 포함된다. 토지나 건물 가치, 음식점 내 집기와 시설비용과 같은 유형 자산의 몸값은 쉽게 합의에 이르는데, 의외로 이 무형자산을 놓고는 한동안 줄다리기가 이어진다. 인수자에게는 '핵심 경영 노하우' 양도자에게는 '조리인생의 응집체' 인 이 무형자산의 실체는 이들 거래 당사자 외에도 관심을 기울이는 자들이 있다. 회계와 감정평가 영역에서 이를 '영업권'으로 식별하는 자들이다.

영업권의 공식적인 정의는 이렇다. '대상 기업의 경영상의 유리한 관계 등의 배타적 영리기회를 보유해 같은 업종의 다른 기업들에 비하여 초과수익력을 확보할 수 있는 능력으로서 경제적 가치가 있다고 인정되는 권리'. 영업권으로 인정받으려면 배타적인 영리기회를 제공할 정도의 탁월한 노하우여야 한다. 소문난 칼국수 집 주방장에게 시원한 육수 국물을 내는 비법을 배우는 조건으로 건네는 5백만 원은 최소한 다른 칼국수 집의 천편일률적인 육수 국물 맛을 뛰어넘게 해 줘야 한다. 그럴 때 맛 집의 '칼국수 조리 비법'이 하나의 영업권으로 인식될 수 있다.

국내 굴지의 대기업이 동남아시아에 생산 거점을 마련하기 위한 방편으로 현지 철강회사를 인수하려 할 때 현지 실사를 참여한 적이 있다. 현지 기업의 자산을 일일이 실사하고 토지, 건물, 기계기구, 집기비품 등 모든 자산에 대한 감정평가를 완료했다. 이 결과에 현지 기업이 매출채권 등의 여타 자산을 더하고 외상 매입금 등을 차감하면 순자산의 가치가 추계된다. 그러나 M&A로 지불한 매매대금은 이를 초과한다. 인수합병을 주관하는 회계법인 담당자는 이 차액을 영업권으로 인식했다. 이 차액이 능력 있는 경영진, 이 기업에 대한 고객의 충성도, 업계 내 우위를 점하고 있는 생산기법, 기업 고유의 상표, 영업상의 노하우 등 숨어 있는 이 기업의 무형자산 가치에 해당한다는 것이다. 이처럼 기업의 인수합병 시 순자산가치를 초과해서 지불하는 매매대금에는 영업권의 가치가 포함되어 있다. 이를 매입(매수)영업권이라 부르는데, 객관적인 거래 대가로 인식한 것이므로 무형자산으로 식별될 수 있는 조건을 충족한다. 그러나 기업 내부에서 창출해 낸 자기창설영업권은 K-IFRS하에서는 기간비용이 될 뿐 자산으로 인식되지 않는다. 거래가 존재하지 않아 원가를 신뢰성 있게 측정할 수 없고 식별가능하지 않기 때문이다. 회계의 원칙에서 보면 그렇다.

비단, 기업과 기업 간 사업결합 또는 인수합병 시에만 이 영업권 가치 평가가 문제되는 것은 아니다. 개인사업체가 법인으로 전환할 때 영업권 평가를 통해 기존 대표이사뿐만 아니라 신설되는 법인 모두에게 유리한 점이 많아 빈번하게 평가 의뢰를 받는다. 이렇게 영업권 가치가 결정되면, 기간 비용으로 처리되는 자기창설영업권과 달리, 매 결산기에 회수가능 액으로 평가하여 회수가능액이 장부금액에 미달한 경우 영업권손상차손으로 인식된다. 물론 이 손상차손은 후속기간에 환입될 수 없다.

「감정평가에 관한 규칙」 제 23조 3항은 영업권을 비롯한 무형자산을 평가할 때 수익환원법을 적용하도록 하고 있다. 이를 구체화시킨 실무기준도 원칙적으로 수익환원법을 적용하되, 이의 적용이 곤란하거나 적절하지 않은 경우 거래사례비교법이나 원가법에 의해 감정평가 하도록 했다. 수익환원법으로 평가할 때는 '대상 기업의 순수익을 같은 업종 다른 기업의 정상 수익률로 환원한 수익가치에서 영업권을 제외한 순자산의 가치를 차감하는 방법'과 '대상 기업이 달성할 것으로 예상되는 지속가능기간의 초과수익을 현재가치로 할인하거나 환원하는 방법' 중 하나를 택하면 된다. 전자는 통상 인수합병 시 인식하는 영업권의 가치이며, 후자는 합병의 경제적 분석을 하거나 자기창설영업권의 가치를 내부적으로 추계해 볼 때 적용하는 것이 합리적이다.

수익환원법 적용이 여의치 않아 거래사례비교법을 적용 시 3가지 방법이 가능한데, 첫째는 '영업권이 다른 자산과 독립하여 거래되는 관행이 있는 경우에는 같거나 비슷한 업종의 영업권만의 거래사례를 이용하여 대상 영업권과 비교하는 방법', 둘째는 '같거나 비슷한 업종의 기업 전체 거래가격에서 영업권을 제외한 순자산 가치를 차감한 가치를 영업권의 거래사례 가격으로 보아 대상 영업권과 비교하는 방법', 그리고 마지막은 '대상 기업이 유가증권시장이나 코스닥시장에 상장되어 있는 경우에는 발행주식수에 주당가격을 곱한 가치에서 영업권을 제외한 순자산가치를 차감하는 방법'이 있다. 원가법을 적용할 때도 '기준시점에서 새로 취득하기 위해 필요한 예상 비용에서 감가요인을 파악하고 그에 해당하는 금액을 공제하는 방법'이나 '대상 무형자산의 취득에 든 비용을 물가변동률 등에 의해 기준시점으로 수정하는 방법'으로 세분할 있는데, 티 방법에 비해 신뢰성은 떨어지는 편이다.

무형의 자산인 영업권은 이렇듯 공식적으로 그 존재를 인정받고 있고, 그 가치가 이런 저런 방법으로 평가된다. 유형자산과 같이 외견 상 밝히 드러나지 않지만 숨어 있는 '실세' 역할을 할 때도 부지기수다. 협상의 테이블에서는 거래 대상에 이 목록이 포함됐는지 반드시 챙겨야 한다.

자산의 생명줄 길이, '내용연수'

EBS에서 매주 월요일에서 목요일까지 고정 방송되는 '세계테마기행'은 필자처럼 앉아서 편히 관광하기 원하는 이에겐 가뭄 끝 단비 같은 존재다. 오가는 시간 낭비 없이, 도보의 피곤함과 장시간 기내 좌석의 불편함을 싹 날려주는 무일푼 공짜여행이지 않은가. 혹자는 이런 간접여행에서 현장감만큼은 기대하기 어렵다 하지만, LCD패널에서 뿜어져 나오는 생기를 온몸으로 흡수하는 필자 같은 이에겐 예외이지 싶다. 여행자가 중세 유럽의 유려함을 고스란히 담은 마을을 걸을 때면 의문 한 가지가 지체치 않고 튀어나온다. '건물 수명이 저렇게 길수 있을까?'. 수 백 년 장수한 고목은 생물이니 그렇다 해도, 풍찬노숙의 세월, 나무 혹은 돌덩어리 구조물의 생명줄이 세기를 뛰어넘을 수 있음은, 자재의 강도로 설명해야 할까 아니면 건축자의 능력으로 돌려야 할까. 어쨌든 자산의 수명, 곧 '내용연수'의 문제는 고색창연함을 느끼는 것 이상의 논의거리다. 중고자산의 가치와 직결되기 때문이다.

유형 자산이 영업활동에 사용될 수 있는 예상기간을 '내용연수'라 부른다. 사용불가 처분을 받아 폐기될 때까지의 자산의 수명, 곧 생명줄의 길이와 동의어다. 주택은 신축시점부터 거주가 불가능할 때까지, 공장은 제조활동이 가능한 연한, 근린생활시설이라면 판매 공간의 역할을 다할 때까지가 각각 내용연수가 된다. 생명줄에 대한 논의는 시간이 갈수록 마모, 마멸되는 소위 상각자산에만 유의미하다. 토지는 늙고 퇴화되는 문제에서 자유롭기 때문이다. 시골 폐·공가를 떠올리면, 온통 거미줄 쳐 있는 와중에도 건물의 상태는 허물어질 정도는 아니다. 그대로 놔두면 거뜬히 수 십 년은 더 존속할 수 있다. '언제까지 형체를 유지할까'로 재단할 경우 이를 '물리적 내용연수'라고 부르고 '언제까지 기능을 유지할까'로 바라보면 '경제적 내용연수'가 된다. 세법에서든 감정평가에서든 전자가 아닌 후자를 기준으로 내용연수를 논한다. 타이어의 고속주행실험을 통해 안전주행거리를 측정하는 낯익은 광경을 떠올려보자. 어떤 자산은 기간이 아닌 주행거리, 생산량 등의 요소로 수명 측정을 한다. 결국 내용연수는 식품의 유통기한과 같이 제 기능을 발현할 수 있는, 물건의 최대 수명인 셈.

회계처리를 할 때 자산의 내용연수를 정해야 하는 건 '비용과 편익의 대응기간'을 정하기 위해서다. 공장을 신축한 상황을 상정해 보자. 준공이 떨어지면 이 건물은 기업의 자산대장에 이름을 올린다. 물론 자산대장에 기재한 건물의 가치만큼 이 기업은 공사비용을 지출했다. 그런데 기간이 경과하면 신축건물은 중고자산이 되고 내용연수가 다하면 철거대상으로 전락한다. 그러나 줄곧 생산라인을 담는 그릇으로, 수익을 올리는 데 기여해 왔던 부분을 어떻게든 고려해야 마땅하다. 이 건물이 수명을 다해 전혀 가치가 없게 될 때 한 번에 장부가를 '0'으로 조정하기보다는 수익에 기여하고 있는 팔팔한 기간 동안 취득비용을 매년의 감가상각비로 안분하는 게 합리적이라는 것이다. 이것이 비용과 편익의 대응이다. 그리고 대응을 시키는 기간, 자산의 수명이 곧 '내용연수'가 된다.

감정평가에서도 상각자산의 가치를 논하기 위해서는 내용연수를 확정해야 한다. 다만, 이 기간 회계처리와 같이 취득비용을 안분하는 것이 아니라 매년의 가치하락의 정도를 '감가수정' 하는 것이 다르다. 매년 노후화의 정도가 비슷해 가치하락이 직선적이라면 10년이 경과한 건물의 현재 가치는 내용연수를 얼마로 책정하느냐에 따라 달라진다. 내용연수 종료 시 몸값이 '0'이 된다면, 내용

연수를 40년으로 잡을 때는 75%의 잔존가치, 50년으로 설정하면 80%의 잔존가치가 추계된다. 결국 중고 상각자산의 실제 가치를 확정하기 위해 그 자산의 내용연수, 생명줄의 길이를 재는 일을 앞세울 수밖에 없다.

그렇다면 어떤 식으로 내용연수를 정할 수 있을까. 재료공학에서는 구조물의 '피로도(fatigue)실험'을 통해 수명을 추정한다. 구조물이 받는 압력, 충격, 진동, 소음을 반복적으로 가해 얼마의 횟수 만에 균열 혹은 파괴가 이뤄지는지 보는 것이다. 파괴가 있기까지의 횟수를 매년 혹은 매월 실제 가해지는 충격횟수 등으로 나누면 내용연수가 도출된다. 화학전지는 고온에 일정기간 노출시킨 후 식혀 상온에서 성능테스트를 거친다. 고온에서의 하루 보관은 상온에서 수 십 일 혹은 몇 달 유지한 것과 같은 효과를 내기에 수 십 년 혹은 수 백 년이 지난 후 어떤 상태인지 앞당겨 측정해 볼 수 있다. 성능곡선이 존속기간의 기준으로 삼은 하한선에 도달하는 고온에서의 노출 기간에, 상온과 고온을 대응시키는 기간배수를 곱하면 상온에서의 내용연수가 튀어 나온다.

여러 다른 분야에서 내용연수를 정하는 이런 합리적인 방법을 고려하면,

감정평가에서는 가격에 대한 데이터로 접근하는 게 수순처럼 보인다. 중고자산의 가격이 연령에 따라 어떻게 변동되는지 확인하는 것이다. 이는 곧 매년 신품을 기준으로 몇 % 가치가 하락하는지, 매년의 감가상각 율을 추정하는 것과 동일한 작업이다. 그러나 자료 수집이 일부 자산에 대해서만 가능하다. 또한 레몬효과처럼 잠재적 구매자들은 예상치 못한 썩은 레몬을 생각하고 실제 시장가치보다 낮게 구매하려는 경향을 보일 수 있다. 그렇다면 하향 평준화된 처분 가격 데이터로 실제보다 짧은 내용연수를 얻게 된다. 처분 당시 인플레이션 등의 경기 변동에 따른 가격 조정이 발생했다면 이런 효과를 콕 집어 발라내는 것도 쉽지 않다. 개개 자산의 품질의 차이 혹은 사용관행의 차이를 생각하면 특정 자산 군(群)에 대헤 동일한 내용연수를 적용해야 하는가도 의문이다.

이런저런 난관에도 불구하고 현재 거의 모든 유형의 상각자산에 대한 내용연수표가 작성돼 있다. 구조, 자재, 용도가 동일하면 세계 어느 곳에서건 내용연수는 동일할까. 그렇지 않다. 동일한 주택이라도 미국은 7~80년, 우리는 50년, 일본은 30년 이하의 내용연수를 적용하고 있으니. 일본의 지진, 태풍의 영향을 생각하면 일본이 여타 국가에 비해 주택 내용연수를 짧게 잡은 이유를 미뤄 짐작할 수 있다. 우리의 경우 7~80년대에 비해 건물 내용연수가 전반적으로 늘어났다. 공법, 시공의 질, 자재 등 주택의 품질이 상향된 결과일 것이다. 또한 기계류, 소프트웨어, 통신장비, 운수장비, 구축물 등의 내용연수를 들춰보면 대충 그 정도 기간 사용할만하다고 고개는 끄덕여진다. 다만, 그 도출과정에 전적으로 가격정보를 활용했을까 의문은 든다. 댐이나 공항시설, 철도, 원자력발전소 등 특수자산은 계량뿐 아니라 비계량적 요소를 고려해 그 수명을 정하지 않았을까 짐작한다. 정책적 판단이 녹아 들어갔을 것이다.

자산의 수명을 인위적으로 조정할 수 없음도 주지해야 한다. 구도심 시장통 허름한 상가마다 간판과 진면 인테리어는 화려하다. 이런 치장만으로 중고

건물 생명줄은 늘어나지 않는다. 외관 개선보다는 뼈대를 보강하느냐가 수명 연장 여부를 결정한다. 세월호처럼 과적 목적의 불법증축은 오히려 수명을 단축시킬 수 있다. 두 차례 안전진단을 거치는 수직증축 리모델링 아파트도 안전진단 통과가 곧 신규 재건축아파트와 같은 내용연수를 보장해 주는 것은 아니다. 원자력 발전소 가동 중단 때마다 재가동 반대와 폐기를 주장하는 목소리는 수명이 다했다는 지적인 것이다. 한 나라 전체의 자본스톡, 국부와도 관련된 내용연수는 상각자산이 기능, 작동, 가동, 존속할 수 있는 가장 적정한 생명연한이다. 도출하든, 추정하든, 설정하든 합리적인 기준으로 정해야 중고자산의 몸값은 제값이 된다.

임대료, 이용과 소유의 절묘한 접점

수백 마지기 전답을 물려받은 예비 '만석지기'는 어떤 행보를 보일까. 농사를 업(業)으로 살아가는 건 변치 않는 사실이라 치고 혼자 힘만으로 이 넓은 땅을 경작하는 건 무리라고 전제하자. 충분한 경영마인드를 갖고 있다면 농번기마다 숙달된 일꾼을 고용해 모내기철이나 추수철 부족한 인력을 메울 수 있다. 부모세대부터 해 오던 농사일에 이골이 났을 터이니, 어떤 시기에 몇 명을 고용해야 할 지 머리 굴리지 않아도 대강 파악되는 일이지 않는가. 농사일만큼 비용과 수익의 대응이 엇갈리는 업종이 있을까. 파종부터 추수까지 비용은 편만하게 뿌려지고, 가을걷이가 끝나고서야 땀 흘린 대가를 일시에 수령하는 구조니. 자금 집행에 애를 먹고 있다거나 기력이 예전같이 않다고 느껴지고 사람 부리는 일까지 귀찮아지는 시점, 가산 팔기는 싫다면 '도지(賭地)'를 떠올릴 수 있다. 닳아 없어지는 땅도 아니니 적절한 선의 도지를 받고 전답을 놀리는 것이다. 소유와 사용의 주체를 달리할 수 있고, 사용의 대가를 매개로 성립하는 임대차 관계는 오래 전 농경시대부터 명맥을 유지해 오고 있다.

'부동산을 거주의 대상에서 투자의 대상으로 바라본다.', '현재 국면은 임대시장이 주도하는 국면으로 전환되었다.' 지면을 통해서나 뉴스를 통해 흔히 접하는 멘트다. 이 중 후자는 동일인 소유자 겸 사용자가 복수의 소유자 및 사용자로 분파되는 현상을 지적한 것이다. 공간 점유 양상이 이렇게 분화되는 건

효율성 면이나 합리성 면에서 바람직하다. 등기에 반드시 이름을 넣고 싶은 사람이 있는 반면, 재산증식에는 별 관심 없이 사업을 할 공간을 빌려 쓰고 싶은 이가 있지 않은가. 소유와 이용을 분리할 수 있다는 것은 공간을 자산으로 인식하는 자, 공간을 원재료로 인식하는 자의 접근방식이 다르기 때문이다. 물론, 이 모든 고민은 공간이 한정돼 있는 현실을 전제한다.

도지를 떠올리면 소유자와 사용자 간 적정한 선의 '사용료' 관행이 있었던 듯싶다. 경작자 입장에서 소출 전체를 다 바칠 수는 없을 것이고 소유자도 이는 무리한 요구라는 것을 안다. 친인척, 교류가 잦았던 지인이 아닌 이상 수십 마지기 농경지를 놀리면서 달랑 쌀 한 가마니 받는 무상의 지료계약도 상식을 벗어난다. 어떤 식으로 도지 수준을 정했을까. 소출의 양, 즉 해당 토지의 비옥도가 영향을 미칠 것 같다. 관개배수가 양호하고 거주지로부터 이동거리가 짧으면서 수해위험도 거의 없는 땅, 산 중턱 개간하기는 했지만 여러 모로 척박한 경작 환경 하에 있는 덜 기름진 땅에 같은 기준을 적용할 수는 없지 않는가. 토지의 활용도 역시 고려할 사항이다. 경작만 할 수 있는 땅과 가옥이 들어설 수 있는 땅은 도지를 차등시켜도 큰 불만이 없다. 주변 마을 도지수준, 토지를 제공하는 자와 경작을 희망하는 자 중 누구의 입김이 강하게 작용하는지 역시 균형지료를 이동시킨다. 옆 마을에서 도지라도 얻지 못한 이가 이 마을로 넘어오게 되면 기존 경작자보다 지주에게 조금 더 유리한 도지계약을 제시할 여지도 있다. 놀릴 땅이 많다면 그 반대의 양상이 될 것이고.

이를 일반화시켜 사용료를 정하는 지극히 상식적인 시각이 무엇인지 살펴보자. 먼저 공공재에 해당되는 공원, 도로, 도서관, 지하철 역사 등의 공간 이용료는 면제받고 있어 논외로 하자. 물론 외견상 무상 이용이지만 간접적으로 이들의 유지·보수비용이 세금의 형태로 지불되고 있어 실질적으로 사용료를 징수하는 꼴이긴 하다. 허나 개별 사용자가 때마다 지불하는 것은 아니니 전형적이지 않다. 논의를 특수한 사정이 개입되지 않는 사적 공간에 한정하게 되면, 이에 대해선 동시에 복수의 용도로 활용이 불가능하기에 결국 독점적 이용자가 공간 독점에 대한 대가를 지불해야 한다. 이런 공간의 사용료는 빌려주는 자, 빌리는 자의 접근 방법이 유사하다. 시장의 증거, 비용성의 사고, 수익에 의한 접근이 그것. 이를 감정평가에서는 임대사례비교법, 적산법, 수익분석법이라고 부른다.

임대료는 해당 공간이 터 잡은 시장 흐름에 순응할 수밖에 없다. 그래서 임대사례를 우리 공간 주변으로 쭉 깔아보면 답이 나오게 마련이다. 저 쪽 오피스텔 월세가 폭등하면 자연스레 우리 오피스텔도 월세 수준이 동반 상승한다. 반면, 공실률이 늘어난다 싶으면 임대료 하향 조정 압박이 가해진다. 임대사업자끼리 담합해봤자 놀리느니 싸게라도 월세를 놓으려는 발 빠른 이가 있게 마련이니 시장의 흐름은 거스를 수 없는 법. 최근 동일·유사 물건의 계약 임대료 수준에 연동돼 사용료를 책정하는 것이 임대사례비교법이다.

임대 목적물의 자산가치가 변동되면 사용 대가를 조정하려는 임대자의 욕구가 발동된다. 렌트카 회사에서 국산 소형차와 억대 외제차의 렌트비를 동일 책정할 수는 없지 않는가. 우리 물건 주위의 임대료를 쭉 깔아보면 부동산 가치와 임대료가 연동됨을 알 수 있다. 비싼 땅을 이용하려면 비싼 사용료를 부담하라는 것이다. 대체·경쟁의 논리, 상관·추종의 논리가 자연스레 작동하면 임대시장 계약 당사자는 공간 가치를 염두에 두지 않을 수 없다. 공간 가치에 일정 비율을 곱한 금액에 임대자 입장에서 도지관계를 유지하는 데 필요한 관리비용까지 임차인에게 부담시키는 방식이 곧 적산법이다.

실질적으로 많이 활용되지 않는 수익분석법은 기업의 경영수지를 분석하여 사용료를 결정한다. 쉽게 농경지에 대한 도지관계, 도심에서의 유료주차장 부지를 떠올려보라. 경작해서 몇 가마니 쌀을 거둘 수 있는 땅, 월 주자료를 어느 정도 거둘 수 있는 토지라면 그에 상응해서 사용료를 책정해도 불만 없다.

이와 같이 부동산 가치를 판단하는 일과 그 사용료를 결정하는 과정은 별 차이가 없다. 합리적인 시장참가자를 전제하고, 시장상황을 분석하고, 수익의 정도와 비용의 규모를 고려하면 분명 균형 사용료 수준이 도출된다. 놀이공원 입장료와 사우나 이용료, 도심 내 모텔의 대실료가 적정한 수준인지는 대체 가능한 주변 놀이공원의 입장료, 사우나 시설의 양부, 낮 시간 모텔 사용자 수를 고민해 보면 될 터. 이렇게 결정된 임대료는 화학반응에서의 평형계수와 같이 절묘한 동적 균형 상태를 이루고 있다. 다만, 임대차관계에서 상대적으로 불리한 입장에 놓인 임차인을 보호하기 위해 주택 및 상가임대차보호법이 시행 중이고, 보증금, 보증부월세, 월세 형태의 다양한 임대료 지불방식이 있다는 내용 등은 본 원고에서는 별론으로 한다.

지하철 역사 매장의 임대료, 구청 내 자판기 자리 세, 도심 한복판 모델하우스 부지 사용료를 결정하는 일에 감정평가가 개입하고 있다. 임대료 감정평가에 대한 산책을 해 나가는 길은 우리 일상에 스며있는 사용료의 결정 패턴을 한 번 정리하는 발걸음인 셈.

임대사례조사, 투자의 기초를 제공한다

연초 어닝시즌은 시장을 뜨겁게 달군다. 매년 이맘때면 증권가 소식통은 온통 주요 기업들의 지난 4/4분기 실적이 컨센서스(Consensus, 증권사 전망치 평균)를 웃도는 '어닝 서프라이즈(Earning Surprise)'인지, 전망치를 크게 하회하는 '어닝 쇼크(Earning Shock)'인지 확인하느라 분주하다. 물론 실적 전망치가 일회적으로 공표됐던 건 아니다. 환율, 국제유가 등의 외부환경 변화 혹은 기업 내부 사정 등으로 실적 전망치를 높이거나 낮추어야 할 필요가 생기면 어닝시즌까지 수정된 전망치가 수시로 발표된다. 이 중 보기 좋게 들어맞는 경우는 절반에 그치지 아닐까. 그렇지 않고서야 시중 경제 뉴스에 '서프라이즈'(Surprise), '쇼크'(Shock)라는 단어가 그렇게 빈번하게 등장할까 싶다. 그렇다 해도 시시각각 전해지는 예상 실적과 관련된 이런 소식이 분명 투자자에겐 유의미한 '지표'가 될 수 있다. 배당금이 좀 늘어나겠거니 내심 기대하는 개인투자자부터 올해 1분기 실적 개선을 예상하고 주식매집을 앞둔 큰손들까지 '이래저래 재보는' 기초 자료가 되기 때문이다.

부동산 시장은 용도별 하위시장으로 나눌 수 있다. 이 중 주거용 부동산 시장에 대한 정보는 꽤 많이 노출되어 있다. 아파트, 연립, 다세대 주택의 매매내역부터 전세보증금 규모, 월세까지 공시해 주는 정부 또는 지자체 주도 인터넷 사이트가 활발히 운영되고 있는 덕분이다. 매물 역시 각종 포털사이트에서 손쉽게 검색이 가능하다. 한마디로 주거용 부동산 시장은 모두에게 투명한 시장이다. 반면, 상업·업무용부동산에 대한 자료는 그간 일반인이 접근하는데 불편했다. 작은 사무실 계약할 때 그 주변 사무실 임대료 수준이 얼마인지 현장에 나가 탐문하기 전에는 알 길이 없었다. 갈수록 수익성 부동산에 대한 시장의 관심은 뜨거운데, 이들의 수익성에 대한 최소한의 공시 지표조차 제대로 제공받지 못하면 뜨거운 시장의 관심을 매매 혹은 임대 시장의 활성화로 연결시키는 일은 요원하다. 불투명 상태에서 적어도 반투명 상태로 전환시켜야 할 필요성이 여기저기서 제기됐다.

이처럼 수익성 부동산에 대한 공시지표 도입 필요성이 목까지 차오르면서 요 몇 년 전부터 임대사례 조사가 시행되고 있다. 한국감정원에서 서울을 포함한 전국 16개 시·도 오피스빌딩[10], 매장용 빌딩[11]에 대한 투자수익률, 임대료, 공실률을 분기별로 발표하고 있는 것이다. 이런 지표는 은행, 투자회사, 임대사업자, 정책 당국자, 자산운용기관 등에게 매우 유용한 자료가 된다. 은행 입장에서는 담보물이 이런 수익성 부동산인 경우 공시된 지표를 현재 임대료와 결합해 회수 가치를 추계해 볼 수 있다. 임대사업자, 투자회사, 자산운용기관 입장에서는 대표적인 수익성 부동산인 매장용·오피스 빌딩에 대한 예상 투자수익률을 가늠하기에 좋다. 부동산간접투자시장이 활성화될 수 있고 정책 당국자에겐 시장의 흐름을 읽을 수 있는 중요한 판단 근거가 된다. 또한 상업·업무용 표준지 공시지가를 결정할 때 표준지 주변에 위치한 이런 임대사례 표본을 통해 수익가격을 추계할 수도 있다.

공시지표의 핵심인 '투자수익률'은 소득수익률과 자본수익률을 합한 값이다. 전자는 임대기간의 임대순수익을 임대개시시점의 자산 가치로 나누어 추계한다. 후자는 임대기간 동안 자산가치의 변동률을 나타낸다. 10월 1일 자산 가치 100억 원의 오피스 빌딩이 그 해 12월 31일까지 임대순수익 1억 원을

10) 전국을 44개 하위시장으로 분류하고 6층 이상으로 임대면적 50% 이상을 오피스로 이용 중인 824동을 표준으로 설계

11) 전국을 106개 하위시장으로 분류하고 3층 이상으로 임대면적 50% 이상을 매장으로 이용 중인 2,331동을 표준으로 설계

2. 매장용빌딩 수익률 정보

1) 소득수익률 추세

(단위 : %, %p)

구분	2009				2010				2011				2012				2013				2014	전기 대비
	1분기	2분기	3분기	4분기	1분기	2분기	3분기	4분기	1분기	2분기	3분기	4분기	1분기	2분기	3분기	4분기	1분기	2분기	3분기	4분기	1분기	
전체	1.31	1.18	0.85	1.22	1.22	1.22	0.93	1.26	1.29	1.32	0.99	1.31	1.30	1.30	0.95	1.23	1.32	1.31	1.00	1.27	1.27	0.01
서울	1.18	1.13	0.84	1.15	1.15	1.14	0.89	1.18	1.19	1.21	0.94	1.20	1.17	1.18	0.94	1.14	1.28	1.28	0.96	1.17	1.16	-0.01
부산	1.44	1.22	0.91	1.27	1.28	1.28	0.98	1.31	1.38	1.41	1.10	1.40	1.39	1.42	1.05	1.32	1.43	1.40	1.12	1.36	1.37	0.01
대구	1.55	1.31	0.98	1.35	1.33	1.32	0.94	1.24	1.40	1.44	1.05	1.42	1.39	1.37	0.88	1.16	1.38	1.37	1.08	1.35	1.37	0.02
인천	1.48	1.39	0.86	1.41	1.40	1.38	0.91	1.36	1.39	1.41	0.95	1.38	1.30	1.32	0.84	1.26	1.45	1.48	1.22	1.53	1.55	0.02
광주	1.27	1.12	0.72	1.14	1.10	1.12	0.84	1.24	1.27	1.33	0.98	1.33	1.37	1.37	1.00	1.37	1.46	1.45	1.06	1.43	1.47	0.04

2) 자본수익률 추세

(단위 : %, %p)

구분	2009				2010				2011				2012				2013				2014	전기 대비
	1분기	2분기	3분기	4분기	1분기	2분기	3분기	4분기	1분기	2분기	3분기	4분기	1분기	2분기	3분기	4분기	1분기	2분기	3분기	4분기	1분기	
전체	-1.13	0.53	0.55	0.59	1.02	0.49	0.18	0.36	0.58	0.53	0.29	0.19	0.36	0.29	-0.48	0.20	0.28	-0.07	-0.16	0.26	0.23	-0.03
서울	-1.30	1.22	0.95	0.86	1.64	0.60	0.28	0.44	0.78	0.71	0.34	0.23	0.23	0.40	-0.47	0.04	0.27	0.29	-0.09	0.30	0.42	0.13
부산	-0.96	-0.11	0.31	0.50	0.36	0.64	0.29	0.38	0.37	0.63	0.46	0.49	0.55	0.41	0.20	0.31	0.51	-0.03	-0.20	0.54	0.33	-0.21
대구	-0.99	-0.23	0.04	0.34	0.43	0.03	-0.04	0.53	0.52	0.10	-0.01	-0.04	0.50	-0.01	0.13	0.63	0.57	-0.42	-0.14	0.38	0.17	-0.21
인천	-1.54	0.73	0.31	0.59	0.54	0.59	-0.18	0.20	0.71	0.47	0.29	0.28	0.46	0.05	-0.73	0.44	-0.18	-0.14	-0.10	0.10	-0.14	-0.24
광주	-0.82	-0.80	0.24	-0.19	0.63	0.04	0.22	0.16	0.38	0.13	0.05	-0.30	0.31	0.12	-1.07	-0.15	-0.34	-0.72	-0.41	0.36	0.05	0.01

시현했고 12월 31일의 자산가치가 100억 5천만 원이 되었다면 소득수익률은 1억/100억 = 1%, 자본수익률은 +5천만 원/100억 = 0.5%로 집계된다. 4/4분기의 수익률을 1년으로 환산하면 소득수익률 4%, 자본수익률 2%, 연 6%의 투자수익률이 된다.

요즘 같이 고수익 자산으로 자금쏠림이 심한 저금리시대에 투자수익률은 수익성 부동산에 관심을 갖는 모든 투자자에게 지극히 유용한 지표이다. 다만, 임대기간 초와 기간 말 자산 가치에 대한 정확한 감정평가가 담보돼야 지표의 신뢰성이 더 높아질 것이다.

자투리 몸값, 상황에 따라 천양지차다

'자투리는 덤으로 얹어 주세요.' 전통시장을 제 집 드나들듯 하던 우리네 어머니의 상투적인 흥정멘트다. 그럴 때면 꼬깃꼬깃 지폐 몇 장을 손에 쥐고 경우에 따라서는 안 살 수도 있다는 으름장 섞인 제스처가 동반된다. 일정한 용도로 쓰고 남은 나머지를 비유적으로 일컫는 말인 '자투리'는 한 무더기로 취급되기에는 부족한 소량의 무언가를 지칭할 때 쓰인다. 상추 예닐곱 개 혹은 두란 서너 대일 수 있다. 이와 유사한 개념으로 '덤'이라는 말도 있다. 물건을 팔고 실 때, 제 값어치의 물건 외에 조금 더 얹어 주고받는 다른 물건을 가리키는데, 본류(本流)에서 떨어져 나온 지류(支流)성격의 자투리와는 달리 원 물건에 딸려가는 부속품 신분쯤 된다.

'자투리'는 내제로 천대받는 편이다. 그러나 상황에 따라 이외의 몸값을 부여 받기도 한다. 그래서 자투리로 취급받는 이런 자산의 가치를 평가할 때 감정평가사는 자투리가 처한 상황이 어떤지 예의 주시할 수밖에 없다.

일반적인 물건의 자투리와 별반 차이 없는 대접을 받는 대표적인 경우는 담보가치를 추계할 때다. 완만한 구릉 형태의 10,000㎡ 임야를 창고부지로 활용하기 위해 개발행위허가를 받는다면 자투리는 예외 없이 등장한다. 이 중 수 십 내지 수 백 제곱미터는 허가면적에서 제외되는 게 다반사니까. 이들은 달리 '(허가)제외지'라고 불린다. 제외지 신분이 된 이유는 급경사 혹은 빽빽한 입목밀도 등의 자연적 요건이 태반이다. 토지 전체에 대한 개발 계획을 세우다 보면 이런 토지 특성에 의해 부득이 '알땅'에서 빠지는 자투리가 나오기 마련인 것이다. 이들은 예외 없이 홀대(忽待)를 면치 못한다. 푸대접의 결과는 뻔하다. 이 토지를 담보로는 돈을 빌려 줄 수 없다는 것. 감정평가서에는 '단독효용가치 희박'이라는 사유로 가치가 없다고 기재된다. 택지로 바뀔 '알땅'에 묻어가긴 하지만 별도 값어치는 못하는 셈. 회계에서 말하는 '중요성의 원칙'과도 일맥상통한다. 단, 취급은 이렇게 받지만 근저당설정의 굴레는 벗어나지 못한다. 볼모로 잡은 왕족의 수발을 드는 몸종 정도로 대우받는다고 보면 될 듯.

위와 달리 '자투리'가 융숭한 대접을 받는 예외적인 경우도 있다. 공터로 방치된 수 제곱미터 국·공유지가 일반에 매각 대상으로 공고될 때다. 얼핏 먼저 소개한 제외지보다 상황이 그렇게 나아보이진 않는다. 길고 좁다란 땅이거나 삼각형 형태가 일반이니까. 더구나 이런 땅은 규모가 협소해 뭘 어떻게 활용할 방안이 없다. 그런데 진흙 속 진주를 보듯 하는 이가 있다. 바로 옆 필지 소유자다. 손 짜장 전문점으로 인산인해(人山人海)를 이루는 식당이라면 차 한 대 더 댈 공간, 밀가루 한 포 더 쌓을 수 있는 자투리땅도 감지덕지다. 더 나아가 두 필지가 합병된다면 지류(支流)는 본류(本流)에 합세하는 모양새다. 그러니 합병 즉시 옆 필지와 동일한 몸값이 형성된다. 이런 행복한 시나리오가 예정되어 있으니 대지 옆에 붙은 이런 '자투리'는 일반 자투리땅과는 대접이

다르다. 이 토지의 매각을 위한 감정평가 시, 수의계약형태로 인접필지 소유자가 매수자로 특정된 경우라면, 매각가격에는 이 자투리 토지가 인접 필지에 기여할 수 있는 잠재력이 어느 정도 반영된다.

귀한 대접은 재개발구역 내 자투리땅도 마찬가지다. 이런 토지를 제 값 이상으로 매수하려는 조합원이 꽤 되니까. 관련규정에 재개발구역 내 조합원 간 분양 우선순위를 구역 내 종전자산 가치 순으로 결정한 것이 결정적이다. 어차피 모두 다 아파트 한 채 씩 분양받는 건데 별 차이가 있을 성 싶지만, 선호하는 평형대 공급이 많지 않고 해당 평형에 분양신청이 몰리면 상황이 달라진다. 토지 몇 ㎡, 금액으로 몇 백 만 원 차이 때문에 원치 않는 내형 평형이 배정될 수 있다. 이런 걸 미연에 방지하려는 눈치 빠른 조합원은 서둘러 자투리땅 임자를 만나 웃돈 주고 사겠다고 흥정한다. 물론 한창 아파트 경기 좋았을 적 얘기다.

위 2가지 경우, 자투리에 대한 홀대나 융숭한 대접은 각각 자투리땅의 현재 혹은 장래 토지특성과 관련이 있다. 그런데 예외적으로 자투리가 되기 전의 과거 신분으로 대우받는 토지도 있다. 공익사업 때문에 토지일부가 편입되고 남은 토지인 '잔여지'는 일정한 요건을 갖추면 예전 지위를 인정해 주기 때문이다. 「공익사업을 위한 토지등의 취득 및 보상에 관한 법률」 74조는 '동일한 소유자에게 속하는 일단의 토지의 일부가 협의에 의하여 매수되거나 수용됨으로 인하여 잔여지를 종래의 목적에 사용하는 것이 현저히 곤란할 때에는 해당 토지소유자는 사업시행자에게 잔여지를 매수하여 줄 것을 청구할 수 있으며, 사업인정 이후에는 관할 토지수용위원회에 수용을 청구할 수 있다.' 고 규정하고 있다. 1필지 토지 대부분이 편입되고 남은 일부 토지가 대지로서 면적이 너무 작거나, 부정형(不定形) 등의 사유로 건축물을 건축할 수 없거나 건축물의 건축이 현저히 곤란한 경우, 농지로서 농기계의 진입과 회전이 곤란할 정도로 폭이 좁고 길게 남거나 부정형 등의 사유로 영농이 현저히 곤란한 경우, 공익사업의 시행으로 교통이 두절되어 사용이나 경작이 불가능하게 된 경우 등이라면 '그 쪽 때문에 아무 쓸모없게 된 땅 사가세요' 라고 요청할 수 있다는 얘기다. 망가뜨려 놓은 자전거 가져가는 대신 새 자전거 값 내 주듯, 사업시행자는 잔여지의 현 상태가 아닌 잘려 나가기 전 온전한 상태로 보상해 주어야 한다. 물론 공익사업 때문에 잘려 나간 모든 토지가 이런 혜택을 보는 건 아니다. 먼저는 법률 요건에 부합해야 하고 중앙토지수용위원회에서 내부적인 재결기준으로 정한 면적 요건(ex. 농경지인 경우 잔여지 면적 330㎡ 이하일 것)등을 충족해야 한다.

이렇듯 볼품없는 자투리땅에 대한 대우가 상황에 따라 천차만별이다. 이들에 대한 몸값을 책정할 때 이들이 처한 상황을 예의주시 하지 않을 수 없는 이유가 여기에 있다. 상황에 따라 몸값이 출렁인다는 사실에 우리 역시 익숙해 질 필요가 있다. 스스로의 효용을 입증해 가치를 구축하는 유(類)가 있는가 하면 외부의 환경에 연동되며 경제적 가치를 부여받는 유(類)가 있지 않은가. 내면적인 가치가 전자라면, 감정평가를 통해 경제적 가치를 지적당하는 모든 유·무형의 자산은 바로 후자라고 볼 수 있다.

NPL매각, 채권자와 투자자의 교집합

중년의 남성이 가장 불안해하는 것은 무엇일까? 고용의 질이 떨어지고 근속연수가 짧아지는 추세에 조기 퇴직의 우려가 그 중 하나다. 경세석 측면을 배제시킨다면 아내, 자녀와의 관계가 소원해지는 것도 떠올려 볼 수 있다. 그런데, 의외로 자신의 건강 상태가 예전만 못하다는 불안이 상위에 랭크된다. 필자도 그렇지만 40에 접어들면서 급격히 체력이 저하되고, 몸이 망가져간다는 느낌이 강하다. 생전 쳐다보지도 않던 서울 근교 명산을 주말마다 오름은 장담할 수 없는 중년의 몸 상태 때문이다. 혹자는 하체의 '부실'을 지적한다. 꾸준히 운동으로 체력을 유지해 왔던 이가 아니면, 짧은 산행에도 다리가 후들거리는 체험에 기겁했을 터. 10년 지나면 자동차 엔진 성능이 저하되듯 몸 상태는 정점을 찍고 이제 가파르게 내려가는 체력 앞에 제대로 진단을 받는다. 몸 상태가 부실해지듯 채권도 예고치 않게 이런 부실 대열에 합류할 수 있다. 이들은 작동하지 않는 채권이라 불리는 '부실채권(Non Performing Loan)'이다. 요즘 개미 투자자도 곧잘 입질하는 NPL이 그것이다.

금융기관은 '신용'을 담보로 자금을 융통해 줄 수 있다. 변호사, 회계사, 감정평가사 등 전문자격을 취득한 이들은 소득 증빙 없이 곧바로 수 천 만 원에서 수 억 원 대출을 해준다. 전문의 자격을 취득하고 개업 준비 중인 의사나 한의사 역시 이런 융숭한 대접을 받는다. 최소한 자격증을 갖고 있으니 그들의 신용에 상응하는 소액(?)대출은 부실 발생 위험이 낮다고 보니 가능한 것. 그러나 이들이 속한 시장이 포화상태에 이르고 더 이상 예전 같은 고수익, 초과수익을 기대할 수 없게 된 것은 분명하다. 조만간 대출 한도의 조정이 있지 않을까. '신용'은 이렇듯 가변적이라 할 때 부동산을 담보로 한 대출실행은 그나마 안정적이라 할 수 있다. 땅이 꺼지는 것도 아니고 빌딩이 천재지변으로 허물어지는 위험까지 떠안을 필요가 없으니. 채무자가 소유한 자산을 담보로 대출을 실행할 때도 자산의 가치만큼 꽉 채워 빌려주는 것은 아니다. 자산유형별 LTV(Loan to Value)는 그런 안전장치다. 그러나 예고치 않게 부실의 위험은 찾아온다. 채무자의 신용상태 또는 자금상황의 악화가 발단이 돼, 부실의 대열에 합류할 수 있다.

부실채권은 신용을 담보로 한 무담보부와 부동산을 담보로 한 담보부 채권으로 분류한다. 부실의 기준은 통상 원리금 연체기간 3개월로 본다. 전자는 채권추심을 통해 빌려준 돈을 회수한다. 채무자를 위협하고 귀찮게 하고 불편하게 만드는 갖가지 방법이 고안돼 사회적 병폐가 되는 것은 빌린 자가 어떻게든 돈을 마련치 않으면 받아낼 길이 없기 때문이다. 그러나 후자는 담보로 잡은 자산이 있어 이를 처분할 수 있는 손쉬운 방법이 있다. 이들 자산의 등기사항전부증명서 '을구'란에 설정된 저당권은 이런 연체가 지속될 경우 경매에 의한 처분이 가능토록 허용하는 채무자의 약정에 의한 것이다. 이런 자산이 수 만 개 중 두 세 개라면 별 문제 없을 텐데, 그 비율이 올라가면 금융기관이 난처해진다. 경매기간이 길어지면 그 기간 대손충당금을 계속 쌓아야 되고, 은행이 그토록 중시하는 자기자본비율이 하락한다. 자동적으로 은행의 신용도에도 빨간불이 켜진다. 그래서 약간의 손실은 보더라도 시간의 기회비용을 줄이고, 재무 건전성 지표를 보전할 수 있는 전략을 들고 나왔다. 채권 자체를 팔겠다는 것이다.

부동산에 설정된 저당권에 기해 빌려준 돈을 받을 수 있는 권리를 파는 것이 NPL매각이다. 개별로 매각하는 것보다는 묶어서 할인 가격으로 파는 게 쌍방에 유익이다. 이를 POOL매각이라 부르고 인수 금액이 수 백 억에서 수 천억에 달하기에 자금력이 있는 금융기관, 기관투자가, 유동화전문회사 들이 참여할 수밖에 없었다. 초창기 이런 대규모 매각에 참여하지는 못했지만 꽤 괜찮은 투자처라고 인식한 개미투자자는 진입방법을 찾아냈다. 낱개로 부실채권을 인수해 수익을 올릴 수 있는 빈틈을 발견한 것. 물론 일반 대중에게 소개된 것은 그리 오래되지 않았다. 시중 대형 서점 부동산 분야 신간 중 투자를 권유하는 여러 서적의 빈출 키워드에 종래 '경매' 일색이던 것이 '경매', '공매', 'NPL'로 다양해 진 건 'NPL' 투자방법이 하나의 부동산 투자처로 자리 잡았다는 것을 방증한다.

그렇다면 개인은 어떻게 이들 부실채권을 매입할 수 있을까. NPL을 매수한 유동화전문회사(SPC)나 중소형 자산관리회사(AMC)가 개별 채권을 재 매각할 때 입찰이나 수의계약에 참여할 수 있다. 투자를 대행하는 펀드매니저가 추진하는 공동 투자 명부에 이름을 올리는 것도 가능하다. 금융기관 자체적으로 경매를 진행할 때 직접 저당권자를 찾아가 인수를 타진하는 것도 대안 중 하나다. 이렇게 입맛에 맞는 부실채권을 손에 넣은 후에는 이를 여러 방법으로 요리해 수익을 창출한다. 저당권을 발동해 경매에 집어넣고 또 다른 개인 투자자가 낙찰 받게 하여 낙찰대금에서 배당받는 것이 무난한 회수 방법이다. 중개자가 아닌 중개무역상의 지위에 올라 입맛을 다시고 있는 또 다른 NPL투자자에게 중개수수료 정도의 수익만 남기도 채권을 재 매각하는 것도 가능하다. 시간적 여유도 있고 급히 자금을 회수할 필요도 없을 경우 부동산 자체가 탐나는 자는 직접 경매에 참여해 자신이 낙찰 받아 소유권을 취득할 수 있다. 이를 이 시장에서는 '유입'이라고 부른다. 실 재권금액보다는 낮게 인수했기에 드라마 개과천선의 인턴변호사인 여주인공 정도의 호소력 있는 감성과 설득력을 지니고 있다면 채무자와 협의해 채권금액과 인수금액 사이 금액으로 자진 변제할 수 있도록 접촉해 볼 수 있다. 채무자는 원리금 일부를 탕감 받고 부동산을 강탈당할 위기에서 벗어나게 되므로 매력적인 흥정이다.

이들 NPL투자가 주식보다는 안전하고, 오랜 기간 쟁여둬야 하는 일반 부동산 투자보다는 회수기간 대비 수익률 면에서 각광받고 있음은 분명하다. NPL 매입금액의 7~80%를 저축은행, 새마을금고 등 제2금융권에서 대출로 충당할 수 있어 실 투자금액이 작은 것도 매력적이다. 이에 투자해서 발생하는 차익이 비과세라는 점은 개인 투자자의 시선을 홀린다. 보유기간 1년 미만인 부동산의 처분 차익에 50%의 단일 세율이 적용되고 일반펀드 수익에 대해서도 14.4%의 소득세가 부과되고 있으니 유일한 과세 청정지역처럼 보이니 그렇다.

다만, 권리분석에 대한 기본 지식은 필수다. 말소주의니 인수주의니 하는 것이 무얼 의미하는 지도 모르고, 낙찰로도 말소 안 되는 몇몇 권리가 있음에도 낙찰만 받으면 등기사항전부증명서가 말끔히 정리된다는 착각을 하고 덤빈 자는 백전백패다. 상황 별 배당표를 작성해서 안정적인 수익이 발생하는 입찰점을 찾을 수 있는 내공은 필요하다. 물론 가장 중요한 것은 가치 추계의 기본 원리다. 채권의 원본이 되는 부동산의 시장 가치가 어떤 식으로 형성되는지 가늠할 기본기는 필수다. 채무자의 급박한 사정이 개입돼 그렇지 알짜배기 물건은 언제든 시장에서 제 값을 받을 수 있다. 정상적인 매물과 급매물이 포진하는 가치의 스펙트럼 구간 정도는 대강이라도 볼 수 있어야 한다는 것.

감정평가에서의 '포함'과 '배제'의 문제

순진한 구매자가 상술에 휘둘리지 않으려 신경을 곤두세워도 빈 틈을 보이게 마련. 낭패를 겪기 딱 좋은 상황은 오로지 물품 종류와 가격에만 주의를 기울였을 때다. 풀 세트 가격인 줄 알았는데 본체만 포함되고 옵션은 별도 구매라는 점을 뒤늦게 발견했을 때는 이미 엎질러진 물이다. 추가로 비용을 지불하고 옵션을 구매하면, 결국 구매계획을 세우며 빡빡하게 책정한 원 예산을 넘겨 지출하게 돼 버린 꼴이다. 보험 계약서에 서명하면서 특약사항에 무엇이 들어가는지 확인하지 않을 때 훗날 뒷목 잡는 것과 같다. 옵션의 포함여부를 꼼꼼히 따지게 된 건 분양 아파트의 현실이 모델하우스와 괴리가 있다는 점을 발견한 이후의 얘기가 아닐까. 소송으로까지 번진, 아파트 입주자와 시공사의 분양물의 완성도에 대한 다툼이 수면으로 올라오기까지는 순진한 구매자의 수많은 부주의가 있었을 것이다. 자산의 가치를 평가함에 있어서도 이렇게 '포함'과 '배제'의 문제가 첨예하게 개입할 때가 여럿 있다.

보상금에 대한 소유자 불만의 핵심인 '개발이익'의 포함 여부가 그 중 하나다. 시가와 보상금액이 괴리됨을 소유자가 주장하지만, 그들이 말하는 '시가'는 소유자의 공로 없이 부풀려진 지가 상승분이 포함된 가격이다. 실제 거래단가가 보상단가를 웃돌면 외견상 그들의 주장이 합리적으로 보인다. 그러나 거래단가에 분양입수권 등 이주대책 대상자가 누리는 프리미엄이 포함돼 있을 수 있다. 그런 사유로 인한 가격상승분은 토지, 건물의 정당한 보상금의 성격에 위배되기에 '배제'의 문제로 접근해야 한다. 또한 영업보상금에 권리금이 왜 포함되지 않느냐고 주장하지만, 법으로 정한 평가 항목은 휴업으로 인해 이전하면서 발생하는 휴업기간 손실뿐이므로 평가자가 임의로 '배제'한 것이 아님을 알아야 한다.

재개발, 재건축 등의 정비 사업을 진행할 때도 '배제'의 시각이 등장한다. 2~30년 된 단독주택이 즐비한 가로변으로, 가가호호 마당 한 쪽 단풍나무나 감나무 두 어 주 정도는 볼 수 있다. 공동주택 등으로 교환해 주기 전 각 조합원 소유 자산의 가치를 평가할 때 이런 액세서리는 명함을 못 내민다. 토지, 건물(구분소유부동산 포함)만 평가의 대상으로 삼기로 법률이 정했기 때문이다. 조합원이 상호 약정한 정관도 토지와 건물 외 별도의 자산을 평가에 포함시킨다는 특약이 없다. 반면, 이들이 조합원의 신분을 포기하게 되면 '포함'의 시각으로 전환된다. 이들은 청산자로 대우받고 이사 짐에 포함시킬 수 없는 모든 자산, 곧 버려두고 떠나야 하는 소유물이 모두 평가의 대상이 된다. 토지, 건물 외에 조경수, 울타리, 가로등 같은 소소한 물건의 몸값까지 현금으로 지급된다.

수익성 부동산인 사우나, 모텔, 호텔을 평가할 때, 이들이 창출하는 수익을 환원 또는 할인하는 평가방법을 적용해서 도출된 수익가치와 부동산 가치는 일치하지 않는다. 수익가치 중에서 부동산으로 볼 수 없는 부분이 기여한 가치 상당액을 공제할 필요가 있다. '배제'의 시각으로 접근해야 한다. 대표적인 것이 브랜드 가치다. 호텔을 경영하는 모 기업의 상표, 인지도, 경영 노하우가 결합·조력하지 않았다면 그 정도의 수익이 창출되겠는가. 평범한 호텔 내부 인테리어와는 달리, 객실로 진입하는 통로 벽마다 걸린 꽤 비싼 유화액자는 호텔 건물의 가치를 구성하는 부품으로 볼 수 없다. 비부동산 가치구성 요소가 있는 셈. '수익성'으로 추계한 호텔의 가치는 곧 계속기업으로서의 '호텔기업'의 가치라고 볼 수 있으므로, 토지, 건물 등 호텔을 구성하는 등기 가능한 자산의 가치를 합산한 것과는 금액 차이가 상당할 수 있다. 혹자는 이 격차 중 동산가치를 공제한 나머지를 무형자산 또는 영업권의 가치로 판단한다.

경제적 가치가 없는 물건은 주된 물건의 가치에 부속되므로 '포함' 평가되는 관행이 있다. 산림을 구성하는 입목이 임지에 포함·평가되는 것이 대표적이다. '경제적 가치가 없는 활·잡목은 임지에 포함 평가하였습니다.'라고 평가의견서에 기재하는데, 산림의 평가액 중 임지와 입목을 구분해 달라는 요구는 무의미함을 설명하는 것과 다를 바 없다. '종물'이 주물의 처분에 따르므로 '포함' 관계가 성립한다. 마찬가지로 주물에 부속돼 분리하면 경제적 가치가 없거나 분리하는데 본 가치 이상의 비용이 들 정도로 합치된 '부합물'도 주물의 가치 상당액에 녹아 들어간다. 기계 설비를 작동하는데 반드시 필요한 옵션은 표준적인 부속품이므로 일반적으로 기계 평가 금액은 당연히 이를 포함한 가격이다.

국·공유지를 매각할 때 인접 필지 소유자가 매수자로 한정된 경우, 매각 필지 단독으로 있을 때의 가치와 인접필지와의 병합 시 증액된 몸값 사이에서 매각평가금액을 저울질하게 된다. 소위 '기여도'의 배분 문제, 곧 매각금액에 '가치 증분'의 '포함' 정도를 고민하지 않을 수 없다. 파는 물건 단독으로 봐서 저렴하게 평가해 달라는 요구는 매수자의 극단적인 희망사항이며, 어차피 합쳐 쓸 것을 전제로 힘닿는 데까지 몸값 올려달라는 건 매도자의 과한 요구다. 전자는 기여도의 전적인 '배제', 후자는 기여도의 전적인 '포함' 입장인 것.

공익사업 지구 내에서 이주에 필요한 이사비는 토지나 건물 보상금 외에 별도 항목으로 책정돼 있어 보상평가액에 포함되지 않는 점, 어떤 부동산이든 소유자의 '주관적 가치'는 고려의 대상이 아니라는 것, 특정한 지분 소유자의 지분만 평가할 때는 평가액 전체에서의 지분비율 혹은 지분비율에 상당하는 점유 위치의 가치만이 평가의 대상이라는 점 정도는 알고 있어야 한다. 그래야 최종 평가금액이 이것은 담고 저것은 뺐음을 전제로 이의제기 혹은 재고요구를 할 수 있다. 감정평가에서는 가치 수준의 차이를 논하기에 앞서 항목의 포함, 배제를 확정하는 것이 선결 사항이다.

감정평가 확장 분야, 사전 타당성 검토

지방 출장을 마치고 서울로 복귀할 때면 되도록 막히지 않는 길을 타려고 내비게이션의 도움을 받는다. 내비게이션이 유료도로를 선호한다는 속설은 익히 들었지만 추천경로를 보면 경로 설계 자체가 고속도로 위주임을 절감하게 된다. 과천 쪽에서 서초동으로 넘어가는 길은 사당역을 경유하든지 아니면 우면산 터널을 이용하는 방법이 있는데 시간이 촉박하면 유료 터널 쪽으로 선회한다. 아직도 내비게이션에는 통행료가 2,000원으로 입력돼 있는데, 최근 터널을 이용하면서 요금이 500원 인상됐다는 사실을 알게 됐다. 물가가 두 자리 수 인상되면 뉴스에 '인플레이션'이라는 용어가 반드시 등장하는데 25% 인상인 셈이니 '상승'이라기보다는 '폭등(暴騰)'이라고 표현해야 할 판이다. 몇 년 뒤에 500원 더 인상된다는 소식도 들리니 그리 급하지 않으면 터널로 안내하는 내비게이션 추천경로는 무시해야 할 듯하다.

우면산 터널과 같은 민자 도로는 1998년 외환위기 당시 민간 투자 활성화를 위해 최소운영수입보장제도(Minimum Revenue Guarantee, MRG)가 도입되면서 속속 등장했다. 지난 2006년 민간제안사업 2009년 정부고시사업의 MRG가 폐지됐지만 그 이전 완공과 동시에 기부채납 조건으로 최소 수입을 보장받은 민간사업자는 현재까지 이용수입의 부족분을 지자체 예산으로 보전 받고 있다. 우면산 터널은 보장수익률이 8% 초반으로 알려져 있어 필자처럼 통행요금에 부담을 느껴 이용을 꺼려도 수입 부족분은 고스란히 서울시의 재정 부담으로 돌아갈 것이다. 2014년 초 보장수익률을 조정하고 통행요금을 허가제로 전환시키는 재협상에 나선다는 소식이 들리지만 확정된 건 없다.

민간 자본의 인프라 투자 시 적정 이윤을 보장해 주어야 하는 건 지극히 당연한 얘기다. 한두 푼 들어가는 것도 아니고 완공 후에는 소유권을 지자체에 넘기는 조건인데 투자원금에 대한 적정 이윤을 할부 형태의 매년 사용수익으로 보장 받지 못한다면 어떤 민간 사업자도 참여하지 않을 것이기 때문이다. 이 제도의 순기능이 사장되고 폐해만 부각된 이유를 필자는 수요 예측에 실패한 부정확한 '사업 타당성 용역 보고서'로 돌리고 싶다. 부산-김해 경전철의 예상 일일 이용객수 17만 명과 실제 이용객수 3만 여 명, 의정부 경전철의 일일 예상 이용객수 7만 9천명과 실제 이용자수 2만 여 명의 데이터는 이런 부실한 보고서 작성자가 지자체 '혈세누수'의 책임에서 자유롭지 못함을 말해 준다.

정비 사업에서의 추정 분담금 산정 용역, 개발사업의 사업계획서 타당성 검토 등의 감정평가 부대 업무(컨설팅 보고서)가 위에서 언급한 타당성 용역 보고서의 성격과 궤를 같이 한다. 통행 차량대수에 대한 예측과 일일 사용자수 추산이 민간 사업자의 최소수익률을 보장하기 위한 핵심 사항이라면 타당성 검토 용역을 하는 감정평가사에게는 장래 분양성과 분양수입을 추산하는 일이 이에 대응되는 항목이다. 이런 예측과 예상은 현재 경기상황에 대한 적확한 이해와 부동산 경기 동향에 대한 면밀한 조사와 분석을 전제한다. 세부적으로 들어간다면 경기변동의 진폭이 클 것으로 예상되는 경우 확률분포의 형태로 분양수입을 추산해 보는 것도 고려할 만하다.

현재 감정평가기관이 발행하는 대부분의 컨설팅 보고서는 종량제로 설계된 보수기준에 따른 평가수수료의 부담을 해소하기 위해 정식 감정평가보고서의 발급을 대체하는 목적으로 작성되고 있다. 보고서의 타이틀이 '감정평가'에서 '컨설팅'으로 바뀌었지 그 면면은 평가서와 다름이 없다. 최근 감정평가업계는 기존 자산의 적정 가치를 추계하는 업무에서 분양수입 추산 등 장래 가치 예측, 사업성과를 분석하는 용역 수행까지 다양한 컨설팅 영역으로 업무영역의 확장을 모색하고 있다. 최근 입찰 공고한 서울시 마포구 내 한 사업장은 준공 후 분양 가치와 더불어 건물 내 MD[13]까지 용역 범위에 포함시키고 있다.

MRG제도의 도입과 폐지의 과정을 지켜보면서 전문성 없는 용역 보고서 1권이 해당 사업자의 현금 수지뿐만 아니라 사회적 비용으로까지 전가될 수 있음을 지적하고 싶다. 컨설팅 용역 업무에 감정평가사가 활발히 참여할 수 있는 기회가 늘어나게 될 것을 예상한다면 가치 추계 과정의 전문성과 아울러 사업 전반의 각 업무에 대한 컨설팅이 가능하도록 철저히 준비되어야 한다. 잘못된 컨설팅 용역 보고서를 통해 지자체의 '누수' 되는 재정은 내 돈이고 우리 돈인 셈이니 그야말로 '혈세'다.

13) merchandising의 약자로 상가건물이나 쇼핑몰, 백화점 등을 설계할 때 매장 구성 계획을 지칭

통계와 감정평가

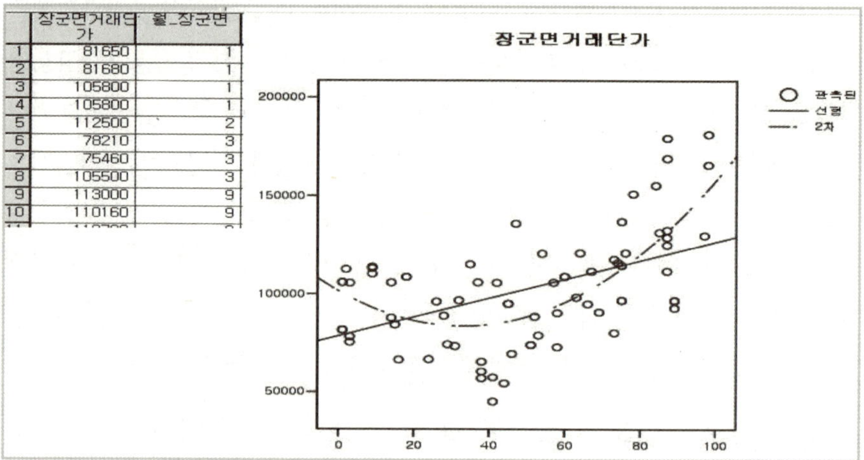

대부분의 감정평가사는 감정평가법인에 소속되어 활동한다. 평가법인도 구성원 평가사의 숫자에 따라 대형 감정평가법인과 소형 감정평가법인으로 구분한다. 2005년을 전후해 당시 건설교통부가 명목상으로는 '감정평가업계의 선진화', 실제적으로는 감정평가업계 관리 감독의 편의를 위해 합동사무소 또는 소형법인 형태로 활동하던 기존 업계 구조를 재편하면서 현재의 대형 감정평가법인이 생겨나게 된 것이다. 그렇다고 평가사가 꼭 법인에 소속될 필요는 없다. 가치평가 전문가로서 부동산개발, 관리, 투자 등의 업무를 담당하는 영역에서 활동하기도 한다. 개인의 성향이나 업무 능력에 따라 개인 사무소를 개설해 왕성히 활동하는 경우도 많다. 얼마 전 친하게 지내던 동기 평가사도 뜻이 있었는지 퇴사해 개인사무소를 열었다. 개인사무소에 배정되는 경매물건이 작년보다 50% 늘었다는 얘기를 동기 평가사로부터 듣고서야 경제 주름이 골 깊게 패였다는 걸 실감할 수 있었다.

경기가 냉각될 때 경매 또는 공매 물건이 시장에 많이 쏟아져 나온다. 이런 상황에 반색하는 이도 있다. 부실자산을 싸게 매수해 재매각을 통해 차익을 얻으려는 큰 손 투자자이다. 이들이 투자에 앞서 꼭 챙겨봐야 하는 수치가 있는데 바로 '낙찰가율'이다. 부실 자산에 눈독을 들이는 이들은 최소한 예상 낙찰가보다는 싸게 매입을 하려고 이래저래 분석하기를 쉬지 않는다. 유료회원에게 지역별, 용도별 경매물건의 낙찰사례를 분석해 낙찰률 통계를 제공하는 인터넷 사이트가 몇 되다 보니 이를 사이트가 적극 활용되고 있다. 낙찰사례가 1~2건이면 미심쩍지만 10건에 대한 통계 결과라면 심증이 가고 모집단이 3~40건을 훌쩍 넘어가면 확신이 생기는 게 사람 마음이다.

우리 국어사전에는 '통계'를 '수집된 자료를 정리하고 그 내용을 특징짓는 수치를 산정하여 일정한 체계에 따라 숫자로 나타내는 것'으로 정의하고 있다. 감정평가의 영역에도 알게 모르게 통계 자료가 많이 활용된다. 토지를 평가할 때 시간적인 격차를 행정구역별, 용도지역별 지가변동률로 보정하는데 매 월의 지가변동률은 대표성을 지닌 '표본지'를 적재적소에 심어 이들의 가격 변동을 통계적으로 집계한 것에 불과하다. 재산세 과세표준의 기준이 되는 개별공시지가나 개별주택가격은 표준지, 표준주택 가격과의 격차를 반영해 산정하는데 통계적인 작업을 거쳐 결정된 매년의 '토지가격비준표'가 '격차'에 대한 구체적인 수치를 제공해 준다. 일조, 조망권의 가치를 평가하기 위해 대상 아파트 주변의 아파드 실거래가 자료를 회귀분석기법의 원재료로 활용하는데 어시 통계적인 기법 활용이라고 말할 수 있으며, 비(非)시장재화에 적용되는 '가상가치평가' 역시 큰 틀에서는 통계적 평가 기법에 속한다.

그렇지만 통계가 만능은 아니다. 통계에 의해 나온 수치는 '언저리' 수치라고 이해할 수 있다. 통계가 모든 요소를 반영해 누구도 부인할 수 없는 값을 노출하려면 어떤 자산의 몸값을 결정하는 수 백, 수 천 가지 요인들을 모두 변수화 시키고 이 값을 모두 측정할 수 있어야 한다. 부동산을 비롯한 많은 유, 무형 자산들의 가치형성 과정에 분명 법칙성을 발견할 수 있지만 이를 수치화 하려면 정량화시키는 산식 못지않게 정성적인 판단과정이 개입될 수밖에 없다. 감정평가업계에서 말하는 '고도의 전문가적 판단' 이야말로 이런 정성적인 판단의 핵심이다. 즉, 통계로 감정평가를 완전히 대체한다는 건 불가능하다.

그렇지만 통계적인 수치를 자유자재로 활용하고 해석할 수 있는 능력이 감정평가사의 기본 자질로 요구받는 시대가 아닌가 싶다. 좋게 보자면 판단 근거를 적시할 때 이런 통계 수치 또는 통계분석이야말로 평가자의 주장을 대놓고 항변할 수 있는 든든한 원군쯤 되지 않을까!

빅 데이터 시대, 감정평가의 자리매김

자료가 불충분해 결론을 못 내리는 것보다 결론은 정해졌지만 이를 지지해 줄 데이터를 구할 수 없을 때가 실로 난감한 상황이다. 핵심적인 데이터가 보이지 않는다면 앞은 더 캄캄하다. 토지를 거래사례비교법으로 평가한다 치면, 이 핵심적인 데이터는 인근 지가 수준에 부합하는 최근 '거래사례' 라고 말할 수 있다. 인근 지가 수준은 방매물건가격[12]을 통해 확인가능하다. 또 경매로 나온 물건이 낙찰된 내역은 몇몇 유료 사이트를 통해 들여다 볼 수 있다. 이 두 가지 정보만으로 추정한다면 거래가능가격은 낙찰금액을 최하한선으로 할 때 매수희망가와 매도희망가 사이 어디쯤인가 위치할 것이다. 그러니 이 범위에 들어오는 적절한 거래사례만 있으면 이미 평가자의 맘에 정해진 결론을 도출할 마지막 퍼즐이 맞춰지는 셈이다.

3년 전쯤 국내 굴지의 철강회사가 인수하는 태국 철강회사의 현시 실사 및 감정평가를 진행한 적이 있다. 현지 평가법인과 공조하게 되었는데, 각국마다 평가기준이 달라 태국이라는 나라는 어떤 식으로 감정평가를 수행하는지 내심 호기심 반 기대 반 이었다. 현지 평가사와 이런저런 얘기를 나누던 중 최근 몇 년 간 큰 평수의 공장부지는 거의 매매가 되지 않았다는 사실을 알았다. 의아했던 건 태연히 그런 말을 하는 평가사의 표정이었다. 거래사례비교법으로 평가하려면 비교가능성이 높은 광평수 공장부지 매매사례를 포착해야 할

12) 부동산 중개소에 팔려고 내 놓은 매도 희망가 또는 구입의사를 내비친 매수 희망가

텐데 거래도 없었다면서 무슨 수로 평가하려고 저리 태평일까 내심 걱정됐다. 평가 과정을 가만히 살펴보니 그들은 매매가 완료된 사례가 없으면 팔려고 내놓은 매물가격을 활용해 거래 예정가격을 추정하는 것이었다. 평가자가 구하는 가치가 '거래가 있을 경우 성립될 가능성이 가장 높다고 인정되는 가액'이라면 1년째 방매중인 사례가격은 거래가 성사되려면 조금 더 하향해야 되고, 2~3년 째 매물상태라면 매도희망가에서 더 낮춰 거래 예정가격을 정하는 식이다.

가끔 참고할 만한 거래사례를 검색하다가 문득 방매사례를 활용하는 방법이 없을까 고민해 본 적이 있다. 어떤 시점에서 매물의 양이 얼마나 되는지, 방매기간에 따라 매물로 내놓은 매도 희망가가 어떻게 바뀌는지 전국적인 차원의 데이터가 축적되었다면 굳이 최근에 거래가 완료된 사례가 아니더라도, 계약 체결된 사례와 과거 계약이 이루어질 당시 방매 동향과의 연관성을 밝힌다면, 현재 방매 동향을 통해 거래가능가격을 유추해 볼 여지가 없을까 하는 고민이다. 그런데 이미 이런 고민은 여러 분야에서 현실화되었고 현실화 될 예정이다.

IT를 본적지로 삼고 있는 '빅 데이터'라는 용어는 기존의 분석도구나 관리체계를 활용해서는 감당해 낼 수 없을 정도의 막대한 양의 정보를 뜻하는 말이다. 트위터에서 매일 1억 개 이상의 트윗이 이뤄지고 유튜브에서는 40억 회 가까운 검색이 날마다 이뤄진다고 알려져 있는데, 트윗의 내용과 검색 동영상이 어떤 것인지와 참여자의 신상 정보를 연결시킬 수 있다면 우린 무얼 기대할 수 있을까. 최소한 현 시점 시장에서의 특정 물건에 대한 선호도 혹은 구매력을 지닌 자들의 관심사 정도는 밝혀낼 수 있을 것이다. 그렇다면 부동산을 비롯한 여러 자산의 가치를 평가하는 감정평가 영역에도 분명 빅 데이터가 끼치는 영향이 있을 것이다.

부동산의 가치형성요인을 크게 일반적 요인, 지역적 요인, 개별적 요인으로 대별한다. 이 중 일반적 요인은 지역적 차원을 넘어선 거시경제상황과 연관된 지표에 주목한다. 인구, 도시형성, 교육, 사회보장, 가족구성 및 가구 분리 상태, 정보화 수준, 저축, 투자, 소비 등의 상태, 재정, 물가, 세 부담의 정도, 기술수준, 교통체계, 토지이용계획 및 규제, 주택정책, 부동산 세제가 그것이다. 이들에 대한 정보는 그간 일반에 쉽게 노출되지 않았다. 일부 노출되었더라도 정제 되었던 건 아니다. 빅 데이터 시대에 맞춰 이들 정보는 정제돼 감정평가사에게도 시의 적절히 제공될 수 있을 것이다. 그렇다면 감정평가사의 지향점은 분명하다. 부동산 가치 형성과 관련된 상기 제반 정보를 분석해 인과관계를 도출하고 가치의 변화와 추세를 그로부터 추출해 내는 것. 빅 데이터 시대는 감정평가사에게 기회의 시대이지 않은가!

감정평가 규범 체계

「부동산 가격공시 및 감정평가에 관한 법률」,「공익사업을 위한 토지 등의 취득 및 보상에 관한 법률」은 감정평가 규범 체계의 양대 축이다. 전자가 감정평가의 일반적인 원칙과 기준을 규율한다면 후자는 '공익사업'이라는 특수한 상황 하에서 정당 보상을 실현하기 위한 보상 체계 속에 유형 자산 및 권리 등에 대한 평가 기준을 담고 있다.「부동산 가격공시 및 감정평가에 관한 법률」 31조(감정평가준칙)는 '토지등의 감정평가에 있어서 그 공정성과 합리성을 보장하기 위하여 감정평가업자가 준수하여야 할 원칙과 기준은 국토교통부령으로 정한다.'고 하여 구체적인 사항을 시행규칙에 위임하고 있고, 「감정평가에 관한 규칙」 제1조(목적)는 '이 규칙은 「부동산 가격공시 및 감정평가에 관한 법률」 제31조에 따라 감정평가업자가 감정평가를 할 때 준수하여야 할 원칙과 기준을 규정함을 목적으로 한다.'고 하여 평가의 원칙과 기준은 비로소 여기에서 최종 확정되는 것처럼 보인다. 그런데 「감정평가에 관한 규칙」 제28조(그 밖의 감정평가 기준)는 '이 규칙에서 규정하는 사항 외에 감정평가업자가 감정평가를 할 때 지켜야 할 세부적인 기준은 국토교통부장관이 정하여 고시한다.' 고 하여 감정평가의 가이드라인 역할을 또 하위규정에 재위임하고 있다.

국토교통부장관이 정하여 고시한다는 세부적인 기준이 바로 '감정평가실무기준'이다. 여러 차례 수정과 보완, 재수정의 절차를 거쳐 2013년 상반기 고시를 예정했으나 일정이 꽤 늦춰졌다. 최초 고시 당시 가급적 명백한 오류뿐 아니라 자구의 모호함까지 해소하고자 한다면 재보완 과정을 한 번 더 거치는 게 안심되지 않았겠는가. 최초 고시 후 자산 유형별로, 평가 목적별로 세세한 부분이 다듬어지면 실무자는 천군만마를 얻는 것 같은 상쾌함을 맛 볼 것이다. 감정평가협회 내규로 정한 각종 지침의 도움을 받아 세부적인 사항을 해결해 오고 있었지만 평가서 내부에 이런 지침을 근거로 평가했다는 언급을 생략하는 게 관행이었다. 자체적으로 정한 평가 규정은 법규성과 강제력이 없으니 이를 일반 국민에게 감정평가 결과의 합리적인 근거로 제시하는 건 위험부담을 떠안는 일이기 때문이다. 그런데 국토교통부의 '고시'에 따른 것이라면 위험부담은 감정평가사가 아닌 이들을 감독하는 소관 부서로 전가된다.

법률의 형태든 고시의 형태든 규정의 신분과 위상을 드러내는 조항은 예외 없이 제 1조에 자리 잡은 이 규정의 '목적'에 있다. 알려진 바로는 감정평가실무기준이 원안에 있던 제 1조의 문구를 살짝 바꾸면서 이 규정의 강제력을 완화시켰다고 한다. '감정평가업자가 감정평가를 수행함에 있어 준수하여야 할 구체적 기준을 정함~'에서 '감정평가업자가 감정평가를 수행할 때 이 기준을 준수하도록 권장하여~'로 수정한 것이다. 양자 모두 실무자에게 가이드라인 역할을 하는 건 동일한데 위상은 '규제'에서 '권장사항'으로 한 단계 내려간 것이다. 내부적으로 이 규정의 운영을 강행규정수준으로 한다면 규제로 정의되든 권장사항으로 분류되든 감정평가사에게 미치는 강제력은 동일하다. 다만 규제의 형태를 띠고 있지 않아 총리실 규제심사대상에서 빠지는 혜택은 봤을 것이다.

규정이 완비되고 기준이 세밀해질수록 평가자의 전문성은 농익어 갈 것이다. 모든 평가서가 관련 규정에 따라 작성되고 평가 방법에 차이가 생기지 않는다면 품질의 차이는 자료의 수집과 분석, 그리고 최종 해석에서 발생할 것이다. 숫자로 말하는 자가 판단의 근거로 내세울 건 합리적인 논거가 될 만한 적정 데이터 정도가 아니겠는가!

실무기준해설서, 세부 가이드라인을 제시하다

선한 사마리아법의 모태가 되는 성경 속 '선한 사마리아인' 이야기 내용인즉 이렇다. 어떤 사람이 예루살렘에서 여리고로 내려가다가 강도를 만나자 강도들이 그 옷을 벗기고 때려 거의 초죽음 상태를 만들어 놓고는 무책임하게 방치하고 떠나갔다. 그 후 한 제사장이 그 길로 지나다 그를 보았으나 외면했다. 레위인도 그 곳에 이르러 그를 보고 피하여 지나갔다. 그 때 여행을 즐기던 한 사마리아인이 그곳에 이르러 그를 보고 불쌍히 여겨 가까이 가서 기름과 포도주를 그 상처에 붓고 싸매고 자기 짐승에 태워 주막으로 데리고 가서 돌보아 주었다. 그 이튿날에는 주막 주인에게 숙식비와 치료비조로 데나리온 둘을 내어 주며 말하기를 '이 사람을 돌보아 주시오. 비용이 더 들면 내가 돌아올 때에 갚으리다.' 고 호의를 베풀었다. 이어 '이 세 사람 중에 누가 강도 만난 자의 이웃이 되겠느냐' 질문을 한다. 위 예화에서 화자가 얘기하고 싶었던 건 유대인에게 그 이웃은 사마리아인이 될 수 있다는 것이다. 평소 무시하고 상종 자체를 꺼리던 사람을 이웃으로 받아주라는 우회적인 교훈이 아닐까.

위 예화는 '이웃'의 정의를 간명하면서도 폭넓게 해석해 주고 있어, 위 글을 읽는 사람은 내 몸같이 사랑해야 할 이웃의 '범위'를 설정하는데 도움을 받는다. 법학에서는 끊임없이 법률의 규정을 놓고 이런저런 해석이 충돌하는 게 다반사다. 입법 당시 의도했던 규정의 속사정을 친절히 설명해 주면 좋으련만 몇 줄 안 되는 규정 속에서 통일한 적용 방침을 찾아내려니 의견이 분분한 것이다. 소수설로 출발해 유력설로 발돋움하고 다수설의 입지를 굳힌 후 판례의 원군까지 얻어내는 게 해석자의 바람인 것처럼 보인다. 그간 감정평가에 관한 여러 법률 규정도 간결한 몇몇 조문에 대한 해석이 일치되지 않았다. 감정평가의 기준이 되는 '정상가격'이 적정한 가격인지 시장가치인지 논의하는 데 수 년 소비했다. 그렇다고 일치된 결론에 도달한 것도 아니다. 이런 폐단을 없애고자 용어를 교체하는 등 「감정평가에 관한 규칙」을 일부 개정했고 시행규칙의 세부 평가기준인 '감정평가실무기준', 더 나아가 '감정평가실무기준'을 해석하는 책자까지 선보인 것이다.

국토교통부 훈령 고시로 올해 1월부터 시행되고 있는 '감정평가실무기준'은 국토교통부령인 「감정평가에 관한 규칙」 제 28조에서 위임하고 있는 세부적인 평가 기준을 담고 있다. 2013년 3월 개정된 본 조항의 내용은 다음과 같다. '이 규칙에서 규정하는 사항 외에 감정평가업자가 감정평가를 할 때 지켜야 할 세부적인 기준은 국토교통부장관이 정하여 고시한다.' 실무기준을 정한 후에는 후속조치로 실무기준을 올바르게 적용하도록 돕는 해설서 작업이 진행되었다. 실무기준 고시가 2013년 10월에 있었으니 해설서 내용에 포함될 부분을 확정짓는 데 근 5개월 매달린 셈이다. 감정평가실무기준 틀이 어느 정도 잡힐 즈음부터 해설서 작업이 병행되었으니 실은 이보다 더 많은 기간 공들였다고 봐야 한다. 출간한 측에선 위 해설서가 해당 조문에 대한 규정의 취지, 주요 내용 및 관련 규정 등을 각각 설명했고 특히 실무영역에서 중요성과 필요성이 높거나 다툼이 있는 내용의 경우에는 각각의 견해와 함께 해당 판례 및 유권해석 등을 수록해 기준 해석이 쉬도록 했다고 자평했다. 집필진과 연구진, 감수진의 면면을 보면 짧은 기간 우수한 인력이 대거 투입된 것은 분명하다.

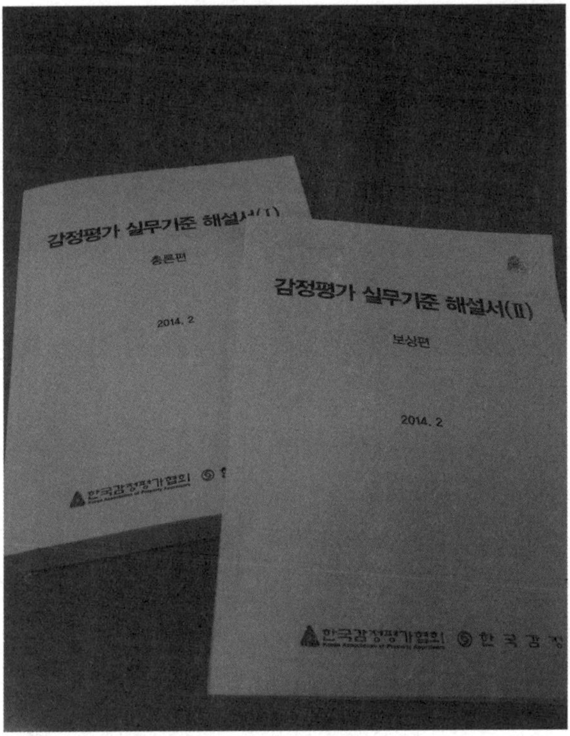

출간된 감정평가실무기준해설서 양은 초기 작업에 비해 많이 줄어든 것으로 보인다. 초기 해설서에 담겨 있던 일부 내용이 삭제된 것은 의견의 일치를 보지 못한 것으로 추정된다. 또한 단정적인 표현에서 관련 법 조항과 판례를 소개하는 선으로 단락을 마무리한 것도 몇몇 보인다. 해설서라는 신분을 생각하면 조금 몸을 사린 것이 아닌가 생각이 들 정도다. 추측컨대 감정평가에 관한 소송의 당사자와 그 법률대리인, 공익사업지구 내 피 수용자 등도 모두 접할 수 있는 책자라는 점을 고려하면 책잡힐 문구나 용어는 최대한 자제하지 않았을까. 다만, 훈령의 신분인 감정평가실무기준이 상위 법 조항 개정은 물론이고 새로운 판례, 유권해석 등의 등장으로 해석을 달리해야 할 만한 사유가 발생하면 제·개정이 용이한지라 해설서 책자도 그에 맞춰 보완될 것이다.

초등학생 두 딸이 지난 겨울방학기간 내내 생활했던 모습을 떠올려 보면 '가이드라인의 중요성'을 새삼 실감한다. 24시간을 운용할 능력이 없으니 무얼 하는데 얼마의 시간을 할애해야 하는지 우왕좌왕이다. 꼭 해야 할 일정이 중간 중간 박혀 있지 않으면 이들의 생활은 의식의 흐름에 따라 그날그날 채워가는 하루를 면하기 힘들다. 이번 감정평가실무기준해설서가 감정평가의 가이드라인 역할을 감당할 것으로 기대된다. 감정평가업계 최초의 공신력 있는 기관에 의해 발간되는 바이블적인 성격의 출간물이라 자랑하는 기사도 보이지만, 많은 부분 통일된 처리 방침을 제공하고 있는 것 역시 부인할 수 없다. 앞으로 폭넓은 논의를 거쳐 합의에 이른 부분을 속속 해설서에 선보여 설명이 취약한 부분을 보완해 나간다면 감정평가사와 평가의 수요자 모두에게 감정평가의 예측 가능성과 신뢰성을 높여주게 될 것이다.

CH. 6 감정평가업계 외부를 향한 제언

- 감정평가, 사회적 비용 최소화 시킨다
- 감정평가 영역에 내재한 갑을관계
- 감정평가사가 전하는 '을'의 목소리
- 은행, 자체 담보 감정의 폐해 감당할 수 있을까
- 영역 다툼의 종착역은 어디
- 감독자의 지리에 서고자 한다면
- 공공의 불편한(?)해명

감정평가, 사회적 비용 최소화 시킨다

한 지자체가 낸 채용 공고에 로스쿨 인터넷 카페가 들썩인 적이 있다. '행정 전문성 향상을 위해 변호사 자격증 소지자를 모집한다.'는 내용은 괜찮았는데 직급이 7급이라는 점이 못마땅했던 것이다. '7급 공무원은 변호사 자격증씩이나 필요한 자리가 아니다.'는 일부 로스쿨생의 격한 주장은 그렇다고 7급 공무원이 하찮은 직책이라기보다는 변호사가 7급 대우를 받는 처사가 부당하다는 항변으로 들린다. 자격증 소지자가 희소했던 시절에 최소 5급 대우를 받던 변호사가 최근 6급 공무원으로 선발되더니 급기야 7급까지 낮춰졌으니 당사자들에겐 그야말로 '격세지감(隔世之感)'인 셈이다. 갈수록 전문 자격증의 진입 문턱이 낮아지고 그에 반해 내부 경쟁은 치열해지고 있다. 사회적 흐름이 이럴진대 전문 자격자에 대한 사회적 대우도 잘해야 연착륙을 면치 못할 것이다. 물론 필자가 속한 감정평가업계도 예외일 수 없다.

필자가 만난 중견급 회계사는 그들의 업무를 한 마디로 '페이퍼 워크(paper work)'로 정의했다. 그들이 검토하고 분석하고 추정·예측한 모든 내용을 압축하고 논리적으로 구성해 보고서에 담는 게 업무의 전부라는 얘기다. 그에 비해 감정평가사가 작성하는 평가 보고서는 생각보다 간단하다. 평가개요를 시작으로 평가방법, 평가조건, 가격산출근거까지 매 항목이 일반인의 시각으로 해석 못할 고차원적 내용은 아니다. 임대료를 가지고 수익가치를 추계한 평가보고서와 신축 상가 분양을 전담하는 분양 대행업체의 홍보 팸플릿에 실린 내용 간 큰 질적 차이를 발견하기 힘들다. 평가보고서가 임대료를 수익가치로 환산한 논리적 과정을 보여주고 있다면 홍보 팸플릿은 '분양가 대비 만족스런 임대료 수입 보장'의 논거를 인근 임대료 수준을 통해 증빙하고 있기 때문이다.

정보의 대중화가 진행될수록 그간 감정평가사만 입수할 수 있었던 가치 추계와 관련된 많은 가격 자료가 시장에 노출되게 된다. 정부나 지자체 주관 인터넷 사이트를 통해 부동산 매매가격에 대한 정보를 손쉽게 입수할 수 있다. 상가, 오피스의 투자수익률 지표나 매월의 지가변동률, 주택매매가격지수 등의 자료도 모두에 열려 있다. 기본적인 오피스 프로그램 활용능력이 된다면 최근 2년 간 거래단가를 시계열분석 해 매매가격 추이를 나름 분석하는 것도 가능하다. 일반인도 여러 자료의 접근편의성 면에서 감정평가사와 대등한 입장이니 그들의 가치 추계 과정이 논리적이라면 신빙성 있는 결론에 도달할 수 있다. 과연 '감정평가사 자격증을 유지해야 하는가?' 라는 근본적인 물음이 제기될 소지는 다분하다.

필자는 감정평가사 존속 이유를 사회적 비용과 편익에서 찾고 있다. 일정한 소양을 지닌 자격자가 균형 잡힌 감정평가를 하지 않았을 때 초래하는 사회적 비용과 자격증 유지비용을 형량 해 보자는 것이다. 현재 부동산 등의 자산에 대한 기업 내부거래가 있을 때에 감정평가를 받고 있다. 골프장을 터무니없이 저렴하게 자회사에 넘기면서 정상 거래인양 매매계약을 체결했을 때 매매금액에 대한 증빙을 감정평가사를 통해 하지 않도록 한다면 주주의 이익은 쉽사리 손상될 수 있다. 1,000억 원의 골프장을 800억 원에 매매하며 모 회사에 200억 원의 손실을 입히도록 방치할 바에야 1,000억 원 골프장에 대한 감정평가 수수료 5천 만 원을 보험조로 지급하는 게 안전하다. 위법, 부당한 감정평가에 대해서는 감정평가 타당성 조사위원회에서 재조사 할 수 있도록 규정되어 있으니 관리 감독을 통해 감정평가의 공정성은 어느 정도 담보 할 수 있다.

감정평가사 제도가 존속하려면 전문가에 의한 평가의 실익이 사회적 비용을 넘어선다는 신호를 계속 보내야 한다. 위법·부당한 감정평가, 이해관계인의 요구에 부합한 경도된 감정평가, 전문성이 결여된 감정평가가 하나 둘 쌓일수록 이 자격증의 존립 근거가 박약해진다. 수 백, 수 천만 원의 수수료에 눈이 멀면 한 번 쯤 불공정한 감정평가서를 발행해도 괜찮겠지 하는 대담함이 생길 수 있다. 이는 감정평가로 인해 사회적 비용이 오히려 늘어나는 꼴이다. 우리도 미국처럼 감정평가서에 대한 제 3자의 검토보고제도 도입을 추진해야 할 것이다. 감정평가의 공정성에 대한 의심의 눈초리가 날선 요즘 서둘러 자정 노력을 기울이지 않으면 편익과 비용의 논리로 대응할 여지는 아예 사라지게 될 것이다.

감정평가 영역에 내재한 갑을관계

성경(聖經)에 약자에 대한 언급이 있는 곳이면 예외 없이 '고아', '과부', '나그네'가 등장한다. 양육을 책임져 줄 부모가 없는 아이, 남성 중심 경제권이 견고한 사회에서의 미망인, 이방인에게 배타적인 문화공동체에서의 떠돌이야말로 약자를 대변하기에 충분할 것이다. 안락한 삶을 사는 이들에게 주변에 이런 고아나 과부, 나그네가 있으면 반드시 돌아보아야 하고 이를 어기는 것은 그들이 섬기는 '신'을 저버리는 행위라고까지 엄포를 놓았으니 약자에 대한 배려는 성경(聖經)속 절대자를 따르는 이들에겐 '의무'로 규정된 것이나 다름없었다.

'정치민주화'에 이어 '경제민주화'에까지 사회의 관심이 모아진 건 비단 정치적 민주화가 어느 정도 정착되어 다른 영역의 민주화로 논의를 확장시킬 여유가 생겼기 때문은 아니다. 그것은 현 경제 구조 속에 내재된 비민주적 착취 행태가 도를 넘어 정치적 비민주화를 넘는 사회적 위협으로 가질 수 있다는 사회 전반의 우려 때문이다. 권력과 위력을 이용해 약자의 이득을 편취한 '갑'의 위치를 점한 이들에 대한 매스컴의 집중포화는 상당 기간 이어졌는데 인타깝게도 내통령의 방미 중 발생한 '황망한(?)'사건으로 그 열기가 식어졌던 건 시기적으로 참 안타까운 일로 기억된다.

경제적 민주화를 논의할 때 등장하는 '갑'(甲)과 '을'(乙)은 공생관계이면서 또한 종속관계에 놓여 있다. '을'의 전폭적인 지원이 있을 때 '갑'은 안정적인 생산 활동과 영업 활동을 영위하게 되고 '갑'은 그 대가로 '을'의 고정적인 원자재와 노동력 수요처로 자리매김하게 된다. 문제는 현재 거래처인 '을' 외에도 '을'의 역할을 언제든 대신할 수 있는 수많은 '을'을 확보할 수 있을 정도로 '갑'의 경제력과 사회적 지위가 격상하면서 둘의 관계가 종속관계로만 경직돼 버린 것이다. '갑'이 이전에는 머뭇머뭇하던 부당한 요구를 이제는 '을'에게 서슴없이 요구함에도 '을'이 침묵으로 일관할 수밖에 없는 경제 환경이라면 충분히 위험수위에 다다른 것이 아닐까!

감정평가 시장에서도 '갑을관계'가 형성되어 있다. 시장의 '파이'는 계속 줄고 있고 평가보고서 간 품질의 차이가 외관 상 식별되지 않게 되니 업무를 유치하려는 감정평가업자는 철저히 '을'의 지위로 전락하게 되었다. 평가업자의 '간'을 보며 무리한 평가액을 내 줄 수 있는 평가 기관을 선별하려는 금융기관, 자신의 입맛대로 평가해 줄 '주민추천 평가사'를 공모(?)하는 대책위원회, 경제성 없는 사업계획서의 타당성을 보장해 줄 평가보고서를 찾는 개발업자는 '갑'의 위치를 점유하고 있다. 평가 보고서 간 품질의 차이가 확연하건만 최종 감정평가액만 보고 감정평가보고서에 대한 선호도를 결정하는 수요자의 비전문성도 문제지만 뻔히 무리한 금액인 줄 알면서도 자신을 대체할 수 있는 수많은 감정평가사가 존재하니 수임을 위해 부득이한 선택이라고 자위하는 연약한 감정평가사도 책임에서 자유롭지 못하다.

시중은행의 불공정 행태에 대해 감정평가협회 차원의 이의제기가 있었다. 은행이 담보평가를 의뢰해 평가기관이 인력과 시간을 들여 평가보고서를 납품했는데 LTV 제한, 고객신용 같은 은행 내부 문제 혹은 채무예정자의 변심 등으로 대출이 실행되지 않았다고 평가수수료는커녕 평가직원의 출장비조차 지급하지 않아 왔기 때문이다. 대체 어느 용역 발주기관이 납품 받은 보고서가 불필요하게 되었다고 용역수수료 지급을 거부할 수 있는지 묻고 싶다. 고객이 '갑'이

되어 은행도 '을'의 지위로 전락했다고 읍소를 한다면 감정평가기관은 '병(丙)'으로 강등되었다고 항변할 수 있을 것이다. 그나마 담보감정평가서를 근거로 한 대출이 실행되지 않았을 때 시중은행에 실비를 청구할 수 있도록 최근 업무협약을 개정한 건 '을'의 끊임없는 반항(?)때문이 아닐까.

경제민주화에 대한 논의가 감정평가기관과 업무 발주자 간 이런 불공정한 '갑을관계'까지 확대돼 공정거래가 구축된다면 평가기관은 '갑'의 무리한 요구에 전전긍긍하며 체력을 소진하는 대신 평가보고서의 품질을 향상시키려는 전문성 제고 방안에 집중할 수 있을 것이다.

감정평가사가 전하는 '을'의 목소리

금융기관에서는 분기별로 부실이 발생한 담보부채권의 매각을 추진한다. 이들 담보부채권은 채무자의 경제적 사정이 악화돼 꼬박꼬박 지켜오던 이자납입 시점이 늦춰지는 등 연체가 발생한 것들이다. 이를 제대로 작동하지 않는 채권, 'NPL'(Non Performing Loan)로 분류하고 하나의 풀(Pool)로 묶어 투자자에게 매각하는 작업이다. 한 번 매각할 때마다 금융기관별로 차이는 있지만 채권 매각액 규모가 작게는 수 백 억에서 많으면 수 천 억에 달할 정도로 몸집이 크다. 금융기관 측에서는 대손충당금을 계속 쌓느니 최소한의 손실만 보고 매각하는 게 손실을 키우는 위험을 줄이면서 자기자본 비율을 개선하는 효과까지 있어 합리적이고, 저금리 기조 속에 마땅한 투자처를 찾지 못한 투자자는 부실채권을 저렴하게 사 들여 대략 10% 내외의 투자수익률을 확보할 수 있으니 쌍방의 이해관계가 맞아 떨어지는 거래다.

최근 1금융권에 속한 한 시중은행의 부실채권 평가를 담당하면서 새로운 사실을 발견했다. 절반에 가까운 부실 담보부채권이 감정평가를 거치지 않고 대출이 진행돼 발생한 것이었다. 은행이 자체감정을 해 왔다는 것에 놀랐고 전체 대출 건 대비 자체 감정 비율이 상당해 더 놀랐다. 문제는 은행 입장에서 아무 근거 없이 대출을 진행할 수 없으니 정식 감정평가를 거치지 않는 대신 '탁상(卓上)감정 회보서'를 악용했다는 것이다. 말 그대로 책상에 앉아 전산으로 구축된 감정평가 전례와 실거래 자료만을 기초로 빠른 시간 안에 부동산의 몸값을 약식으로 추정한 탁상감정 결과를 기초로 한두 푼도 아닌 수 천 만원, 수 억 원 대출을 해 준 그들의 무모함에 입이 벌어졌다. 분명 탁상감정 회보서의 표지에는 '위 추정가격은 현장조사를 하지 않고 개략적으로 산정하여 정식 감정평가액과 차이가 있을 수 있고 신규대출 및 대출기간 연장을 위한 근거자료로 활용할 수 없습니다.' 라고 명기돼 있으니 말이다.

탁상감정의 도입 취지는 은행의 여신 업무를 지원하기 위함이다. 탁상감정을 통해 부동산에 대한 정확한 가치 추계 결과를 얻을 수는 없다. 그러나 평가금액의 범위는 대략적으로 추정해 낼 수 있다. 고객이 보유한 자산 가치가 대출희망액을 감당할 수 있는지 여부는 판단할 수 있어야 은행 입장에서도 고객을 상대할 수 있으니 탁상 감정은 은행 입장에선 반드시 필요한 서비스다. 물론 이 서비스가 실제 대출이 실행될 때 정식 감정평가 의뢰로 이어져야 평가기관에서도 만족스럽다. 그런데 탁상 감정을 악용한 이 금융기관은 13개 대형 감정평가법인의 탁상감정 회보서를 취합해 최대금액과 최소금액을 제외한 나머지 탁상감정 금액의 평균치로 정식 담보평가 금액을 대체한 것이다. 은행에 위험을 전가한 '도덕적 해이'이자 '샘플 도둑'과 같은 행태가 아니고 무엇이겠는가!

혹 금융기관 측에서는 물품을 구매하기 전 '견적서'를 받는 것과 다를 바 없다고 항의할 수 있다. 그러나 물품 구입 전 견적서와 '전문성에 기초한 간이 용역 결과서'가 어찌 성격이 같을 수 있겠는가! 간이 용역 결과서로 정식 감정평가서를 대체해 활용했으면 적어도 그 대가를 응당 지불해야 할 것이다. 전문직의 상담을 무제한 무료로 제공받겠다는 것인데 '갑'의 위치에서 '을'인 감정평가기관에 이러한 부담을 떠넘기는 건 바람직하지 않다.

'을'의 반란이 계속되는 요즘 감정평가사로서 금융기관의 부당한 행태는 한 번 짚고 넘어가고 싶다. 담보평가금액을 최대한 부풀리기 위해 동시에 여러 감정평가 기관에 평가를 의뢰하고 그 중 입맛에 맞는 평가 보고서만 채택하고 나머지는 들러리 시키는 행위, 탁상 감정 서비스를 무상으로 향유하는 행위, 평가기관의 노동력과 지적 재산권을 임의로 사용하는 행태, 거래처 이탈 가능성을 무기로 삼아 촉박한 일정으로 평가서 작성을 독촉하는 불합리한 관행은 대리점에 본사가 감당하지 못하는 적체된 물량을 떠넘기고 밀어내는 '비민주적 폐단'과 무엇이 다르겠는가!

은행, 자체 담보 감정의 폐해 감당할 수 있을까

오래 전 은행연합회와 감정평가협회가 서로 날선 공방을 벌인 적이 있다. 대출을 실행하면서 기준으로 삼는 담보평가액을 은행이 자체 평가해 결정할 수 있도록 규정을 손보려는 시도가 발단이었다. 금융기관에서는 한 해 수 십 억 원에서 수 백 억 원에 달하는 감정평가수수료를 외부 기관에 지급하고 있으니 비용 절감이란 충분한 명분이 있었다. 또한 개별공시지가, 개별주택가격, KB시세 등 신뢰할 수 있는 공시 가격 자료가 많으니 굳이 외부 감정을 받을 필요가 없다는 논리도 한 몫 거들었다.

반면, 감정평가협회 측은 은행 자체 감정으로 인해 심각한 부실을 초래할 수 있고 국민의 재산권 행사를 크게 제약한다는 논리로 맞대응했다. 실제가치보다 부풀린 과다감정이 있게 되면 은행 곳간을 멋대로 축내 최악의 경우 혈세가 투입돼야 하고, 반대로 자산의 과소감정을 하게 되면 국민이 충분한 돈을 융통하지 못하는 억울한 상황이 있을 수 있다고 꼭 짚은 것이다. 양쪽 다 근거 없는 주장은 아니지만 비용 절감과 매출 보전이라는 '실속'을 양보하기 싫다는 얘기 아닌가.

필자 역시 평가업계에 몸담고 있다 보니 팔이 안으로 굽는 건 부인할 수 없다. 그렇지만 위의 그럴듯한 명분을 내세운 주장보다는 '부동산의 개별성'을 소개하고 싶다. 토지과세의 기준이 되는 개별공시지가는 인근에 위치한 비교

가능한 표준지 공시지가에 격차율을 곱해 자동 산정되고 있다. 표준지 공시지가에 비해 도로조건은 좋은지, 형태는 양호한지, 공법상의 제한 정도는 불리하지 않은지 그 격차를 항목별로 입력하여 수치화하는 작업인 셈이다. 이 때 지역 내 모든 부동산에 대해 특정 항목의 격차(예를 들어, 형태면에서 정사각형인 토지와 삼각형인 토지의 획지 격차)를 동일 수치로 입력한다. 이렇다 보니 이 과정을 거쳐 결정된 개별공시지가는 평균적인 수준의 격차만 보정되어 있을 뿐 개개 부동산의 개별성이 전혀 고려되지 않고 있다.

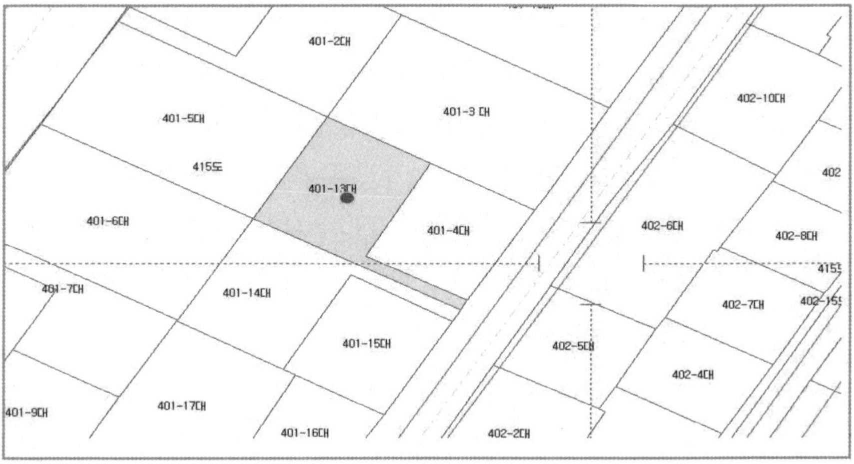

후면에 위치한 주택부지가 있다고 하자. 도로에서 바로 보이진 않고, 도로에 접한 좁은 출입구를 따라 들어가면 그 뒤편에 위치해 있는 경우 이런 토지 형태를 '자루형'이라 부른다. 몸통은 주택부지로 쓰이지만 입구는 가느다란 도끼 자루처럼 생겨 붙인 이름이다. 표준지는 도로에 걸쳐 있고 대상 토지는 후면에 위치한 자루형인 경우 만일 다른 조건이 동일하다면 몸값은 어느 정도 차이를 내 주는 게 맞을까? 문제는 실제 가치의 차이와 평균적인 (개별공지시가에 반영되는)가치의 차이는 천양지차라는 점이다.

개별공시지가를 결정하기 위해 담당 공무원은 해당 토지의 특성 항목을 입력한다. 특성이 정해지면 '토지가격비준표'상의 수치가 자동 입력된다. 산정 과정이 이렇다 보니 '자루형'으로 생긴 후면 토지는 한 지역 내에서는 위치가 어디이건 전면에 있는 표준지와 비교해 '몇 % 열세'한지 동일한 격차율이 적용된다. 그런데 이게 매번 합리적이지는 않다. 주택지대에 있는 후면 토지라면 입구만 좁을 뿐 조용하고 쾌적한 후면 이점을 향유하니 전면에 있는 토지가치와 격차를 많이 벌릴 필요가 없다. 반면 상가가 계속 들어서는 성숙한 상업지대는 굳이 뒤쪽에 있는 상가까지 들어가려는 수요자가 거의 없어 후면 자루형 토지는 당연히 전면에 위치한 토지에 비해 몸값을 뚝 떨어뜨려야 한다. 개별공시시가 결정 시 토지가격비준표에 따른 격차율 자동 산정은 대량 평가를 위한 고육책이지 개별 부동산 가치를 정확하게 결정할 수 있는 최선책은 아니란 얘기다.

정리하면 공시되는 자료 또한 큰 무리가 없을 정도이지 정확하고 충분한 가치 판단 과정을 거쳐 도출된 값은 아니라는 점. 결국 핵심은 부동산의 '개별성'을 적절히 고려했느냐의 문제로, 채권기관 자체의 담보평가 시 개별 토지에 대한 현장 조사와 가치 전문가의 고민이 생략되었다면 부동산 가치의 적정성을 담보하기란 쉽지 않다. 생각해 보라. 「산지관리법」 상의 보전산지가 공법상 제한으로 인해 다른 용도로 활용할 수 없어 담보물로서는 전혀 가치가 없는 것과 개별공시지가는 수 십 억 원에 달하는 현실이 괴리를 과연 채권기관 담당자가 제대로 이해하고 있는지를!

영역 다툼의 종착점은 어디

4대 문명의 발상지인 메소포타미아와 이집트 역사를 주변인의 관점에서 보고 있는 구약성경은 이스라엘이라는 작은 나라가 족장시대에서 출발해 왕정시대로 발돋움하는 과정을 사무엘서에서 짧게 다루고 있다. 저자인 사무엘은 초대 왕 사울의 등장과 몰락의 과정을 상세히 기술하고 있는데, 내리막길에선 사울의 월권(越權)사건이 그 핵심에 자리 잡고 있다. 내용인즉, 정적 블레셋과의 전투를 앞두고 해변 모래같이 밀려든 적군을 보고는 군급하여 사무엘이 집전해야 할 제사를 본인이 나서서 드린 것이다. 사무엘의 책망에 '적진의 위세에 두려워하는 백성이 뿔뿔이 흩어질까 봐 어쩔 수 없었다.'는 사울왕의 변명은 받아들여지지 않았다. 단순한 월권(越權)사태로 끝나지 않은 건 자격 없는 자의 제사 행위를 신에 대한 범죄로 단정했기 때문이다.

서울북부지방법원은 2013년 8월 "감정평가업자가 아닌 자가 감정평가 업을 영위한 것은 위법"이라며 삼정KPMG어드바이저리 공동대표인 이모씨와 업무 수행자 정모씨, 손모씨에게 각각 500만원의 벌금형을 판결했다. 이들은 2009년 국내 굴지의 기업체 사옥과 사업장, 물류센터 등의 부지에 대한 자산재평가 업무를 의뢰받아 장부가액 약 3조 4천 억 원인 토지의 경제적 가치를 약 7조2천 억 원으로 표시하고 이에 대한 수수료 1억5천400만원을 받아 실질적인 감정평가업무를 수행했다. 당시 감정원은 '자산재평가 업무를 할 자격이 없는 회계사의 자산평가 행위는 위법'이라며 삼정KPMG어드바이저리와 대표 등을 서울중앙지검에 고발했고 1심 법원이 "해당 사안은 '부동산 가격공시 및 감정평가에 관한 법률' 상 감정평가업자가 아닌 자로서 감정평가 업을 영위한 것에 해당한다."고 판시한 것이다. 해당 회계사들은 "2009년 도입된 한국채택 국제회계기준(K-IFRS)에선 자산재평가 수행주체를 '전문적인 자격이 있는 평가인'(professionally qualified valuers)으로 규정한 만큼 회계사도 평가업무를 수행할 수 있다." 며 즉각 항소했는데 2013년 12월 서울북부지법 형사항소 1부(부장 정호건)는 원심을 깨고 성씨 등 2명에게 무죄를 선고했다. 항소심 재판부는 1심과 같이 공인회계사의 감정평가는 부감법상 처벌 대상으로 인정하면서도 K-IFRS도입에 따른 회계목적으로 감정평가를 하는 경우 공인회계법상 허용된 '회계에 관한 감정'으로 볼 수 있어 형법20조 '정당행위'에 해당, 위법성이 없어진다고 판단했다. 1심의 판결을 뒤엎은 항소심 판결에 대해 감정평가업계는 계속적인 법적 다툼을 이어가겠다고 천명했다.

'전문적인 자격이 있는 평가인'의 범위를 얼마나 폭넓게 해석하느냐에 따라 최종 판결이 달라지겠거니 생각할 수 있지만 필자는 2심 판결에 수긍할 수 없다. 감정평가사 외에도 부동산 전문가는 무수히 많다. 애널리스트를 능가하는 주식 전문가가 허다하고 호텔 조리사를 민망케 하는 시골집 할머니 요리사도 부지기수다. 실력으로만 따지자고 들면 교육부 장관을 대신할 재야 교육 전문가가 적지 않을 것이고 회계 감사 업무를 대신할 수 있는 기업 재무 컨설턴트도 무수히 많다. 그럼에도 재야 교육 전문가에게 정책 입안과 집행을 위임하지 않고 기업 컨설턴트에 회계 감사 업무를 허용하지 않는 건 자격 있는 자의 업무 수행이 최선이라는 판단에서다. 법에서 정하고 있는 자격자에게 해당 업무를 독점하게 하는 것이 업무의 효율성, 절차적 타당성, 책임소재의 투명성을 모두 만족시킬 수 있는 유일한 방안이다.

필자가 분기별로 참여하고 있는 NPL투자자문 업무에서도 감정평가법인은 자신의 업무 범위를 분명히 구획하고 있다. 감정평가는 부동산의 시장가치를 추계하는 것이지 특수한 시장의 하나인 경매시장에서 대상 부동산의 적정한 낙찰금액, 즉 인수금액을 저울질하는 영역까지 미치지 않는다. 감정평가법인은 자산의 실사를 통한 시장가치를, 회계법인은 각종 권리 등의 분석 과정을 거쳐 부실 자산의 매각 시 예상되는 현금흐름 자료를 넘겨주면 부실자산 투자기관에서 경매시장에서의 낙찰관행과 오랜 투자경험을 바탕으로 매수금액을 결정해 입찰하게 된다. 현금흐름에 대한 예상과 투자집행을 감정평가사라고 못할 바 없지만 투자 실패의 책임소재로부터 자유로워지려면 업무분장은 분명해야 한다. 회계법인 혹은 회계법인 자회사의 감정평가 업 영위도 이런 측면에서 그들 스스로 재고해 봐야 한다.

인간도 텃새동물(territorial creature)의 하나라 고유 영역을 침범당하면 맞서 싸우게 된다. 계속되는 평가업계와 회계업계의 업무영역 다툼이 밥그릇 싸움으로 비쳐질 수도 있지만 평가업계 입장에선 이미 발급받은 독점적인 양식장 면허 업을 근해 어업권자와 공유할 생각은 없을 것이다. 2년 전 쯤 미국증권거래위원회(SEC)는 한 기업체의 자산재평가 결과에 대해 제 3의 감정평가법인에게서 검토보고서를 발급받아 제출하라는 요청을 했다. 기업체와 이를 감사하는 회계 법인이 공조하여 선정한 감정평가법인의 자산재평가 결과가 혹시 회사 측에 유리하게 결정돼 일반 주주의 이해관계에 반할 수 있으니 이를 확인해 달라는 것이다. 하물며 회계감사의 독점권을 가진 회계 업계에서 그들 스스로 조정한 장부 가치를 감사하는 모양새가 얼마나 위태하게 보이겠는가. 원 업무의 공정성까지 의심받을 염려가 있는 부업이라면 소탐대실(小貪大失)일 수 있다.

감독자의 자리에 서고자 한다면

국토교통부가 얼마 전 한국감정원을 보상평가 적절성을 검토하는 공식기관으로 지정했다. 2011년 감사원이 '공공사업 보상 실태' 감사를 통해 사업시행자의 감정평가 용역 검수업무가 부실하다고 지적하면서 그 후속 조치에 따른 것으로 보인다. 감정원장은 당시 조치가 '보상평가의 신뢰성 제고', '정당보상 실현을 통한 재산권 보호', '국가 재정 건전화 기여'의 계기가 될 수 있다고 인터뷰를 했다. 재산권 보호를 위해 헐값 보상을 방지하고 국가 재정 건전화를 위해 퍼주기 보상을 막자는 것인데, 국민 입장에서의 충분한 보상과 사업시행자 입장인 국가가 부담스럽지 않은 최소의 보상금 요구를 동시에 만족시키는 건 거의 불가능하다. 물론 절묘한 균형점을 찾는다면야 더할 나위 없지만 주는 쪽과 받는 쪽이 모두 수긍하는 접점은 바늘구멍 정도다.

한국감정원은 여느 공기업과는 약간 이질적인 특성을 갖고 있다. 그들의 수입 대부분을 차지했던 업무는 '감정평가 영역'인데 민간 감정평가사가 활동하고 있는 영역과 중복된다. 마치 일반 기업체의 회계감사를 담당하는 공인회계사 외에 공기업 형태의 회계감사원이 그들과 경합하며 활동하고 있는 꼴이다. 그러다 보니 감정원의 존립 근거가 박약했다. 지난 정부에서는 대부분의 업무가 민간에 이양해야 할 감정평가 영역이라는 지적과 그 후속 조치로 공적 업무를 전담하는 기구로의 전환을 요구받았다. 전반적인 부동산 활동이 위축되면서 감정평가 시장도 하락세를 면치 못하는 시장 상황은 그렇잖아도 변화의 단초를 제공했다. 공적 기구로의 일신을 위해서 '민간 감정평가 시장 포기'와 '통계, 조사, 감독기관으로의 변신' 타이틀을 달고 힘껏 뛰어다녔다. 이번 조치도 일련의 신분세탁과정 그 선상에 있다.

투자수익률 추계를 위한 임대사례 조사, 지가변동률 추계 업무는 대표적인 통계, 조사업무에 해당된다. 기존 민간 평가법인이 나눠 처리하던 일을 감정원 직원들이 달려들어 처리하고 있다. 업무가 과중해 야근이 잦아지니 내부 불만의 목소리도 적지 않다. 민간 평가법인에 외부 위탁하자니 실질은 감정평가사가 처리하는 모양새라 그마저도 쉽지 않은 것 같다. 또한 통계, 조사 업무는 효율화를 무기로 업무를 축약시킬 수 있는 일이 아니다. 물리적인 시간을 들이고 발품을 팔아야 질 좋은 정보를 얻을 수 있다.

그나마 감정평가협회와 더불어 감정평가 타당성 조사를 담당하는 점과 보상평가의 적절성 검토를 사후적으로 수행하게 된 점은 감정원의 '감독기관 자리매김'에 큰 도움이 될 것이다. 선수에서 감독으로 신분 상승이 이뤄진 셈인데 이와 발맞춰 민간 영역에서의 철수 약속도 이행해야 할 것이다. 민간이 수행하는 담보평가 시장에서 손 떼겠다고 해 놓고 당장 수익을 보전할 길이 없으니 단계적 혹은 점진적 철수로 가닥을 잡는 모습은 썩 보기 좋지 않다. 우량 거래처였던 기업은행을 놓치지 않기 위해 분명 민간 대출을 위한 담보평가이면서도 기업은행은 '중소규모 제조업체의 지원'이라는 공적인 역할을 하고 있는 곳이므로 이들의 여신 업무도 공적 성격이 있다고 우기는 건 좀스러워 보인다.

민간 감정평가사에게 감정원이 사후적 관리감독기관으로 우뚝 서는 건 부담스러우면서 한편으로는 안심이 된다. 사업시행자 측에서의 적절성 검토이므로 보상평가액을 통제하려는 시도를 할 개연성도 있어 소유자 추천 평가사에게는 여간 부담스럽지 않을 것이다. 반면 감정평가 내부 사정을 속속들이 잘 알고 있어 대부분의 감정평가사는 뒷감당을 할 수 있는지 재확인하며 신중하게 평가에 임할 수 있다. 신뢰성 있는 평가를 강제하는 사전적 구속력이 발휘되는 셈이다.

감독하는 자리에 선 자에게 선수가 바라는 점은 두어 가지 정도로 정리할 수 있다. 감독의 역량을 키우는 것이고 더불어 월권을 행하지 않는 것이다. 역량 강화를 위해 감정평가의 타당성 조사나 보상 평가의 적절성 검토를 담당하는 내부 조직 구성을 감정평가사 중심으로 재편하는 것이 한 방법이 될 수 있다. 민간 부동산 최고 자격증으로 불리는 '감정평가사' 자격증조차 없는 사람에게 감정평가사가 지도를 받는 것은 해설에만 능통한 축구 캐스터에게 동계 훈련을 받는 것과 다를 바 없다. 월권이라는 인상을 주지 않기 위해서는 절차적 합리성을 항상 견지하며 자율성은 최대한 침해하지 않도록 해야 한다. 감독과 선수가 한 손에는 상호존중 다른 손엔 명확한 업무분장의 끈을 놓지 않는다면 생각보다 꽤 잘 굴러갈 가능성도 있다.

공공의 불편한(?) 해명

이스라엘인들은 가장 존경하는 국가지도자로 모세를 지목한다. 이스라엘 국가의 유일신에 대한 신앙의 영역이 개입돼 있긴 해도 구약성경에서 등장하는 모세는 꽤나 매력적인 리더다. 아직 국가형태를 채 갖추지 못한 한 민족을 근 40년 광야에서 달래며(?)끌고 다녔으니 말이다. 모세와 관련된 여러 일화 중 그의 권위에 도전하는 유력자와의 대결장면은 외부에서 느끼지 못하는 공동체의 내부 알력을 잘 드러내 준다. '고라'란 인물이 유력자 250명을 동원해 모세를 끌어 내리려는 시도가 있었는데 유일신이 모세의 손을 들어줌으로 대풍이 될 뻔했던 사건이 찻잔 속 미풍으로 그친 이야기다. 내부 구성원만 200만 명에 달하는 공동체에서 크고 작은 사건이야 이루 말할 수 없을 것이다. 특히 지도하는 자와 지도받는 자 간 미묘한 긴장관계는 잊을만하면 전면으로 툭 튀어나오는 사건, 사고의 불씨다.

민간사업자와 공공기관은 애증관계로 정의할 수 있다. 공공이 일터를 구획해 주고 먹거리를 제공해 주는 건 분명하다. 공공이 버텨주지 않으면 민간은 당장 밥그릇을 놓아야 할 지 모른다. 한편 맘대로 먹고 싶은데 양껏 취하지 못하도록 제지하는 것도 공공의 입김이다. 관리감독자의 권한으로 파이를 잘게 나눠 여럿이 먹을 수 있도록 분배해 주기도 하고 탐욕만을 좇는 민간사업자가 감당 못할 뒤탈을 겪지 않도록 엄히 경계하기도 한다. 민간 감정평가업계와 국토교통부는 수 십 년 째 이런 관계였는데, 요즘은 한국감정원이 국토교통부의 대리자 역할을 하는 자리에 앉으려고 한다.

국정감사에서 기업은행이 부동산 담보평가를 부당하게 위탁해 왔다는 불편한 진실이 드러났다. 민간 평가법인 모두가 이러한 사실을 알고 있으니 불편한 측은 기업은행의 담보평가 몰아주기 수혜자인 한국감정원이다. 기업은행에 제출한 자료를 분석해 보니 평가 대상의 87%가 한국감정원에 할당됐다. 은행의 내규에 자산 가치 10억 원 초과 부동산은 한국감정원에 담보 평가를 위탁하도록 정하고 있어 이에 따랐다는 은행 측의 해명이 있었다. 그렇다고 민간 평가기관의 참여가 전적으로 봉쇄된 것은 아니라고 한다. 자산 가치 10억 원 이하는 민간 평가법인에 위탁했고 위탁할 수 있으니 말이다.

이런 내용은 익히 알고 있어 달리 새로울 건 없었는데 국정감사 대상인 기업은행이 '내규'를 빌미로 이런 관행을 지속해 왔다는 설명 외에 말도 안 되는 억지논리를 개진한 건 눈살을 찌푸리게 만든다. 일감 몰아주기로 200억 원 가까운 감정평가 수수료를 한국감정원이 독식한 것도 역시 알려진 사실이다. 한 국회의원이 '중소기업을 지원하고 경제 활성화에 부응해야 할 기업은행이 오히려 공공기관인 한국감정원에 일감 몰아주기를 하고 있는 것은 부적절한 행태'라고 지적하고 '최소한 공개 입찰을 하는 등 공정한 경쟁이 이루어질 수 있도록 내규를 개선할 것'을 주문한 것도 어제 오늘 듣는 얘기는 아니다. 비대한 몸집을 줄이지 않고 자연퇴사자를 통해 최소한의 인원 감축을 노리는 한국감정원 입장에서는 기업은행 같은 우량한 고객이 쥐어주는 고정적 수입이 없다면 그야말로 난감할 것이다. 한국감정원의 소득 보전 차원에서 어쩔 수 없었다는 게 그 내막임을 민간에서는 훤히 알고 있는데, 질의한 국회의원이 업계 사정에 어둡나고 그럴싸한 변명을 둘러댄 것이다.

'여신자산의 건전성 관리 차원에서 공신력이 있는 공공기관인 한국감정원에 위탁했다.' 기업은행이 내민 궁색한 변명이 이렇다. 기업은행은 대부분 중소 제조업체를 중심으로 대출을 실행하고 있다. '중소기업에 예금해야 중소기업이 든든히 서고 일자리가 늘어난다.'고 공중파를 통해 광고하는 건 공감된다. 설비 구입대금이니 운영자금이니 자금줄이 빡빡한 건 대기업보다야 중소기업이 아니겠는가. 그런데 알 만한 사람 입장에서는 누가 평가해도 중소기업에 대한 여신자산의 건전성은 현재보다 크게 개선되지 않는다. 중소기업의 담보의 대부분을 차지하는 기계·기구는 수 년 경과하면 취득가격의 절반 이하로 가치가 하락해 자산 담보력이 크게 저하되기 때문이다. 매 분기 수 백 억 원에서 수 천 억 원의 부실자산을 담보부채권 형태로 매각해 부실이 눈에 띄지 않지만 한국감정원이 평가한 87% 물건 중에는 실제로 수많은 부실이 발생하고 있는 것이다.

장기간 거래관계여서 일 맡기기 편하고, 단일창구라서 업무 신속성도 보장할 수 있고, 평가의 질도 민간법인에 비해 나쁘지 않아 한국감정원에 일감을 몰아줬다고 사실대로 해명했다면 담당자는 분명 징계권고와 시정명령을 벗어나긴 힘들었을 것이다. 그간 한국감정원이 우월적 위치 점유를 위해 탁월한 전략을 구사한 건 백번 이해해도 시중은행에서 그들과 보조를 맞춰 사실을 왜곡하는 건 콕 짚어주고 싶다. 그들의 해명만 들어서는 한국감정원이 아닌 민간 평가법인에 감정평가를 맡기면 부실이 양산되는 것처럼 오해할 소지가 다분하지 않은가 말이다.

CH. 7 감정평가업계 내부를 향한 쓴소리

- 감정평가 그 재량의 영역
- 감정평가에서 '창조'는 어두운 그림자다
- '감정평가서', 너의 목소리가 들려
- 애매한 영역, 불신의 함정이 도사리다
  - 사고가 터지기 전 우려의 글
- 감정평가, 수요자의 입김에서 자유로울 수 있을까
- 사심 없이 고급 주택 몸값 책정해 보기
- 수익과 직업윤리 병행 가능한가

감정평가 그 재량의 영역

부쩍 커 버린 둘째 딸이 요즘 이런 말을 종종 한다. '아빠, 이거 꼭 해야 되요?' 내키지 않는 일을 시킬 때면 버릇처럼 입을 삐죽거리며 툭 내뱉는 말이다. 몸에 좋으니까 콩도 먹어야 하고 야채도 곁들여야 한다고 타이르면 다른 고기 반찬도 많은데 굳이 먹기 싫은 풀이나 채소류를 꼭 함께 먹어야 하냐고 항변하는 볼멘소리다. 그러니 어린 것이리라. 하고 싶은 일 외에도 해야 한다고 권하는 일이 대부분 본인에게 유익하다는 걸 깨닫는 순간이 어쩌면 철이 들 때이지 싶다. 국사 수업을 듣던 학창 시절에도 해박한 역사 지식과 재치 있는 유머로 지루할 수 있는 수업 시간을 재밌게 해 준 은사님이 계셨다. '꼭 이래야만 됐나?' 매일 들어도 싫증나지 않는 말이었다. 뭐가 중요한지 모르고 뭐는 몇 년에 일어났는지 숫자만 달달 암기하려는 어수룩한 제자를 향해 아관파천이 1896년인지 아님 그 이듬해인지가 도대체 뭐가 중요하냐고, 19세기 후반에 일어났으니 20세기 초에 있던 3.1절보다 앞선 사건이라는 것 정도만 알아도 충분하다고 우리 마음의 짐을 덜어줄 때면 여지없이 감초처럼 등장했던 말이다.

감정 평가 업무를 담당한 지 십 년이 채 못 되었지만 얼마 전부터 일을 하다가 종종 이와 비슷한 말을 중얼거리는 내 자신을 발견하게 되었다. 외부로 발송하는 평가서에 분명 그 재산의 가치가 몇 백 몇 십 몇 억 몇 천 만 원이라고 사인했지만 꼭 그게 답은 아니라고 생각이 들 때가 찾아온 것이다. 절대적인 몸값이라는 걸 내가 과연 찾아낼 수 있을까 자신이 없어졌다고 해야 할까. 류현진 선수가 메이저리그에 진출하며 포스팅 비용까지 합쳐 6천만 달러가 넘는 돈이 구단과 선수에게 지급됐을 때 구단이 책정한 류현진 선수의 정확한 몸값이 실제 그 정도 되는지는 조금 더 지켜봐야 했다. '먹튀'라고 욕을 들을 수도 있고 헐값에 진주를 거둬들였다고 구단의 현명한 선택을 추어올릴 지역 언론의 충성스런 '현진찬가'가 들려질 가능성은 반반이었다. 2013년 데뷔를 성공적으로 마치고 2014년 2년차 시즌이 한창인 지금 그에 대한 투자가 '대박'이었다는데 모든 언론이 입을 모은다.

법률에서는 행정기관의 처분을 기속행위(羈束行爲)와 재량행위(裁量行爲)로 구분한다. 구분의 기준은 행정기관이 행정행위를 할 때 또는 그 행위의 내용을 결정할 때 그 기관에게 법이 허용하는 범위 안에서 자유롭게 옳고 그름을 판단해 일을 처리할 수 있는 '재량'이 주어지는 지 여부다. 전자는 '외길'수순인 반면 후자는 오던 길로 되돌아가지 않고 둘러 갈 수 있는 적정한 자유는 보장해 준다. 감정평가에서도 반드시 표준지를 기준으로 토지가치를 평가하는 것, 보상금을 책정할 때 이런 항목은 반드시 포함시켜야 한다는 등의 사항은 '기속'의 영역이다. 그렇지만 시장상황이 약보합 혹은 약세인지를 판단하는 미묘한 문제, 10% 비교 우위에 있는지 11% 우세한지에 대한 결정은 평가사에게 부여한 '재량'의 영역에 놓여 있다. 그도 그럴 것이 평가사가 기준으로 삼는 가치의 기준인 '시장가치'가 '통상적인 시장에서 충분한 기간 거래를 위하여 공개된 후 그 대상물건의 내용에 정통한 당사자 사이에 신중하고 자발적인 거래가 있을 경우 성립될 가능성이 가장 높다고 인정되는 대상물건의 가액(價額)'으로 정의된 이상 어떤 가격이 가장 '성립될 가능성이 높은지'는 평가사마다 보는 시각이 다를 수 있다.

앞으로는 더더욱 결정한 평가금액이 적정한지 아니면 무리한 금액인지에 대한 필자의 고민은 깊어질 것이다. 좀 거창하게 말하면 '적정과 부적정', '합리와 불합리', '무난함과 무리함'사이에서 외줄을 타며 자산의 몸값을 저울질해야 할지도 모를 일이다. 자산의 정확한 가치를 지적하는 일이 가치전문가인 감정평가사와 의뢰인 사이의 문제에서 특정한 제 3자 나아가 수많은 이해관계인의 문제로 충분히 확대될 수 있다. 부실감정과 과다감정의 결과 금융기관이 도산하는 극단적인 상황이라면 서민의 피 같은 쌈짓돈이 휴지조각으로 바뀌는 건 시간문제다. 돈 버는 일에 전문가적 양심을 팔아버리면 탈세의 조력자 역할을 은연 중 할 수도 있다. 재량의 '일탈'과 '남용', 전문가적 소양 함량 미달로 인한 '판단력 부재'의 위험성은 상존한다. 그래도 이따금씩 떠오르는 이런 고민은 분명한 분야의 전문가라고 불리는 사람의 행복(?)한 고민이리라.

감정평가에서 '창조'는 어두운 그림자다

'창조경제' 현 정부 출범 전부터 경제민주화와 더불어 우리 사회 전면에 등장한 '핵심' 키워드다. 처음 이 용어를 사용한 사람은 외국의 한 경영 전략가라고 알려져 있다. 창조경제의 정의도 현재와는 사뭇 다르다고 한다. 우리의 '창조경제'의 정의에 대해 해당부처 장관도 제대로 답변을 못하고 얼버무린 모습을 보인 뒤에야 '제조업 등 기존산업과 IT, 과학기술이 융합돼 일자리 창출과 성장으로 연결되는 경제 혹은 추격 형 경제를 선도 형 경제로 전환하는 것'으로 대통령이 정의했지만 충분한 내용숙지가 끝난 뒤에 나오는 요약 발언으로 들리지는 않는다. 어쨌든 '창조'라는 단어는 진부함을 벗어버린 참신한 무엇을 연상시키는 어감이 있어 이런 긍정적인 이미지를 소비하려고 여기저기서 이 단어를 남용하는지도 모른다. '혁신'이란 단어도 비슷한 뉘앙스를 풍긴다. 뭘 자꾸 바꾸자는 것인데, 먹고 살만하면 그런 얘기는 튀어나오지도 않는다. 갑자기 앞날이 불투명해지고 이대로 계속 버틸 수 없을 것 같은 불안이 엄습할 때야 비로소 개인이든 조직이든 타성과 불합리함을 세서하고 더 나은 변화를 꿈꾸게 된다.

감정평가 업무와 '창조', '혁신'이란 단어는 썩 어울리지 않는다. 감정평가는 '무'에서 '유'를 만들어내는 일이 아니다. 있는 그대로를 가장 정직하게 볼 수 있는 안목이 필요하다. 물론 예전 '달관(?)'의 경지에서 평가 결론에 이르던 관행에서 탈피해 현재는 산출근거를 정치하게 기술하게 된 점을 내세워 새로운 평가 보고서를 창조했다고 주장할 수 있다. 지적사항과 건축물의 현황 도면을 모눈종이에 삼각자를 이용해 그리던 관행에서 '비지오'(visio) 프로그램을 통해 전산으로 깔끔하게 작업하게 된 것도 혁신이라면 혁신이랄 수 있다. 그렇지만 감정평가의 결과는 창조적이거나 혁신적이어서는 안 된다. 누가 보기에도 '뻔한' 값이 대부분 정답이다.

감정평가 업무를 수행하면서 밟아 나가야 하는 과정은 1년차나 10년차나 매한가지다. 등기사항전부증명서나 건축물대장, 수입신고서와 같은 서류를 확인해 평가 대상을 확정하는 단계, 가격 결정에 참고할 만한 여러 자료를 수집하는 예비 조사 단계, 현장을 방문해 물건의 위치, 상태, 호가 등을 확인하는 본 조사 단계를 거치고 나면 사무실로 복귀해 평가서 작성에 들어간다. 우선 이런 저런 자료를 회의실 책상에 올려놓고 여러 방면으로 머리를 굴린다. 저걸 신규로 취득한다면 어느 정도 비용이 들 것인가, 저 상태로 팔게 되면 얼마에 팔 수 있을까, 보유하는 동안 임대수입은 얼마나 될까하고 고민하는 작업이다. 평가사는 이를 비용접근법, 시장접근법, 소득접근법에 의한 가치 추계 과정이라 부른다. 그러고 나면 야구 주심의 스트라이크존(Strike Zone)처럼 일정 범위의 가격대가 형성된다. 가격대의 하단을 벗어나게 되면 누가 보기에도 몸값을 후려친다는 느낌을 풍긴다. 반대로 상단을 넘어서면 작심하고 질렀다는 인상이 짙다.

감정평가의 결과가 적정한 가격대에서 평가자의 재량에 따라 조금씩 움직이는 건 지극히 정상적이다. 고개를 갸웃거릴 때는 하단부에 매달려 있거나 상단부에 걸쳐 있을 때다. 경기마다 심판의 스트라이크존(Strike Zone)도 조금씩 달라진다. 한창 주가를 올리고 있는 류현진의 경기에서 이따금씩 스트라이크를 외치는 주심의 손이 인색할 때면 '걸쳤는데 안 잡아주네요.' 하고 툴툴대는 해설자의 멘트를 종종 듣게 된다. 그러니 말도 안 되는 가격을 창조해 낼 수도 없고 혁신이랍시고 얼토당토않은 평가기법을 적용하는 것도 무리다.

감정평가에서는 그 누구도 내 주지 않는 가격으로 평가할 때 '깃발'을 꽂았다는 표현을 쓴다. 그러나 '깃발'은 그 하나로 끝나지 않는다. 그 다음 주자는 마지막 깃발까지를 적정한 가격대로 인식하고 살짝살짝 영역을 넓혀가는 작업을 이어 간다. 제구력의 마술사 '그렉 매덕스'가 공 반개를 조절할 수 있는 능력으로 경기마다 심판의 스트라이크존(Strike Zone)을 주심도 모르게 이동시켰다는 일화는 널리 알려져 있다. 춘궁기에 들어간 감정평가업계에 이런 제구력의 마술사가 '선도 형 경제'랍시고 우후죽순 등장할까 걱정되는 요즘이다.

'감정평가서', 너의 목소리가 들려

입맛에 맞는 드라마 한편이 분주한 일상의 피로감을 해소하는 청량제이긴 한가 보다. 매번 '본방 사수'하는 드라마 한 편 씩을 꿰고 있는 아내의 얼마 전 타깃은 수목극의 대세였던 '너의 목소리가 들려'였다. 눈빛만 보면 상대의 마음을 읽을 수 있는 초능력자 학생과 속물근성이지만 나름 귀여운 매력을 선보이는 국선변호사, 그리고 그와 대비를 이루는 우직하고 선량한 또 다른 국선변호사가 주인공이다. 짜임새 있는 진행과 살아 있는 캐릭터가 시청자를 흡입하며 고공행진중이라고 아내가 열심히 선전한 터라 손에 이끌려 한두 편을 재방으로 시청했다. 재미와 긴장감이 묻어 나오는 게 본방 사수했던 아내를 포함한 여러 사람 폐인 만들었겠다 싶었다.

필자는 수 년 간 감정평가사 수험생을 대상으로 감정평가실무 강의를 해 오고 있다. 1년 내내 쉬지 않고 강의하는 적은 없었고 적게는 한 달, 많으면 4개월 정도 매년 진행해 왔다. 강의의 주된 목적은 현업에 매몰되면서 자연스레 이뤄지는 이론적인 전문지식의 침식현상을 방지하자는 것이었다. 물론 부수입이 창출됐으니 해를 거르지 않고 지속할 수 있었다. 매년 수강생은 바뀌지만 강의하며 필히 당부하는 내용은 한결같다. 채점자가 알아주겠거니 하고 정신없이 답안을 채우지 말고 일목요연하게 목차와 내용을 구성하라는 것이다. 경중이 일반인 것, 선후가 역전된 것, 괴발개발 글씨체에 주술구조가 엉망인 문장으로 채워진 답안에서 '합격시켜도 충분한 실력을 갖춘 수험생의 답안입니다.' 라는 수험생의 목소리를 들을 가능성은 희박하기 때문이다.

「부동산 가격공시 및 감정평가에 관한 법률」 제 43조는 '고의로 잘못된 평가를 한 자'에 대한 벌칙을 담고 있다. '신의와 성실로써 공정하게 평가하지 않고 고의 또는 중대한 과실로 잘못된 평가를 한 자'에 대해 2년 이하의 징역 또는 3천만 원 이하의 벌금에 처하는 내용이다. 감정평가서에는 간혹 오기나 오산이 발견되기도 한다. 그렇지만 전체 평가금액에 영향을 미치지 않는 미미한 사항이 대부분이다. 그러나 고의 또는 중대한 과실로 작성된 평가 보고서는 사정이 다르다. 평가 산식에 등장하는 숫자를 임의로 조작하거나 평가 대상을 확인할 수 있는 현장사진을 바꿔치기 한다. 내부 통제기관이 이을 묵인하거나 더나가 적극 가담하게 되면 버젓이 위조된 평가 보고서가 시중에 떠돌고 기어코 사고로 이어진다.

지난해에도 위조 감정평가서로 인한 굵직한 사고가 있었다. 기획부동산업자와 농협 임직원 등이 결탁해 100억 원대 부당 대출을 받는 과정에서 임야 평가금액을 정상 금액 대비 4배 부풀리는 데 평가법인이 적극적으로 가담했다는 내용이다. 해당 법인에 대한 세간의 평가가 그리 좋지 않았는데 이런 대출사고에 연루되었다 하니 떡잎부터 알아봤다는 비난의 목소리도 들끓었다. 말도 안되는 평가금액으로 부풀리려면 필시 고의로 숫자를 조작했을 것인데, 당장은 아니더라도 언젠가는 들통 날 일을 겁 없이 서실렀다는 짐이 놀라웠다. 필경 수십 억 원의 손해 배상을 감수해야 할 터인데 부당하게 착복한 평가 수수료는 기껏 몇 천 만 원이었으니 소탐대실(小貪大失)그 자체다.

감정평가서에도 이를 작성한 평가사의 목소리가 들린다. 대출금액을 맞추기 위해 적극적으로 담보평가금액을 시세에 근접시킨 평가서는 '신짜 최선을 다해서 올린 겁니다.'라고 말하고 있다. 보상투기로 과밀 식재한 나무를 보수적으

로 평가한 보상평가서는 '보상투기로 꾸역꾸역 나무 옮겨 심은 거 알고 있습니다.' 라고 속삭인다. 법정지상권 성립 여지가 불확실한 토지를 평가한 경매평가서는 '법정 지상권 판단은 평가사 몫이 아닙니다. 혹시 성립될 경우에는 비고란 가격을 참고하세요.' 담담히 말하고 있다. 이런 세미한 음성은 감정평가사만 들을 수 있는 영역일지 모른다. 그렇지만 적어도 신의와 성실로 공정하게 평가했다는 목소리는 모든 이에게 들려줘야 한다. 이런 목소리조차 내지 못하는 평가보고서는 소음만 양산할 뿐이다.

감정평가사는 평가보고서로 말해야 한다. 시시때때로 들려오는 이런 안타까운 소식은 필자 같은 사람에게는 불편한 소음을 넘어 불쾌한 '굉음' 이다.

애매한 영역, 불신의 함정이 도사리다 -사고가 터지기 전 우려의 글

최근까지 아파트 시장은 고전을 면치 못하고 있다. 고급 빌라도 매한가지다. 강남구 고급 아파트를 대표하는 삼성동 아이파크도 고점 대비 30% 가까이 빠져 있다. 어쩌면 이 가격이 정상적인 가격인지도 모른다. 위례신도시의 성공 분양으로 아파트 분양 시장이 기지개를 켜나 싶더니 2만 명에 달하는 모델하우스 관람 인파로 한껏 기대감을 높였던 'DMC가재울4구역'은 평균 0.35 대 1 이라는 처참한 성적표를 받았다. 취·등록세 감면 기간이 끝나 거래절벽에 대한 우려도 높아 특히나 중대형 아파트는 끊임없는 추락에 제동을 걸 마땅한 호재를 찾기 어렵다.

작년 하반기 분양 시장 중 특히 관심을 끌었던 건 '한남 더 힐'의 분양전환소식이었다. 5년의 임대기간 중 절반인 2년 6개월이 채워지게 되면 현 입주자에 대해 분양자격을 주도록 되어 있다. 이 때 분양가격 결정을 위해 「부동산 가격공시 및 감정평가에 관한 법률 시행령」 제7조 2항에 따라 국토교통부장관이 고시하는 기준을 충족하는 감정평가법인(「국유재산법 시행령」 제2조에 따른 주식회사 한국감정원을 포함)두 곳에 의뢰해야 한다. 우선 시행사에서 한 곳을 선정하면 입주자대표회의에서도 한 곳을 지정할 수 있다. 시행사와 입주자는 자신들의 희망사항을 실현시켜 줄 평가 기관을 찾는다. 선정된 평가자는 균형적인 시각을 견지하는 걸 포기하고 한 쪽의 요구사항에 부응할 수 있는지 진지하게 검토한 후 평가에 임하게 될 게 뻔하다.

'한남 더 힐'은 균형추를 어느 쪽으로 이동하느냐에 따라 달리 볼 부분이 많다. 시행사 입장에서는 2009년 분양가에 육박하는 임대보증금을 내야 하는 임대아파트임에도 수 십 대 일의 경쟁률을 보인 점에서 이 아파트가 얼마나 경쟁력이 있는지를 주장할 수 있다. 배산임수의 입지, 고속도로 및 시청과의 접근성, 다른 아파트 단지에서는 찾아 볼 수 없는 수영장 등의 생활편익시설과 넓은 주차 공간에서 강점을 갖고 있다는 점도 부각한다. 그리고 무엇보다 최고의 거주자 구성을 내세운다. 아무나 들어오지 못하는 사회 지도층의 거주단지라면 '그들만의 세상'이라는 무형의 프리미엄을 안고 있는 아파트 단지라는 것.

입주자 측에서 내세우는 논거도 결코 그에 뒤지지 않는다. 일단 최고급 아파트 단지라 하기에는 시공사의 브랜드가 떨어진다. 입주자만이 지적할 수 있는 층간 소음문제, 모델하우스와 다른 실내 인테리어는 최상품의 자재가 쓰이지 않았다는 방증이다. 자녀를 둔 가정이 강남보다 열악한 것으로 느끼는 학군문제도 불리한 요소다. 그리고 무엇보다 속절없이 꺾이고 있는 대형 평형 아파트의 추락세가 이 아파트에도 적용되지 말라는 법이 없다는 것이다. 분양 후 다만 얼마라도 시세 차익을 얻을 수 없다면 그런 분양가는 매력이 전혀 느껴지지 않음을 힘주어 강조한다.

시행사나 입주자 쪽의 간택(?)을 받은 평가 기관은 이러한 논거를 충분히 숙지하고 있을 것이다. 그들의 의뢰자를 만족시켜 주기 위해 최선의 논리를 구성할 터인데, 과연 양자가 그 균형점 부근으로 수렴할지는 물음표다. 집합건물은 거래사례비교법으로 평가하도록 하고 있다. 대상과 비교 가능한 거래사례를 무엇으로 선정해야 할지부터 애매한 부분이다. 부근에 이와 유사한 아파트 단지가 없으므로 일단 검색 구역을 넓힐 수밖에 없다. 가장 비슷한 아파트 단지를 찾은 후에는 품등 비교의 문제로 또 한 번 골머리를 앓게 될 것이다.

야누스의 얼굴을 가진 애매한 무언가를 감정평가 해야 할 때 평가자는 깊은 고심의 시간을 갖는다. 법정에서의 다툼이 범죄의 인정과 불인정의 문제라면 감정평가사의 고민은 몸값이 괜찮은지 형편없는지 판단한 후 그 정도를 구체적인 숫자로 제시하는 점에 있다. 당시 감정평가는 분명 애매한 영역이었다. 시소의 양 끝으로 엉덩이를 밀어내는 과정에 집중하다보면 한참 벌어진 틈은 감정평가의 신뢰성을 손상시킬 여지가 다분했다. 애매한 영역에서는 균형점을 찾는데 지혜를 모아야 했건만.

감정평가, 수요자의 입김에서 자유로울 수 있을까

얼마 전 24회 감정평가사 자격시험 합격자가 배출되었다. 합격의 기쁨이 채 가시기 전 곧바로 수습 평가사 면접 일정이 이어졌다고 한다. 녹록치 않은 업계 상황을 피부로 몸소 느낄 시기이지 않았을까. 합격자의 들뜬 마음은 차분하게 가라앉았으리라. 여태 그래왔다. 감정평가사가 8대 전문자격자 집단에 포함되고 있으나 한정된 시장 규모에서 4천 명에 육박하는 평가사가 현직에서 활동하고 있고 매년 200명 내외의 평가사가 신규로 시장에 들어오고 있다. 현실은 냉혹하다. 어디를 가도 업계 힘들다는 하소연 소리만 들린다. 엄살은 아니다. 그러나 어디 평가사뿐이겠는가. 10년 째 회계사 수입이 정체되어 있고, 법무서비스의 절반을 차지하는 법률 자문 업무가 기업체가 채용하고 있는 사내 변호사에 의해 침식되고 있다는 해당 업계의 볼멘소리가 사실이라면 이런 어려운 시기는 전문 자격자 모두에게 매일반인 셈이다.

평가업계의 활성화는 부동산 시장의 회복 여부에 크게 영향을 받는다. 부동산 시장만 살아날 수 있겠는가. 경제 전반에 온기가 불어넣어져야 부동산 시장에도 훈풍이 불어 올 것이다. 일본과 같은 부동산 장기 불황이 분명하다면 업계의 사정은 한동안 침체를 면하지 못할 거라 예상된다. 시장 외연은 확대되지 않는데 신규 진입자가 꾸준히 유입되고 있는 현상이라면 이와 달리 볼 여지가 없다. 십 수 년 전, 한 해 부지런히 일하면 아파트 한 채 장만했다던 황금기를

겪은 선배 세대는 요즘 상황이 영 낯설 것이다. 이런 추세라면 한참 일할 나이에 있는 젊은 평가사는 어떻게 대응해야 할까. 아니 그보다 우리 모두는 이 업계 내 어떤 부작용을 우려하고 경계해야 할까?

부장판사로 재직하다 변호사 개업을 한 분이 이런 고충을 토로한 적이 있다. '판사와 변호사 업무 성격이 너무 다르다. 최고의 변호를 준비하기보다 의뢰인의 심기를 맞춰가며 섬기는 게 먼저라는 사실이 낯설다.' 법률적 양심에 따라 누구 눈치 보지 않고 판결만 했던 법관이 수요자의 비위를 거스르지 않기 위해 동분서주하는 변호사의 피곤함을 알 리 없었을 것이다. 전문자격자의 우월적 지위는 사라진 지 이미 오래고 영업적 마인드와 서비스 정신이 모든 전문직에게 요구되고 있다. 업무 유치 실적이 만족스럽지 못하면 소속평가사가 재계약을 장담할 수 없는 평가법인이 적지 않다. 그런데 치열한 영업 경쟁은 평가 업무의 고유한 특수성과 맞물려 심각한 부작용을 낳을 공산이 크다.

부작용의 핵심은 의뢰자 편향적인 평가결과로 축약할 수 있다. 물론 수요자가 그렇게 유도한다. 한쪽에 좀 더 유리하도록 미세하게 평가결과를 조정을 해 달라는 노골적인 주문을 넣으면서. 이 업계 내 강직한 평가사가 대다수가 아니라는 사실을 부인할 수 없다. '이 정도 수수료를 지급하는데 입맛에 맞게 좀 신경 써 달라'는 수요자의 바람, '내가 거절한다 치자. 이 정도의 부담이라면 충분히 감수하고 맞춰줄 평가사는 널려 있지 않은가' 하는 평가자의 불안감은 결국 우려한 대로 부실 감정평가 사고로 이어진다.

'한남 더 힐 분양전환 감정평가'건에 대한 감정평가 타당성 조사 결과가 발표되었다. 현 입주자와 시행사가 각각 평가자를 선정할 때부터 우려의 목소리는 높았다. '동일한 물건, 이해관계가 다른 복수 의뢰자 조건'의 감정평가였기에 우려가 현실이 될 가능성은 더 농후했다. 그렇다고 평가를 담당한 평가자가 갓 자격증을 취득한 물정 모르는 신참도 아니었고, 평가서 발급을 허용한 평가법인이 구멍가게 수준의 형편없는 곳도 분명 아니었다. 양측이 어떤 논리로 평가서를 구성했을지 짐작은 가지만, '적지 않은 수수료', '수요자의 일방적인 요구', '위험부담을 감수할 대기 중인 경쟁 평가법인' 조건이 결합하고 보니 균형이 다소 허물어진 평가 결과로 내달리지 않았을까. '직업윤리', '자정', '시장의 신뢰', '전문성', 이런 단어가 대중없이 떠오른다. 1000만을 돌파한 영화 변호인의 주인공 송강호의 쩌렁쩌렁한 대사 한 구절도 귀에 쟁쟁하다. '이러면 안 되는 거잖아요.' 얼마 전 만난 1년차 평가사의 입에서도 이와 비슷한 얘기를 들었다.

좋은 평가사로 살아남기가 갈수록 어려워지는 시기다. 그러나 시절만 탓하겠는가. 많은 이들에게 감동을 준 선량한 변호사의 행적은 업계현실에 굴복하지 않고도 살아남을 수 있다는 것을 보여주는, 감정평가업계가 그렇게도 중시하는 바로 그 '전례'이지 않은가!

사심 없이 고급 주택 몸값 책정해 보기

1970년대 후반, 마을 인근에 들어선 60 여 세대 연립주택 단지는 당시 초등생이었던 필자가 처음 보는 주거 유형이었다. 성냥갑 모양의 네모반듯한 3층짜리 공동주택이 어찌나 멋있게 보였던지. 마침 전학 온 짝꿍이 이 연립주택에 산다는 소식에 반색했던 건 당연했다. 건수만 되면 짝을 회유해 이 고급 주택에서 방과 후 시간을 보내곤 했다. 그렇게 2년 정도 필자 뿐 아니라 어린 초등학생 사이에서 단연 최고급 주택 유형은 연립이었다. 시골 마을 아이들의 소박한 눈썰미일지도 모른다. 전형적인 시골마을에서 2층의 단독주택보다 높은 주택은 본 적이 없으니. 얼마 안 있어 최고급 주택의 영예는 5층짜리 주공아파트에 돌아갔다. 두 층이 높아졌다는 것보다 세대 수가 웬만한 시골 마을 가구 수보다 많다는 사실이 생경했다. 이전 연립이 작은 집성촌이었다면 아파트 단지는 하나의 잘 정비된 마을이었다. 이 시기 서울에서는 반포주공, 개포주공, 잠실주공아파트 등 아파트가 보편적인 주거형태로 자리 잡았다. 90년대 서울 생활이 시작되고는 '타워팰리스', '성북동 타운하우스', '방배 서래마을', '평창동 단독주택', '유엔빌리지', '삼성동 아이파크' 까지 필자의 눈에 들어오는 고급주택이 한두 개가 아니다보니 그 신선함은 사그라졌다.

그러던 중 필자의 눈에 들어오는 고급 주택단지가 생겼다. 생경함과 신신함 때문이 아니고 분양이 이뤄지기까지 과정이 흥미로워서다. 상황을 단순하게 풀

면 이렇다. 선공(先攻)은 공급자가 개시했다. 일간신문 지면을 통해 이 고급주택의 프리미엄을 지속적으로 홍보한 것. 잊을만하면 후속기사가 이어졌다. 머리글은 얼마나 자극적인가. '강북 아파트 최고가 경신하나', '한국판 비버리힐스', '상위 0.1%를 위한 고급아파트'. 공급자측이 지속적으로 기사 게재를 독려했으려니 했다. 수분양자의 역공(逆攻)도 만만찮았다. '분양가상한제 가능성?', '50억 투자에 1.2조 이익', '하자보수 요구 입주민 되거 요구하는 갑(甲)질'. 입주자 측에 유리한 내용을 언론사에 잘 정리해 전달하는 수고가 뒤따랐을 것이다. 왜들 이렇게 거칠게 다툴까? 수 억 원에서 십 수 억 원까지 분양가가 절감되기를 혹은 부풀려지기를 바라기 때문이다. 이들의 요구에 부화뇌동한 감정평가사와 감정평가기관의 책임문제는 뒤로 하고, 만약 우리가 이런 물건의 당사자라면 상식적인 선에서 접근할 수 있는 방법에는 어떤 게 있을까.

첫 번째, 이 아파트 가격에 대한 공시자료를 눈여겨보자. 전국의 모든 공동주택에 대해 책정되는 공동주택공시가격은 연도별로 확인 가능하다. 공시가격이 시가가 아님은 분명하다. 그러나 시가를 파악해 공시가격 수준이 결정된다.

시가의 7~80% 수준이라는 게 중론이다. 그러면 이를 역산해 현재의 시가를 추정하면 어떨까. 다만 두 어 가지 전제가 필요하다. 이 아파트의 현 소유자인 공급자 측에서 공시가격 수준의 결정에 있어 특별한 민원을 제기하지 않았다는 점(민원으로 인해 일부 가격의 조정이 있을 수 있는 점을 기억할 필요가 있음)과 다른 고급 아파트 공시가격의 시가비율이 균일해야 한다는 것.

두 번째, 현 임대보증금으로부터 역산해 보는 방법을 적용해보자. 최근 서울과 수도권 내 공동주택의 전세가(임대보증금)비율이 몇 %에 육박한다는 기사는 유효적절한 정보다. 우리 아파트는 전세 또는 보증부월세 방식을 취하고 있다. 보증금 일부와 월세를 혼합한 보증부월세인 경우 '보증금+월세/전월세전환율'의 산식을 통하면 전세구조로 환산된다. 보증금 1천 만 원을 줄이는 대가로 월세 10만 원(연 120만 원)을 더 받는 구조라면 전월세전환율은 12%로 계산된다. 다만 여기도 두어 가지 사항을 확인해야 한다. 책정된 전세보증금은 평균적인 전세가비율이 적용된 값일 것과 최근 분양을 앞두고 전세보증금을 인위적으로 조정하지 않았다는 것. 처음 임대보증금을 책정할 때 추후 분양가를 염두에 두고 시가에 근접시켰다면 평균적인 전세가 비율 적용 가능성은 원천 봉쇄되기 때문이다.

세 번째, 비교 가능성 있는 인근 공동주택과의 품등 비교 과정을 거쳐 보자. 우리 아파트 주변에 비교할 만한 고급 주택이 어떤 게 있을까. 강변북로와 한강이 내려다보이는 유럽 해안마을 풍치의 '유엔빌리지'가 후보가 될 수 있다. 이미 고급주택 단지로 명성을 떨치고 있지 않은가. 우리가 새 아파트라서 좋고, 단지 안 편익시설로 수영장까지 갖추고 있다고 우위를 주장할 수 있다. 한강조망권은 철저히 열세지만 단지 후면 쾌적한 산책로는 이를 상쇄할 수 있을지 모른다. 한강 건너 '삼성동 아이파크'와 비교해 보자. 브랜드가 밀린다. 학교이나 편익시설과의 접근성도 열세하다. 부지 매입가도 천양지차다. 한 가지 우세한 건 저층의 타운하우스 풍이라는 것. 만회의 정도가 얼마나 될지는 호불호가 갈릴 수 있다.

마지막으로 원가 접근의 틀은 어떨까. 공동주택 사업자가 원가에 연동해 분양가를 책정하는 관행을 고려해 보자는 것이다. 이 관행은 좌판 벌여놓고 생선 파는 아주머니들이 생선 떼 온 금액에 얼마를 붙여 파는 것과 방불하다. 고급 주택을 짓기 위해 토지를 매입한 가격이 있을 것이고 건물 도급 공사비 자료도 구득 가능하다. 여기까지를 순수 '원가'라고 하면 그간 지출한 금융비용, 관리자 인건비, 시행이익까지 생각해 얼마를 덧붙였을 것이다. 공동주택 사업에선 원가에 가산하는 이 비율이 일정한 범위 안에 있다. 너무 높으면 고(高)분양가 인식에 미분양 위험이 상존하고, 그 아래면 별로 남는 게 없는 염가(廉價) 분양이 될 수 있다. 염가와 고가 사이에서 진폭을 줄이며 현재의 적정 가산 비율로 자리 잡은 그 수치가 열쇠다.

위 네 가지 접근방법을 다 써 봤을 때 다수가 수렴하는 값이 있다면 이를 우리 아파트의 적정 몸값으로 보면 될 것이다. 언급한 방법 모두 상식적인 시각에서 크게 벗어나 있지는 않으니.

수익과 직업윤리, 병행 가능한가?

살고 있는 아파트 주변이 쾌적한데 비해 편익시설은 열악해 살짝 아쉬움이 있었다. 얼마 전 정문 앞 쪽 공터에 뚝딱뚝딱 상가 건물이 하나 들어섰다. 그 흔한 병원, 식당 건물 하나 없던 터에 괜찮은 근린생활시설을 기대하고 있었건만 기대는 여지없이 허물어졌다. 어림잡아 점포 10개는 들어올 만한 곳에 1~2층 통째로 중고가구센터가 입점한 것. 그 목 좋은 곳에 소매점이 들어서야 남는 장사건만 물정 모르는 건축주 같았다. 출퇴근 때마다 시야에 들어오는 건물을 보며 건축주 타박에 열 올리다 최근 상가 입구에 떡하니 붙은 플래카드 속 신선한 문구를 접하게 됐다. '최고가 매입, 최저가 판매'

병행, 양립. 이것도 하고 저것도 놓치지 말아야 할 때 등장하는 단어들이다. 그렇지만 방금 소개한 중고가구센터처럼 중고가구 살 때 최고 대접을 해 주고 팔 때는 떨이수준이라는 선 실현 가능성에 의문이다. 손해 보고 판다는 장시치의 사탕발림 흥정붙임 아닌가. 플래카드 속 홍보 글에서 쉼표 위치에 가림막 치면 최선의 선택인데 연결시켜 조합하면 부자연스러운 문구쯤 돼 보인다. 일과 육아를 병행하는 것, 농작물 보상과 농업손실보상이 양립한다는 표현에서 등장하는 '병행', '양립'의 단어가 전문자격자의 하나인 감정평가사에게 통용되기는 쉽지 않아 보인다. 병행, 양립의 대상은 '수익'과 '직업윤리', 쉽게 말해 돈

잘 버는 것과 전문직의 양심을 지키는 것은 나란히 세우기에 버겁다는 것이다.

올해 들어 회계법인의 감사 문제가 심심치 않게 기사화되는 걸 본다. 분식회계 연루 의혹이나 손실 과다 계상 등의 문제로 국내 굴지의 대형 회계 법인이 곤혹스러워 한다는 것. 금융당국이 회계 법인의 감사 과정을 수시로 검사해 대형 사고로 이어지지 않도록 감독·관리하는 방안을 마련 중이란다. 최근 회계법인의 기업 감사가 부실하다는 비판에 따른 대책 성격이 짙어 보인다. 그렇지만 회계 감사 주체가 처한 상황도 딜레마다. 대기업 회계 감사 비용으로 연 수 억 원을 벌게 해 주는 발주자의 치부를 있는 그대로 드러내야만 하는 현실이 그렇다.

보상평가에서의 소유자추천제 역시 양날의 검이다. 제도 자체는 얼마나 좋은가. 소유자 입장에서는 강제로 땅을 빼앗는 주체가 선정한 감정평가사의 보상평가금액이 헐값이 아닐까 의혹을 품는 게 당연하다. 그러니 위압적인 검사 역할로 보이는 사업시행자에 맞서 그들의 목소리를 대변해 줄 변호인 같은 사람이 필요하다. 그 역할을 소유자가 추천한 감정평가사에게 맡기자는 것이다. 취지야 이렇듯 좋지만 여태까지의 운용은 심히 실망스럽다. 주관식 답안지 채점자가 합격문턱 이쪽저쪽에 걸쳐 있는 답안지에 합격 커트라인 50점을 줄 지 간발의 탈락점수 49.5점을 줄 지 고민하는 정도에서 그쳤다면 뭐가 문제겠는가. 쌍방 과실 접촉사고에서 과실 책임을 40:60 또는 50:50으로 인정하기 위한 양 보험사의 줄다리기 정도면 괜찮다. 그러나 소유자 추천 평가사는 훨씬 난감하다. 추천권을 가진 소유자는 실질적인 평가수수료 지급 주체이자 고가 보상평가를 요구하는 발주자다. 요즘은 한 술 더 떠 소유자 추천 감정평가사 면접을 보는 대책위원회 사무소가 있다 하니, 이쯤 되면 돈과 양심을 다 챙기겠다는 건 중고가구센터 광고문구의 주장과 다를 바 없다.

불혹의 나이에 접어들면서 우리들 아버지 역시 병행, 양립의 부담에서 자유롭지 못한 삶이었음을 발견한다. 평범한 가장이, 능력 있는 남편과 가정적인 아버지의 역할을 모두 감당해야 하는 현실에 얼마나 부대꼈을까. 요즘 젊은 감정평가사가 업무 수주의 치열한 현장에 들어서면서 겪게 될 난감한 입장을 생각하면 맘이 짠하다. 기존 점유자로부터 업무를 떼어먹는 데 그저 열심 하나로 족하다면 얼마나 좋겠는가. 이들의 간을 보는 발주자의 탐욕과 젊은 평가사의 다급함이 조합하면 '수익'과 '직업윤리'의 양립 가능성을 현저하게 낮춘다. 이런 현실을 당장 획기적으로 개선하기는 어려워 보인다. 그래서 다음과 같은 절충안이라도 제시하고 싶다.

감정평가사가 자신의 치부를 자진해 드러내지는 않을 것이다. 한편 외부에서는 진문 사석자의 치부가 선명하게 보이진 않는다. 그러니, 또 다른 평가자의 검토를 거치게 하되 검토자에게도 책임을 부여하자는 것이다. 재무건전성을 개선해야 하는 다급한 상장 기업의 사정에 붙들려 다소 무리하게 평가한 보고서가 있다면 곧바로 재무상태표에 반영하지 말고 연륜, 도덕성, 전문성 면에서 두루 칭송을 듣는 심사 평가자로부터 재차 검토를 받도록 하는 것이다. 간헐적으로 수행되고 있는 부실 채권이 된 담보부채권의 담보평가보고서에 대한 검토보고, 외국에 상장된 기업의 자산재평가 보고서에 대한 제3기관의 검토보고서 용역이 이것이다. 또 다른 전문가가 적용 자료의 신빙성, 산출과정의 합리성, 평가 결과의 적정성 여부에 대해 독립적인 감사 기관이 되는 것이다. 다만, 검토보고서 작성 수행자에게도 철저히 박숭한 책임을 부가해야 한다. 수수료는 원평가 수수료의 10~20% 정도면 충분할 것이다. 원 저작자의 수고와 감수자의 피곤함은 성도를 달리하지 않는가. 평가업계는 수수료 시장이 확대되는 효과가 있다. 의뢰자와 평가 결과의 신뢰성이 필요한 제 3자는 소액의 보험료로 전세금 떼일 염려를 줄일 수 있다.

'수이'과 '직업윤리'는 어깨동무 하며 걷기 힘들다. 이를 양립시키려는 자는 아슬아슬하게 줄을 타는 곡예사가 되어야 함을 직시해야 한다. 여전히 유리천장인 우리 사회에서 성공하려는 커리어우먼이 가정과 직장 모두에서의 치열한 삶을 외면할 수 없는 것처럼 말이다.

맺으며...

· 상식과 전문성 사이, 감정평가를 추천하다

상식과 전문성 사이, 감정평가를 추천하다

명절 때마다 제수용품 흥정이 한창인 전통시장, 갓 입고된 신선한 수산물이 경락되는 수협공판장, 바둑판 모양으로 늘어선 손 때 묻은 자동차가 새 주인을 찾아가는 중고차매매단지. 이들의 공통점은 열띤 다수의 매도, 매수자 간 쉼 없는 거래가 이루어지는 시끌벅적한 장소라는 점이다. 그 해 농산물 작황은 흉·풍작 사이 어디쯤엔가 있을 것이다. 만선(滿船)과 공선(空船)사이에서 어민의 함박웃음과 시름은 제 주소를 찾아간다. 봇물 터지는 신차출시 소식은 중고차 매물 호가를 때맞춰 등락시킨다. 어쨌든 이런저런 연유로 이들 시세가 부침을 겪는 중에도 옆 집 아저씨나 슈퍼 아줌마에게 주워들은 값싼 정보 덕택에 쌈짓돈을 낭비하는 일은 흔치 않다. 간혹 눈치만 빨라도 한두 푼 더 깎는 소소한 기쁨을 누리기도 한다. 빤히 잘 아는 물건, 쉽게 가격 비교가 가능한 열린 시장, 누구나 거래 경험을 가졌을 법한 이 평범한 거래를 위해 딱히 흥정에 임하는 노하우를 알려준다는 게 우리의 구미를 확 끌지 못함은 분명하다.

그러나 사정이 딴판인 곳도 있다. 가동을 멈춘 공장을 매물로 내놓은 경영자의 마음은 '얼마에 받을 수 있으려나' 가슴이 타 들어간다. 매년 하반기면 단독주택 세대에 통지되는 주택공시가격은 재산세를 산정하는 기초자료건만 제대로 책정된 건지 집 주인은 영 판단이 안 선다. 도시형생활주택 신축을 희망하는 앞 땅 주인이 웃돈 얹어 뒤에 연이어 붙어 있는 내 땅을 사겠다고 할 때 잘 쳐주겠다는 금액이 정말 '잘 쳐 준 건지' 아리송하다. 여신담당자들 역시 아파트예정부지에 대한 프로젝트 파이낸싱 실행이 무리 없는지 판단이 안서기는 매한가지다. 경매로 싸게 농경지를 하나 장만하려는 소심한 우리네 부모님들은 한 번 더 유찰을 기다리며 숨 고를지 이번에는 입찰에 들어가 과감하게 잡아야 하는지 결단하는데 애를 먹는 것도 어제오늘의 일이 아니지 않는가.

이런 애로사항은 공장, 주택, 토지, 사업예정부지의 가치를 어림짐작으로는 파악할 수 없기 때문이다. 앞서 소개한 제수용품, 수산물, 중고차와 달리 부동산의 복잡다단한 요소는 자산의 가치가 추계되는 근본적 원리를 습득해야 할 것을 요구한다. 임대료 수익을 가치로 환산하고, 거래된 사례에 비춰 내 부동산의 몸값을 달아보거나, 신규 조성하는 데 투입될 비용과 분양수입예상액을 추산해 개발 잠재력이 있는 토지의 매력을 따져보는 능력은 단언컨대 흥정의 영역 수준이 아니다.

요즘은 준(準)전문가로 불리는 일반인이 사회 곳곳에서 활약하는 시대이지 않은가. 소설가 이태준은 '문장강화'에서 글은 말과 달리 잘 쓰기 위해 연습하고 기술을 터득해야 한다고 조언했다. 그렇다면 역으로 다독(多讀), 다작(多作), 다상량(多商量)을 통해 전문작가에 근접하는 수준으로 올라설 여지가 있다는 말이다. 물론 5년에 한 번, 10년에 한두 번 경험하는 일을 대비해 무언가 관심을 기울이고 배울 필요까지는 없다. 그렇지만 부증금을 줄이면 월세가 얼마나 오르게 되고, 여타 아파트에 비해 내 아파트의 전세금이 매매가격 대비 적정한 선인지 정도를 파악하는 일은 늘 우리에게 닥치는 일이고 경험해야 할 일이다.

요즘 뜨고 있는 상권이 어딘지, 약보합세인 주택 시장에서 그나마 선전하고 있는 아파트가 어떤 브랜드인지까지는 차치하고 자신의 가치를 어떤 식으로 추계해 볼 수 있는지 그 기본적인 원리는 한 번 짚어봄직 하나. 필자가 여러 자산의 가치를 결정하는 업(業)을 영위해서가 아니다. 열에 아홉은 1년 못 버티고

문 닫는 자영업에 도전하느라 퇴직자금을 몽땅 쏟아 붓는 은퇴세대의 안타까운 사연이 첩첩 쌓이다 보니 이제는 '재무 설계' 강의가 예비은퇴자를 위한 필수코스가 돼 버리지 않았던가. 자동차 보험이 갱신될 때마다 자차 보험료 산정의 기초가 되는 차량 가격이 매년 동일하게 줄지 않고 있는 점을 눈여겨보는 눈썰미라면 감정평가에 대한 기초지식을 접해 보길 추천한다.

그리고 지금까지 소개한 실생활 속 감정평가에 대한 설명과 현 법제, 불거진 사태 등에 대한 나름 소신 있는 발언이 감정평가사와 감정평가업계를 이해하는 작은 밑거름이 되었길 바란다. 그리고 재산과 세금과 거주와 생계의 영역에 '감정평가'가 터 잡고 있음을 기억해 주길!